dtv
premium

Ausführliche Informationen
über unsere Autoren und Bücher
finden Sie auf unserer Website
www.dtv.de

Asit Datta

ARMUTS ZEUGNIS

Warum heute mehr Menschen hungern als vor 20 Jahren

Deutscher Taschenbuch Verlag

Originalausgabe 2013
© 2013 Deutscher Taschenbuch Verlag GmbH & Co. KG,
München
Das Werk ist urheberrechtlich geschützt. Sämtliche, auch auszugsweise
Verwertungen bleiben vorbehalten.
Umschlagkonzept: Balk & Brumshagen
Umschlagfoto: gettyimages/narvikk
Satz: Greiner & Reichel, Köln
Druck und Bindung: Kösel, Krugzell
Gedruckt auf säurefreiem, chlorfrei gebleichtem Papier
Printed in Germany · ISBN 978-3-423-24983-6

Inhalt

Vorbemerkungen

Zunächst die gute Nachricht: Der Prozentsatz der hungernden Menschen ist von 37 Prozent 1960 auf 14,6 Prozent 2011 zurückgegangen. Die schlechte: In absoluten Zahlen hungern heute mehr Menschen als im Jahre 1990, dem Basisjahr der sogenannten Millenniumsziele. Die UN-Vollversammlung hat am 8. September 2000 diese acht Ziele (MDGs) verabschiedet. Das erste und vorrangige Vorhaben ist, die Zahl der Armen und Hungernden bis zum Jahr 2015 zu halbieren. 1990 hungerten 815 Millionen Menschen, bis zum Jahr 2011 ist diese Zahl auf eine Milliarde gestiegen.[1] Täglich sterben 25 000 Menschen, darunter 11 000 Kinder an Hunger oder seinen Folgen.[2]

Alle Ziele in Kurzfassung:
– Halbierung von Hunger und Armut
– Grundschulbildung für alle
– Gleichberechtigung der Geschlechter, Stärkung der Frauenrechte
– Senkung der Kindersterblichkeit um zwei Drittel
– Verringerung der Müttersterblichkeit um drei Viertel
– Bekämpfung der übertragbaren Krankheiten wie HIV/AIDS und Malaria
– ökologische Nachhaltigkeit anstreben und Zugang zu sauberem Trinkwasser und Sanitäranlagen verschaffen
– Entwicklungspartnerschaften aufbauen.[3]

Mittlerweile ist es offensichtlich, dass viele Ziele nicht erreicht werden können, wobei die Erfolge regional sehr unterschiedlich ausfallen. Dies stellt z. B. ein Bericht der Weltbank (WB) fest. Im Vorwort des UNO-Berichts über die MDGs von 2012 meint zwar Sha Zukang, dass wir auf dem besten Weg sind, die Ziele zu erreichen, aber die Zahlen in dem selben Bericht bestätigen diese Hoffnung nicht.[4] Man muss kein Prophet sein, um vorauszusagen, dass nicht nur das erste, sondern fast alle Millenniumsziele bis 2015 nicht erreicht werden können.

Jedes Jahr appelliert der UN-Generalsekretär Ban Ki-moon an die Geberländer, diese sollten sich noch mehr anstrengen, ihre Hilfszusagen zu erfüllen. Wie wir sehen werden, liegt es nicht an der Hilfe der Geberländer. Es liegt auch nicht an der UNO, die die Ziele verabschiedet hat. Es liegt an den Mitgliedstaaten, die bei der Generalversammlung den Zielen zugestimmt haben, aber mit ihrer Politik verhindern, diese Ziele umzusetzen. Die Hauptverantwortung tragen also die Entwicklungsländer, weil sie mit ihrer Zustimmung die Verantwortung für die Verwirklichung von sieben der acht Ziele übernommen haben. Nur für das achte Ziel sind auch die reichen Länder, wenn auch vage und unverbindlich, gefordert. Diese sollen Entwicklungspartnerschaften fördern. Obgleich das vorherrschende Entwicklungskonzept irreführend bis falsch ist, meint Paul Collier – Direktor des Instituts für afrikanische Ökonomie an der Universität Oxford –, dass es der Mehrzahl der Menschen gelingt, sich aus der Armut zu befreien.[5] Davon ausgeschlossen ist allerdings die unterste Milliarde.

Nicht alle afrikanischen Länder sind gleich arm, es gibt große Unterschiede: Südafrika z. B. gehört zu der zunehmend mächtiger werdenden Ländergruppe BRICS – Brasilien, Russland, Indien, China und Südafrika –, die man gemeinhin *Schwellenländer* nennt. Aber die Mehrheit der afrikanischen Länder ist so arm wie Tschad, lautet das Urteil von Collier. Außerhalb Afrikas zählt er Länder auf wie Haiti, Bolivien, Laos, Kambodscha, den Jemen, Birma (Myanmar), Nordkorea – insgesamt 58 zumeist kleine Länder. Die gesamte Bevölkerungszahl dieser Staaten ist kleiner als die von Indien oder China.[6] Mit fast einer Milliarde Menschen sind nach einer These von Collier diese Länder in vier Fallen getappt: erstens die Konfliktfalle, zweitens die Ressourcenfalle, drittens sind sie ohne Zugang zum Meer und umgeben von feindlich gesonnenen Nachbarn und haben viertens eine schlechte Regierungsführung. Wir werden ausführlich darauf zurückkommen. Mit seiner These bezogen auf die von ihm gewählten Länder hat Collier recht, fragwürdig ist aber seine Annahme, dass China und Indien sich rechtzeitig durch Eroberung der globalen Märkte von der Armut befreien konnten.[7] In absoluten Zahlen leben die meisten hungernden Menschen von weltweit knapp einer Milliarde Menschen in Indien (220 Millionen) und in China (130 Millionen).[8] Beide Länder haben zwar ein gigantisches Wirtschaftswachstum erfahren, wie der Ökonom anmerkt, die Kluft zwischen Arm und Reich hat sich aber auch in diesen Ländern gleichzeitig verschärft. China hat 1,11 Millionen, Indien immerhin 190 000 Millionäre[9] und die meisten hungernden Menschen.

Für das Auseinanderklaffen der Arm-Reich-Schere trägt die sogenannte *Liberalisierung der Wirtschaft* die Hauptschuld. Diese

Politik des freien Marktes, des Handels und der Geldtransaktion wurde in den 1980er Jahren von der Thatcher-Regierung in Großbritannien und der Reagan-Administration in den USA eingeleitet und durch den Washington Consensus weltweit zementiert. Dahinter stand die Theorie des Neoliberalismus von Milton Friedman, wonach staatliche Regelungen für die wirtschaftliche Entwicklung hinderlich seien. Der Staat sei ein Teil des wirtschaftlichen Problems, nicht die Lösung. Folglich bedeutet das: Je weniger Staat, desto besser ist das für eine freie wirtschaftliche Entwicklung, wovon alle, Arme wie Reiche, profitieren werden. Diese Politik wurde mit Hilfe der drei internationalen Organisationen – der Weltbank, des Internationalen Währungsfonds (IWF) und der Welthandelsorganisation (WTO) – durchgesetzt. Während die WB und der IWF für Entwicklungszusammenarbeit zuständig sind, also auch für finanzielle Unterstützung der Entwicklungsländer, regelt die WTO den weltweiten Handel. Den Verordnungen der drei haben die Entwicklungsländer wenig entgegenzusetzen. Obwohl es überhaupt keine Beweise oder Belege für die These gibt,»dass die Öffnung der Märkte für kurzfristige, spekulative Kapitalzuflüsse das wirtschaftliche Wachstum steigert, gibt es aber zahlreiche Belege dafür, dass sie […] zur wirtschaftlichen Instabilität […] und zu Armut führt. Deshalb können solche Formen der Kapitalmarktliberalisierung […] zu mehr ›Globalisierung‹ führen.« Diese Form der Liberalisierung»führt jedoch nicht zu mehr Wachstum. […] Sie könnte insbesondere in Ländern ohne angemessene Netze der sozialen Sicherheit die Armut vergrößern.«[10] Auf die unrühmliche Rolle von WB, IWF und WTO hat Joseph Stiglitz wiederholt hingewiesen.[11] Stiglitz müsste es ja wissen, er war nicht nur Wirtschaftsberater der Clinton-Regierung, sondern auch Chefvolkswirt der Weltbank. Er ist sogar der Meinung, dass die historisch beispiellosen Wachstumsraten von China und Indien deshalb möglich waren, weil sie sich dem Washington Consensus widersetzten.[12] Aber auch Indien, wie alle anderen Entwicklungsländer, hat sich dem Diktat des *Strukturanpassungsprogramms* (SAPs) des IWF unterworfen. Dies hatte zur Folge, dass die Entwicklungsländer jegliche Form der Subventionen für die Landwirtschaft einstellen mussten. Während die Bauern im Süden leer ausgehen, unterstützt der Norden – vor allem die EU und die USA – seine Landwirte mit täglich einer Milliarde Dollar in Form von Ausgleichszahlungen und Exportsubventionen. Bei vielen Bauern im Norden macht diese

Unterstützung bis zu 60 Prozent der Einnahmen aus. Das ist deshalb absurd, weil im Norden der Anteil der in der Landwirtschaft tätigen Bevölkerung ein bis drei Prozent beträgt, in den meisten Ländern im Süden hingegen 50 bis 70 Prozent. Während ein europäischer Bauer im Durchschnitt etwa über 40 Hektar Land verfügt, hat die Mehrheit der Bauern im Süden im Durchschnitt ein bis zwei Hektar. Die Gesamtzahl der Hungernden setzt sich laut FAO so zusammen: 50 Prozent Kleinbauern, 20 Prozent landlose Bauern, zehn Prozent Vieh haltende Nomaden oder einfache Fischer und 20 Prozent Slumbewohner in den Städten. Es ist auch deshalb widersinnig, weil die Nahrungsmittel-Selbstversorgung durch Kleinbauern und deren Lebensgrundlage durch subventionierte Billigimporte vernichtet werden. So wurde der Reisanbau in Ghana und Haiti ruiniert. Nachträglich hat Bill Clinton diese Politik der USA als Fehler eingeräumt,[13] denn auf diese Weise vernichten manche sinnvollen Projekte, die mit Hilfsgeldern aus dem Norden aufgebaut werden, durch Billigimporte dieselben Projekte.[14]

An der gegenwärtigen Misere sind die Entwicklungsländer selbst nicht minder schuld. Die Ursachen für Hunger, Armut und Verelendung der Bevölkerung sind z. B. bewaffnete Konflikte, Kriege und Bürgerkriege. Sie hindern die Menschen nicht nur an der landwirtschaftlichen Arbeit, sondern sie verwüsten auch urbare Agrarlandschaften mit langfristigen ökologischen Schäden. Ohne produktive Arbeit bleiben die Menschen arm oder werden sogar ärmer. Paul Collier stellt nach einer empirischen Untersuchung über den Zusammenhang von afrikanischen Kriegen und Wirtschaftsentwicklung die These auf: »Je niedriger das Einkommen eines Landes bei Ausbruch eines Bürgerkriegs ist, desto länger dauert dieser Krieg.«[15]

Ein Beispiel für schlechte Regierungsführung: Das Freedom House, Washington – eine unabhängige nicht staatliche Organisation (NGO) – veröffentlicht jedes Jahr eine Weltkarte mit allen in der UNO vertretenen Ländern. Diese Länder werden in drei Kategorien unterteilt: freie, teilweise freie und nicht freie. Beurteilt werden sie nach politischen Rechten wie Wahlverfahren, Parteienpluralismus und Regierungsleistung sowie zivilen Freiheiten wie Meinungsfreiheit, Versammlungsfreiheit, Rechtsstaatlichkeit und individuellen Rechten und Freiheiten. Nach dem Bericht des Freedom House von 2011 waren 2010 unter 194 Ländern 87 frei, 60 teilweise frei und 47 nicht frei. Da sie unterschiedlich bevölkert sind, lauten die entsprechenden Anteile der Weltbevölkerung: 43, 22 und 35 Prozent. Sowohl China als auch Russland sowie die GUS – *Gemeinschaft Unabhängiger Staaten* – werden als unfrei eingeschätzt. In Asien wird kein Land außer Indien, Indonesien und der Mongolei als frei eingestuft. Sehr schlecht schneiden sowohl Nahost und Nordafrika als auch Afrika südlich der Sahara ab.[16] Insofern ist Volker Seitz' Bemerkung in seinem Buch über Afrika, dass der Kolonialismus nicht an allem schuld sei, verständlich. Die Misere hat sehr viel mit der schlechten Regierungsführung – dem Fehlen einer transparenten Haushaltsführung, einer effizienten Verwaltung und vorausschauender Planung – zu tun, weshalb die Menschen dort sehr wenig Vertrauen in die Demokratie und ihre Institutionen haben.[17]

Die Hälfte der 54 afrikanischen Staaten sind nicht demokratisch, elf Staaten werden vollkommen autokratisch beherrscht. Drei Staatsoberhäupter regieren seit 1970, fünf weitere seit 1980, listet Dambisa Moyo auf.[18]

In diesen Ländern mögen die Zustände ganz schlimm sein, aber auch andere – nicht afrikanische – Staaten sind nicht frei von Korruption, Vettern- und Günstlingswirtschaft, Dynastie- und Clanbildung, selbst wenn sie einigermaßen demokratisch regiert werden.

Abgesehen von Ländern wie Brasilien unter Lula, Bangladesch oder Botswana haben wenige Staaten gezielt politische Maßnahmen für die breite Masse der armen Bevölkerung durchgeführt. Selbst ein Land wie Indien, das nach der Liberalisierung 1991 die zweithöchste Wachstumsrate nach China in den letzten 20 Jahren zu verzeichnen hat, hat nichts für die Masse der unterprivilegierten, armen Bevölkerung getan, so die Feststellung von Jean Drèze und Amartya Sen. Sie weisen nach, dass das Wachstum ausschließlich einer kleinen Minderheit der Eliten zugute gekommen ist. Die Regierenden haben weder in Grundbildung, Gesundheitsversorgung und soziale Sicherheit noch in die Landwirtschaft und in ländliche Entwicklung investiert. Die ganze Entwicklung habe die alte Ungleichheit zwischen Klassen, Kasten und Geschlechtern also nur vergrößert.[19]

Paul Collier kritisiert die Millenniumsentwicklungsziele (MDGs), weil sie a) im Jahre 2015 überholt und b) für die untersten Milliarden Menschen ohne Bedeutung seien.[20] Die Millenniumsziele sind deshalb allenfalls der Anlass, aber nicht der Hauptgrund dafür, warum ich mich mit den Themen wie Armut, Hunger und Entwicklung auseinandersetze. Mich haben folgende Fragen bewegt:

- Warum hungern so viele Menschen, wenn wir Nahrungsmittel im Überfluss haben?
- Warum wächst die Arm-Reich-Schere überall auf der Welt, wenn die Menschen in egalitären Gesellschaften zufriedener sind?[21]
- Wenn das Wirtschaften wie bisher – *business as usual* – zu einer Umweltkatastrophe führt, was hindert uns daran, diese Art des Wirtschaftens zu ändern?

Daraus ergaben sich immer mehr Fragen wie:

Stimmt die These, dass wir, als wir vom Welthandel zur Globalisierung vorangeschritten sind, wohlhabender wurden? (Kap. 1)

- In dem vorhin zitierten UN-Bericht wird behauptet, dass extreme Armut von 1990 bis 2008 prozentual von 47 auf 24 gefallen sei. Gemessen wird dieser Rückgang an dem täglich verfügbaren Betrag von 1,25 US-Dollar, den eine Person durchschnittlich zur Verfügung hat. Lässt sich die Armut so leicht definieren? (Kap. 2)
- Mit Zahlen und Statistiken kann man leicht einen Zustand schönreden. Wie erwähnt, wird im Vorwort des UN-Berichts behauptet, wir seien auf gutem Weg, die Ziele zu erreichen. Wenn man weiterliest, stimmt diese Aussage nur bedingt. Bleibt die Frage: Von welcher Basis soll man ausgehen, von der prozentualen oder der absoluten? (Kap. 3)
- Hunger hat viele Ursachen und nicht alle Armen hungern. Die Fragen, wann beginnt der Hunger, wer hungert und warum sind sehr komplex. (Kap. 4)
- Schon seit der Antike, spätestens aber seit Thomas Malthus' Aufsatz von 1798, wird behauptet, Menschen hungern, weil sich die Armen verantwortungs- und hemmungslos vermehren. Stimmt diese Annahme? (Kap. 5)
- Armut ist auch Energie- und Wasserarmut. Arme Menschen haben weniger Zugang zur Energie, zum Wasser und zu sanitären Anlagen. Für das, was jedem Bürger in den reichen Ländern uneingeschränkt zur Verfügung steht, müssen viele Menschen in den armen Ländern die Arbeit eines halben Tages investieren. (Kap. 6)
- Auch der ungleiche Handel, der Landraub und der Run auf Biotreibstoff machen arme Menschen noch ärmer. (Kap. 7)
- Dass die Geschlechtergleichheit und die Stärkung der Frauenrechte (*empowerment*) der Schlüssel aller Entwicklung ist, erkennt auch der UN-Bericht (Millenniumsziel Nr. 3) doch wie sieht die Realität aus? (Kap. 8)

- Trotz aller Willenskundgebungen und Anstrengungen bleibt eine sehr große Zahl der Armen arm. Stimmt die These von Collier, dass die MDGs für die Armen ohne Bedeutung sind? Wenn ja, woran liegt es? Wer bestimmt die Spielregeln? Wer sind die heimlichen Herrscher? (Kap. 9)
- Und dann bleibt noch die Frage der Hilfe. Warum funktionierte der Marshallplan nach so kurzer Zeit, aber die Entwicklungshilfe auch nach 60 Jahren nicht? Liegt es an den korrupten Empfängerländern, an der Art der Hilfe oder an den verschiedenen Interessen der Geber- und Empfängerländer? (Kap. 10)
- Und schließlich die Umweltprobleme: Kaum ist absehbar, dass die MDGs nicht erreicht werden können, gibt es neue Ziele: Sustainable Development Goals, SDGs, die in der Konferenz Rio+20 beschlossen wurden. Die SDGs bleiben so unverbindlich, dass die Regierungen der EU und die NGOs von Nord und Süd gleichermaßen enttäuscht sind. Können wir so die Welt retten? (Kap. 11)
- Am Ende versuche ich einige Vorschläge zu unterbreiten, was auf globaler und staatlicher Ebene getan werden sollte, was die Zivilgesellschaften tun können und was man als Individuum leisten kann, um die Gefahr der Klimakatastrophe zu verringern und die Überlebenschancen der Ärmsten zu erhöhen. (Kap. 12)

Es ist hoffentlich unschwer zu erkennen, dass ich für völlige Gleichberechtigung der Geschlechter bin. Dennoch habe ich beim Schreiben die männliche Form gewählt, nicht nur aus sprachökonomischen, sondern auch aus sprachästhetischen Gründen. Dies habe ich übrigens von meinen jungen Studentinnen gelernt. Die Studierenden des Instituts für Erziehungswissenschaft sind überwiegend weiblich. Sie schreiben ihre Seminar-, Bachelor- oder Masterarbeiten in dieser Form mit einer lapidaren Anmerkung: »Dies gilt für beide Geschlechter.« Auf meine Frage, ob das politisch korrekt sei, ob diese Form nicht ihrem Emanzipationsanspruch widerspreche, haben sie meistens geantwortet, sie seien emanzipiert genug, um diesen nicht durch Sprachverrenkungen nachweisen zu müssen. Dies hat mich ermutigt, ebenfalls diese Form zu wählen.

Mein besonderer Dank gilt meinem Freund Dr. Wolf-Rüdiger Wagner, der mir inhaltlich wie technisch sehr geholfen hat. Mit allerlei Hinweisen aus der Ferne war mir ebenfalls mein einstiger akademischer »Zögling«, Prof. Dr. Gregor Lang-Wojtasik eine große Hilfe.

Frau Dr. Andrea Wörle danke ich für die Unterstützung, Ermunterung und Anregungen. Besonderer Dank gilt Herrn Olaf Benzinger für seine mühe- und wertvolle Lektorentätigkeit.

Wie immer und in jeder Lebenslage hat mir meine Frau Nana Klingenberg-Datta inhaltlich durch Diskussionen, Anregungen und wiederholtes Korrekturlesen geholfen, dieses Buch fertig zu stellen.

Hannover, im September 2012

Asit Datta

Kapitel 1
Vom Welthandel zur Globalisierung

»Der Abstand zwischen Kapitalismus und
Kannibalismus wird von Tag zu Tag kürzer.«
Georg Kreisler, Kabarettist

»Der Kapitalismus basiert auf der merkwürdigen
Überzeugung, dass widerwärtige Menschen aus widerwärtigen
Motiven irgendwie für das allgemeine Wohl sorgen werden.«
John Maynard Keynes, in *Allgemeine Theorie der
Beschäftigung, des Zinses und des Geldes*

»Die Ideen der Ökonomen und Philosophen, seien sie
richtig oder falsch, sind mächtiger, als man allgemein glaubt.
Um die Wahrheit zu sagen, es gibt nicht viel anderes, das die
Welt beherrscht.«
John Maynard Keynes, ebenda

Handel vor und nach dem Kolonialismus

Der Welthandel ist nicht per se schlecht. Länderübergreifenden
Handel von Waren und Gütern gibt es in bestimmten Regionen seit
weit über 100 000 Jahren, somit auch Geschäfte mit Krediten.
   Es wurden auch im Altertum und im Mittelalter mit grausamen
Methoden die Schulden eingetrieben, und beim Handel herrsch-
te die *Basar-Methode,* bei der Käufer und Verkäufer so lange um
den Preis feilschten, bis eine Entscheidung fiel. Es handelte sich um
einen Austausch, bei dem sich im Großen und Ganzen Vor- und
Nachteile zwischen Käufern und Verkäufern ausglichen. Globale
Handelsbeziehungen sind nichts Neues, der Händler war gleichzeitig auch Käufer und umgekehrt. Auch in der vorkolonialen Zeit
haben die Siegernationen den unterlegenen Völkern Handelsbedingungen diktiert, aber das Verhältnis Sieger–Besiegte schaffte keine
Handelsstruktur auf Dauer. Das Verhältnis änderte sich grundlegend
zuerst in der Zeit des Dreieckgeschäfts und danach in der Zeit des
Kolonialismus. Der Dreieckshandel war lukrativ, wie ich in meinem
Buch ›Welthandel und Welthunger‹ am Beispiel von Baron Schim-

melmanns Geschäften dargestellt habe. Der Baron (1724–1782) stieg zwar spät in das Kolonialgeschäft ein, verstand aber dies vorzüglich. Der dänische König hatte ihm das Geschäft aus Dankbarkeit 1763 übergeben, weil er als Schatzmeister die zerrütteten Staatsfinanzen saniert hatte. In Kurzform lief das Geschäft so:

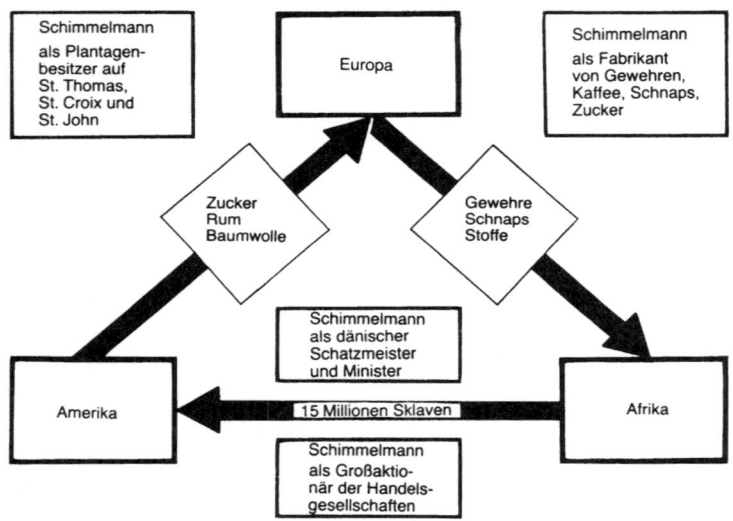

Baron Schimmelmanns Geschäfte
(nach ›Entwicklungspolitische Korrespondenz‹ 1983)

Der Baron war nur am Handel interessiert, nicht daran, ein Land zu erobern oder gar zu kolonisieren. Auch die Portugiesen waren in Indien nur wegen des Handels engagiert. Wer einmal das Grabmal von Vasco da Gama in Belém gesehen hat, kann sich vorstellen, wie reich man damals schon mit dem Gewürzhandel werden konnte. Vasco da Gama war zwar der Erste, der erfolgreich über das Kap der Guten Hoffnung nach Ostafrika gelangte, die Route von dort bis nach Indien musste er aber nicht entdecken, weil diese bereits seit Jahrhunderten für intensive Handelsbeziehungen zwischen Ostafrika und Indien genutzt wurde.

Von der Austauschbarkeit der Rollen zwischen Händlern und

Käufern blieb in der Kolonialzeit nichts übrig. Die Kolonialherren konnten die Bedingungen diktieren und notfalls mit Gewalt ihren Willen durchsetzen. Am Beispiel der indischen Textilwirtschaft hat Eric Hobsbawm treffend beschrieben, wie es den britischen Herrschern gelang, innerhalb von knapp 50 Jahren Indien von der Rolle des weltgrößten Exporteurs in die Rolle des Textilimporteurs zu zwingen. Um ihr Ziel zu erreichen, schnitten die Briten sogar die Daumen der Weber ab. Der Ruin Indiens war der maßgebliche Grund für den Aufstieg Großbritanniens, denn »wer industrielle Revolution sagt«, so Hobsbawm, »meint Baumwolle«.[1]

Die drei Institutionen

Die Kolonialzeit hat den Charakter des Welthandels entschieden verändert. Da ich bereits in ›Welthandel und Welthunger‹ das Thema ausführlich behandelt habe, sei hier nur vermerkt: Auch nachdem die kolonisierten Länder mehrheitlich zwischen 1945 und 1965 unabhängig geworden waren, änderte sich an der Struktur des Welthandels wenig, weil die reichen Länder es verstanden, mithilfe des IWFs, der WB und der GATT (General Agreement on Tariffs and Trade, ab 1995 WTO – World Trade Organization) die ungleichen Handelsbedingungen aufrechtzuerhalten. Außerdem trugen korrupte Regierungen, nicht selten Diktatoren, ihren Teil dazu bei. In vielen Entwicklungsländern arbeiteten übrigens Fachleute für wirtschaftliche Entwicklung, die im Norden ausgebildet worden waren (Beispiel: die *Chicago Boys* in Indonesien in der Zeit von Suharto).

Anfang der 80er Jahre waren viele Entwicklungsländer – u. a. Brasilien, Argentinien und Mexiko – in eine massive Schuldenkrise geraten, obwohl sie Hauptexportländer für Agrarprodukte wie Weizen, Kaffee, Kakao, Zucker, Sojabohnen und Rindfleisch waren.

Damit stellte sich die Frage, die im Zentrum der Abkoppelungsdiskussion und der *Dependencia*-Theorie stand, ob es für diese Länder nicht besser gewesen wäre, sich von dem Außenhandel vollkommen zurückzuziehen.

Auf dem Höhepunkt der Diskussion vertrat ich die Meinung, dass nicht der Außenhandel an sich, sondern die Voraussetzungen, Bedingungen und der Stellenwert des Handels dringend reformbedürftig seien. In Anlehnung an Klaus Rose schienen mir drei Fragen wichtig zu sein, um beantworten zu können, ob es sich für ein Land lohnt, sich am Außenhandel zu beteiligen:

1. Welche Güter sollen ausgetauscht werden (stimmen Bedarf und Überschuss überein)?
2. Wie ist das Austauschverhältnis (Terms of Trade)? Gibt es Benachteiligungen?
3. Wie beeinflusst der Außenhandel die Wohlfahrt der Individuen und der Gesellschaft insgesamt?[2]

Es lohnt sich nur dann für das Land, Außenhandel zu betreiben, wenn alle drei Fragen zufriedenstellend beantwortet werden können. Offenbar hat sich an den ungleichen Verhältnissen bis heute wenig geändert. So stellt Social Watch, eine unabhängige internationale NGO, fest, dass die gegenwärtige Wirtschaftsstruktur die ökonomische und soziale Ungleichheit dieser Welt vergrößert.[3]

Nachdem die Entwicklungsländer durch den Kolonialismus beim Welthandel in die Abhängigkeit geraten waren, gab es verschiedene theoretische Versuche zu erklären, wie sich diese jetzt als unabhängige Länder entwickeln könnten.

Entwicklungstheorien und -modelle

Es gab z. B. die *Modernisierungstheorie*, nach der sich die Entwicklungsländer so entwickeln werden wie die Industriestaaten. Danach würden sie fünf Phasen durchlaufen, wobei die Phasen drei und vier, *big push* und *take-off*, entscheidend wären. Ferner gab es die *trickle-down-Theorie*: Wenn die Reichen reicher werden, sickert der Reichtum bis zu den Armen durch. Diskutiert wurde weiterhin über Theorien des *Teufelkreises*, der *Stagnation*, des *Dualismus*, des *strukturellen Imperialismus*, der *Dependencia*, der *Zentrum-Peripherie* usw. Abgesehen von Dependencia stammen alle Theorien aus dem Westen.

Einige Theorien versuchen, den Zustand zu erklären, andere konzentrieren sich auf die Frage, wie die Lage der Armen verbessert werden könnte. Hierzu gehört wie die Modernisierungstheorie oder die trickle-down-Theorie auch die Theorie des Neoliberalismus, die die ökonomische Globalisierung argumentativ abgesichert und für die Schaffung der politischen Rahmenbedingungen gesorgt hat.

Globalisierung nach der neoliberalen Theorie

Obwohl die nach der neoliberalen Vorstellung vorangetriebene Globalisierung mehrmals Krisen ausgelöst hat (die ostasiatische Finanzkrise 1997/1998 oder die weltweite Finanzkrise 2008) sowie für die jetzige Finanzkrise 2011 verantwortlich ist, bestimmt sie weiterhin die Rahmenbedingungen für den grenzüberschreitenden Verkehr von Waren, Dienstleistungen und Finanzen. Die Neoliberalen versprechen den Wohlstand für alle durch Freihandel. Die Zauberformel lautet: *Deregulierung, Liberalisierung und Privatisierung.* Bevor ich aber auf den Konflikt, Regulierung des Marktes ja oder nein, und auf die Kontroverse zwischen dem britischen Ökonomen John Maynard Keynes (1883–1946) und seinen Widersachern Friedrich August von Hayek (1899–1992) aus Österreich sowie Milton Friedman (1912–2006) aus den USA eingehe, hier eine Anmerkung zur Ökonomie als empirischer Sozialwissenschaft: Die übliche Vorgehensweise ist die: Man geht von einer Annahme aus. Diese überprüft man entweder an der Realität oder durch eine Versuchsreihe. So wird die Annahme entweder bestätigt oder widerlegt. Wenn sie widerlegt wird, muss man mit einer neuen Annahme einen neuen Anlauf nehmen (die sogenannte *trial and error method*). Wenn man aber trotz Widerlegung durch den realen Prozess an einer Theorie (der ursprünglichen Annahme) festhält, dann ist dies ein eindeutiges Indiz für eine Ideologie. Besonders auffällig wird es, wenn dieser Prozess immer zugunsten der Industriestaaten und zulasten der Entwicklungsländer geht. In ›Welthandel und Welthunger‹ habe ich schon vor drei Jahrzehnten zu zeigen versucht, wie der Hunger durch die Strukturanpassungsmaßnahmen der WB und des IWFs vorangetrieben wurde.[4] Unter solch einem Diktat leiden die Entwicklungsländer offenbar heute noch (siehe oben den *Bericht von Social Watch*).

Der Welthandel war gestern, jetzt ist die Zeit der Globalisierung. Das Wort »Globalisierung« ist erst in den 90er Jahren geläufig geworden. Die Enquete-Kommission des Bundestages stellte in einem Schlussbericht über die Globalisierung der Weltwirtschaft fest, dass das Wort im Jahre 1993 nur 34 Mal in der ›Frankfurter Allgemeine Zeitung‹ vorkam, 2001 aber schon 1136 Mal.[5] Mit der Globalisierung war die freie Bewegung des Kapitals verbunden (*free flow of capital*).

Für das Verständnis der Fortentwicklung des Welthandels scheint mir wichtig zu sein, auf die Frage einzugehen, ob es notwendig ist, den Markt zu regulieren, oder ob man sich auf die »unsichtbare Hand«, also die Selbststeuerung der Wirtschaft über Angebot und Nachfrage, verlassen kann. Spannend ist die Geschichte des Konflikts zwischen Keynes und Hayek/Friedman. Während Keynes der Meinung war, dass der Kapitalismus periodisch zur Depression und infolgedessen zur Arbeitslosigkeit neige und deshalb der Staat und die Notenbank korrigierend eingreifen und gegensteuern müssen, waren Hayek und Friedman strikt gegen staatliche Interventionen. Sie meinten, der Markt reguliere sich selbst und sie beriefen sich auf die »unsichtbare Hand« des Urvaters der kapitalistischen Theorie, Adam Smith (1723–1790), und auf die ›Theorie der komparativen Kostenvorteile‹ von David Ricardo (1772–1823).

Adam Smith veröffentlichte seine Theorie 1776 in seinem Buch ›Wohlstand der Nation‹ Ricardos Schrift über die ›Theorie der komparativen Kostenvorteile‹ erschien 1817. Die wirtschaftliche Realität hat zwar nie nach dieser Theorie in Reinform funktioniert, aber die neoliberalen Theoretiker wie Hayek und Friedman beriefen sich unbeirrt auf sie. Hingegen meinte Joseph Stiglitz nach der Finanzkrise 2008: »Die erste Lehre ist, dass Märkte sich nicht selbst korrigieren. Ohne angemessene Regulierung tendieren sie vielmehr zum Exzess. Im Jahre 2009 wird uns wieder einmal klar, warum Smiths unsichtbare Hand oft unsichtbar bleibt, weil es sie gar nicht gibt.«[6]

Colin Hines hat ausführlich beschrieben, warum Ricardos Behauptung, dass sich der Austausch von portugiesischem Wein gegen englische Textilien aufgrund des komparativen Kostenvorteils für beide Seiten rentieren würde, nicht stimmt. Ricardo ging davon aus, dass Portugiesen den Wein im Vergleich zu den Briten kostengünstiger herstellen, wie umgekehrt die Briten Textilien. Wenn sie – Portugiesen und Briten – die Produkte gegenseitig austauschen, profitieren sie beide. Das Beispiel stimmt deshalb nicht, so Hines, weil Ricardo den Machtfaktor außer Acht ließ, wonach derjenige, der mehr Macht hat, den Preis diktiert.[7]

Die Geschichte, wie sich der Neoliberalismus durchgesetzt hat, ist lehrreich. Joel Bakan, der in Oxford und Harvard ausgebildete Jura-Professor an der Universität in British Columbia/Kanada, hat ein Buch über die selbstzerstörerische Kraft der Unternehmen geschrieben.[8] Das Buch ist spannend wie ein Kriminalroman. Er schildert darin, wie konspirativ und ausdauernd die Konzerne in den USA mit Erfolg gegen jeglichen Versuch der Regierung, den Markt zu regulieren, vorgegangen sind. Die Unternehmer schreckten nicht einmal davor zurück, gegen den damaligen US-Präsidenten Franklin D. Roosevelt einen Putschversuch zu unternehmen. Der Drahtzieher hinter diesem Plan war der Republikaner Gerald P. MacGuire. Der Plan scheiterte daran, dass der für den Putsch vorgesehene hochdekorierte General Smedley Butler, der sich selbst als einen »Gangster im Dienste des Kapitalismus« bezeichnete, letzten Endes doch nicht mitmachte. Der Ausgangspunkt war der *New Deal* des US-Präsidenten. Nach der großen Depression 1920 bis 1933 hatte Roosevelt ein Reformpaket zusammengestellt. Es basierte auf der Theorie von John Maynard Keynes und sollte die Befugnisse und Freiheiten der großen Konzerne beschneiden.

»Als erster systematischer Versuch, Unternehmen zu regulieren und die Grundlagen einer modernen staatlichen Wirtschaftslenkung festzuschreiben, wurde der New Deal von vielen Unternehmensführern verteufelt, und ein paar von ihnen planten sogar einen Staatsstreich.«[9] Der Putsch war geplant, weil die Konzerne ihre Gewinne beschnitten sahen, und wurde organisiert von MacGuire. General Smedley Butler sollte eine Veteranengruppe zusammenstellen. MacGuire bot drei Millionen US-Dollar sofort, weitere 300 Millionen waren auf Abruf bereit. Nach dem erfolgreichen Putsch sollte Butler nach dem Vorbild von Mussolini oder Hitler als Diktator die Regierungsgeschäfte übernehmen. Dazu kam es deshalb nicht, da der General sich weigerte mitzumachen. Der Vorgang wurde öffentlich, weil er im parlamentarischen Ausschuss behandelt und deshalb dokumentiert wurde.[10]

Zurück zur Kontroverse Keynes versus Hayek/Friedman. Keynes veröffentlichte 1936 seine ›Allgemeine Theorie der Beschäftigung, des Zinses und des Geldes‹. Zwei Jahre später trug Hayek auf einer Pariser Konferenz seine Gegenthese vor. 1947 gründete er mit Milton Friedman u. a. die Mont-Pelerin-Gesellschaft *(MPS)*, die fortan den Neoliberalismus vertrat. Die drei Stichworte des Neoliberalismus sind: Liberalisierung, Deregulierung und Privatisierung. Gemeint sind Freihandel, grenzüberschreitende freie Investitionsmöglichkeit und wenig bis möglichst keine staatlichen Eingriffe. Abgesehen von Sicherheitsfragen soll sich der Staat überhaupt zurückziehen. Wenn jeder für sich sorgt, gibt es keine Benachteiligung, meinen die Befürworter der neoliberalen Theorie. Das Interesse am eigenen materiellen Gewinn anzusprechen sei der sicherste Weg zur Förderung des Gemeinwohls, behaupten sie. Folglich ist Friedman davon überzeugt, dass das Management eines Unternehmens nur eine »soziale Verantwortung« habe, nämlich, so viel wie möglich Gewinne für die Anteilseigner zu erzielen. Wenn sie falsch handeln, verschwinden sie vom Markt (Verbraucher- und Aktionärsdemokratie). Ein gewinnorientiertes Unternehmen dient nach dieser Auffassung deshalb zugleich dem Gemeinwohl. Dagegen meinen die Kritiker, Deregulierung und Entstaatlichung ist in Wirklichkeit eine Form der Entdemokratisierung,[11] deshalb sei die Bezeichnung Neoliberalismus irreführend. Bezeichnenderweise wurde die Lehre erst in Chile in der Zeit der Diktatur unter Pinochet erprobt, bevor sie von der britischen Regierung Margaret Thatchers 1979 und der US-Regierung unter Präsident Ronald Reagan 1980 übernommen und vehement vertreten wurde.

In Gang kam die Globalisierung durch den Washington Consensus, beschlossen durch den IWF, die WB und das US-Finanzministerium. Auslöser war ein Zehn-Punkte-Programm des US-Ökonomen John Williamson, das ursprünglich für die wirtschaftlich-politische Reform der lateinamerikanischen Länder gedacht war.[12] Der Zeitpunkt war günstig, weil gerade zu dieser Zeit die Berliner Mauer fiel und damit das Ende des Ostblocks eingeläutet wurde.

Bis zu diesem Zeitpunkt konkurrierten drei große ökonomische Modelle, schreibt Stiglitz: *Freie Marktwirtschaft* (US-amerikanischer Prägung), *Planwirtschaft* (des Ostblocks) und *staatlich gelenkte (soziale) Marktwirtschaft* (in Europa). Nach dem Fall der Berliner Mauer blieben nur noch zwei Modelle übrig.[13] Merkwürdigerweise übernahmen die europäischen Länder unter vermeintlichem Konkurrenzdruck die Leitlinien des Washington Consensus. Diese Leitlinien listet Stiglitz so auf: Privatisierung, Ausverkauf von Staatsbetrieben an Privatfirmen (Privatisierung von Post und Bahn z. B. in Deutschland), Handels- und Kapitalmarktliberalisierung, Deregulierung usw.[14] Der endgültige Sieg des Privatunternehmens, der transnationalen Konzerne (TNCs) und vor allem der transnationalen Banken gelang, nachdem der US-Kongress mit einem neuen Gesetz (*Gramm-Leach-Bliley-Act 1999*) die Trennung aufhob. Diese war durch den *Glass-Steagall-Act von 1933* ein Teil der Regulierungsmaßnahmen des New Deal von Präsident Roosevelt.[15] Damit gelang den Lobbyisten der Privatunternehmer und -banken, was den Putschisten der 30er Jahre versagt blieb.

Die Übernahme der Macht durch den Handel und das Finanzwesen

Die Ergebnisse lassen sich zumindest aus der Sicht der TNCs, der Privatfirmen und insbesondere der Investmentbanken sehen. Der Welthandel ist enorm gewachsen, doch noch viel mehr wuchs der Weltfinanzmarkt. Auch das Bruttosozialprodukt (BSP) der meisten Länder ist gestiegen (bei manchen wenig, bei anderen moderat, bei einigen, insbesondere bei den Schwellenländern, enorm). Der Wert der weltweit produzierten Güter und Dienstleistungen betrug 2010 63 Billionen US-Dollar. Der Welthandel wuchs im Jahre 2010 um 12,4 Prozent auf knapp 34 Billionen US-Dollar (Güter und Dienstleistungen zusammen).[16] Noch viel mehr stieg der Wert der Finanztransaktionen (s. Grafik unten).

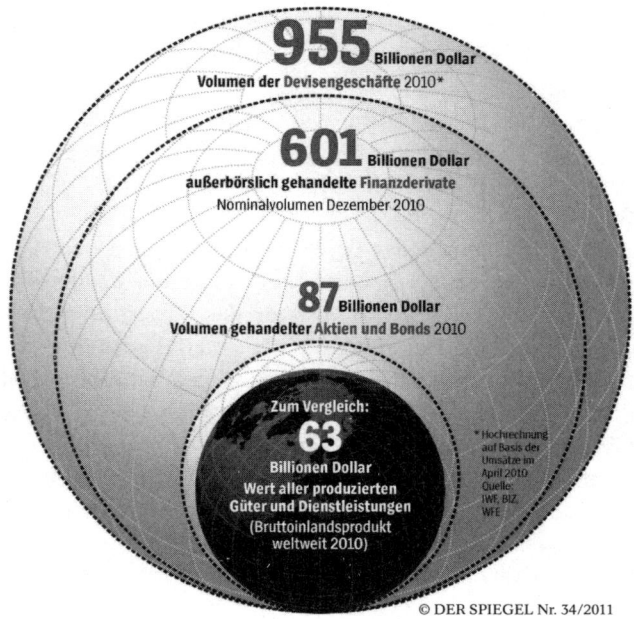

955 Billionen Dollar
Volumen der Devisengeschäfte 2010*

601 Billionen Dollar
außerbörslich gehandelte Finanzderivate
Nominalvolumen Dezember 2010

87 Billionen Dollar
Volumen gehandelter Aktien und Bonds 2010

Zum Vergleich:
63
Billionen Dollar
Wert aller produzierten
Güter und Dienstleistungen
(Bruttoinlandsprodukt
weltweit 2010)

* Hochrechnung
auf Basis der
Umsätze im
April 2010.
Quelle:
IWF, BIZ,
WFE

© DER SPIEGEL Nr. 34/2011

Während in den 1970er Jahren die Werte des Welthandels und der Finanztransaktionen gleich groß waren, spielt jetzt der Welthandel gemessen am Wert der Finanztransaktionen eine zu vernachlässigende Rolle. Die Debatte um eine Transaktionssteuer während der Euro-/Finanzkrise ist ein Versuch, den Geist wieder in die Flasche zu bekommen.

Die Kehrseite des »Erfolgs«: Die Armut in den letzten zwanzig Jahren ist zwar prozentual gesunken, in absoluten Zahlen hat sie aber zugenommen. Und die Kluft zwischen Arm und Reich wächst weltweit. Die untersten 20 Prozent der US-Bevölkerung konnten ihr Haushaltseinkommen zwischen 1979 und 2006 um elf Prozent steigern, das oberste eine Prozent der US-Bevölkerung hingegen in dem gleichen Zeitraum um 256 Prozent.[17] Der Anteil des reichsten einen Prozents der Bevölkerung am nationalen Einkommen zwischen 1970/71 und 2005/08 ist in Japan von sieben auf neun Prozent, in Deutschland von elf auf 13, in Südafrika von 13 auf 16, in Argentinien von 13 auf 17 und in den USA von sieben auf 18 Prozent gestiegen.[18] Darauf bezieht sich der Slogan der meist jungen gut ausgebildeten Demonstranten der Bewegung *Occupy Wall Street* im Jahre 2011 »Wir sind die *99 Prozent*.« Nach einer OECD-Studie von 2011 hat die soziale Ungleichheit in fast allen 34 Mitgliedsstaaten zwischen 1985 und 2008 zugenommen. In Deutschland z.B. hat sich die Kluft zwischen den untersten und obersten zehn Prozent der Bevölkerung von 1:6 in den 90er Jahren auf 1:8 im Jahre 2008 vergrößert.[19] Hacker und Pierson belegen die Vergrößerung der Kluft in den Industriestaaten zwischen 1971–75 und 1998–2000.[20]

Joseph Stiglitz meint, dass sich China und Indien dem Washington Consensus widersetzt haben und deshalb beispielloses Wachstum erzielen konnten.[21] Es stimmt zwar, dass China und Indien den Washington Consensus nicht in allen Punkten übernommen haben, aber sie haben ihren Markt liberalisiert, Staatsbetriebe privatisiert, Handelshemmnisse beseitigt, Privatinvestitionen aus dem Ausland zugelassen usw. Auch in China und Indien ist die Kluft zwischen Reich und Arm enorm gewachsen. Während dort die Zahl der US-Dollar-Millionäre und -Milliardäre gestiegen ist, müssen sich 150 bis 200 Millionen Menschen in China mit Hungerlöhnen als Wanderarbeiter verdingen, und während zwei von zehn der reichsten Männer der Welt (nach der Forbes-Liste) jetzt Inder sind, leben 28

bis 40 Prozent der Bevölkerung Indiens unter *der Armutsgrenze.*
Allerdings ist es schwer, die Armutsgrenze festzulegen, wie wir im
nächsten Kapitel sehen werden.

Kapitel 2
Wer ist arm?

Relative Armut

So offensichtlich Armut auch sein mag, so ist es doch nicht leicht, Armut zu definieren. Armut hat viele Gesichter und viele Facetten. Armut kann man nicht allein daran messen, wie viel Geld jemand zur Verfügung hat. Geld ist nur *ein* Kriterium von vielen. Trotzdem findet man sehr häufig Armutsdefinitionen, die allein vom verfügbaren Einkommen ausgehen. So gilt nach der *Organisation für wirtschaftliche Zusammenarbeit und Entwicklung* (OECD) in den reichen Ländern jemand als arm, der weniger als die Hälfte des Durchschnittseinkommens zur Verfügung hat. Wohlfahrtsverbände vertreten die Auffassung, dass jemand *armutsgefährdet ist,* wenn er weniger als 60 Prozent zur Verfügung hat.

Bei diesem Durchschnittswert (Median) liegt das Einkommen einer Hälfte der Bevölkerung darüber, das Einkommen der anderen Hälfte darunter. Je reicher ein Land ist, desto höher ist demnach das Einkommen, das dem Median entspricht.

Ende 2011 galten in Deutschland, einem der reichsten Länder der Welt, Menschen als armutsgefährdet, die weniger als 930 Euro pro Monat zur Verfügung hatten. Diese Art der Armut bezeichnet man als *relative Armut.* Am Geldwert gemessen sind die Armen in reichen Ländern natürlich reicher als die Armen, ja sogar reicher als Menschen mit mittlerem Einkommen in armen Ländern. Aber wie erwähnt, kann Geld nicht als *alleiniges* Kriterium für die Festlegung von Armut herangezogen werden.

Laut einem Sozialbericht für Deutschland lagen 15,5 Prozent der Bevölkerung im Jahr 2008 *unter der Grenze der Armutsgefährdung,* ein Drittel davon gilt als dauerhaft arm. Die Armen sind dicker, kränker, haben weniger Zugang zur höheren Bildung und sterben früher.[1] In England erschien 1990 ein Buch mit dem Titel ›The Poor Die Young‹.[2] Für die Richtigkeit dieser These finden sich auch in Deutschland empirische Belege.

Nach einem Bericht sterben in Deutschland Menschen aus armen und bildungsfernen Schichten sieben Jahre früher als Menschen aus sozial höheren und besser ausgebildeten Schichten.[3] Zum Mangel an Geld (Einkommen, Vermögen) kommt der Mangel an Gütern und Dienstleistungen hinzu, die in der Gesellschaft, in der der Arme lebt, als unverzichtbar gelten. Dies ist nicht ausschließlich eine Folge des Geldmangels. Ob Arme das begrenzt verfügbare Geld z. B. für moderne elektronische Geräte, für Bildung oder den Besuch kultureller Veranstaltungen ausgeben, hängt auch von den Einstellungen und Wertmaßstäben der Betroffenen ab. Diese werden wiederum beeinflusst vom Bildungsstand, der mangelnden sozialen Bindung und anderen Faktoren. Auch das Fehlen sozialer Anerkennung kann arm machen.

Armut ist ein relativer und relationaler Begriff. »Armut ist nie ohne ihr jeweiliges Umfeld zu begreifen, sondern nur, wenn man das spezifische Verhältnis berücksichtigt, in dem die Betroffenen zu ihren Mitbürger(inne)n und deren Lebensweise stehen.«[4] Von *relativer Armut* spricht man dann, wenn der Lebensstandard und die Lebensbedingungen von Menschen zu weit unter dem durchschnittlichen Lebensstandard und den durchschnittlichen Lebensbedingungen in einem Land liegen.[5] Sie ist ein gesellschaftliches Konstrukt. Der Begriff lässt sich nicht objektiv oder ideologiefrei definieren. »Armut ist ein politisch-normativer Begriff«, schreibt Christoph Butterwegge, »der sich nicht ein für alle Mal definieren lässt, weil kein Grundkonsens aller Gesellschaftsmitglieder darüber existiert, was man hierunter subsumieren kann.«[6]

Absolute Armut

Wenn relative Armut schwer zu definieren ist, lässt sich dann zumindest absolute Armut klar eingrenzen? Letztlich ist absolute Armut ebenso schwer zu definieren, wenn man von Menschen absieht, die durch Armut in ihrer Existenz bedroht sind. Schon 1954 schrieb Leopold von Wiese: »Wo Reichtum beginnt, wo Armut aufhört, kann niemand sagen. Zieht man den Begriff des Existenzminimums zur Klärung heran, so ist die Beweislast nur verschoben, denn dieses Minimum ist rechnerisch schwer erfassbar.«[7]»Eigentlich sind alle Mangellagen, die nicht sofort zum Tod der davon betroffenen Menschen führen, relativ. Auch die zerlumpten Bewohner/innen der Slums von Nairobi erscheinen uns nur deshalb als arm, weil wir nicht dort, sondern in anderen sehr viel besseren materiellen Verhältnissen leben. Dies dürfte ein weiterer Grund dafür sein, warum sich viele Arme gar nicht für arm halten, sondern andere Menschen zu kennen behaupten, denen es noch schlechter geht und die sie deshalb eher so bezeichnen als sich selbst.«[8]»Selbst eine absolute Armutsgrenze kann also nur relativ im Hinblick auf die natürliche Umgebung und die Gesellschaft, in der die Menschen leben, bestimmt werden.«[9] Betrachten wir im Besonderen die Armut in den armen Teilen der Welt, wobei nicht das Problem der relativen Armut in anderen Teilen der Welt verharmlost werden soll.

Absolute Armut lässt sich nach Gerhard Willke definieren als»lebensbedrohlicher Mangel an Grundbedarfsgütern wie Nahrung, Bekleidung, Behausung, Gesundheitsvorsorge und -pflege, familialen und sozialen Kontakte etc. Bei absoluter Armut ist das physische Existenzminimum gefährdet.«[10] In den 1970er Jahren definierte die Weltbank eine Person als absolut arm, wenn sie weniger als einen US-Dollar pro Tag zum Überleben zur Verfügung hatte. 2005 erhöhte die Weltbank mit Blick auf die gestiegenen Lebenshaltungskosten diese Grenze auf 1,25 US-Dollar pro Tag/Person.

Wie zu zeigen sein wird, ist es ausgesprochen problematisch, wenn diese definierte absolute Armutsgrenze übernommen wird. U. a. hat diese Zahl auch Eingang in die viel zitierten Millenniumsziele der UNO gefunden. Die Armutsgrenze durch eine feste Summe, die jemand pro Tag zur Verfügung hat, zu bestimmen, ist einfach, leicht verständlich und griffig. Deshalb wird die Armutsgrenze in dieser Form häufig in den Medien zitiert. Z. B. berichtete die ›Süddeutsche Zeitung‹ am 12. 5. 2011 unter dem Titel »Leben von weniger als zwei Dollar täglich«, dass heute fast eine Milliarde Menschen von weniger als zwei Dollar am Tag leben. Nach dem Weltbankbericht ist die Zahl der absolut Armen von 1,82 Milliarden 1990 auf 1,4 Milliarden im Jahr 2005 zurückgegangen. Da in diesem Zeitraum die Weltbevölkerung um mehr als eine Milliarde gewachsen ist, ist der prozentuale Rückgang bedeutsam. Dabei fällt der Rückgang regional sehr unterschiedlich aus. Während in China zwischen 1990 und 2005 die Zahl der absolut Armen um 450 Millionen abgenommen hat, hat diese Zahl anderswo zugenommen. Z. B. ist die Zahl der absolut Armen in Indien um 21 Millionen und in Afrika südlich der Sahara um 91 Millionen angewachsen.[11]

Unzulänglichkeit der Wechselkurse und der Kaufkraftparität

Weil Wechselkurse nie die reale Kaufkraft, sondern Machtverhältnisse widerspiegeln, ist es schwierig, Einkommensarmut in US-Dollar oder in anderen Devisen wie Euro oder britischem Pfund zu messen. Obwohl die Weltbank zur Bestimmung der Armutsgrenze schon längst die Kaufkraft heranzieht, wird dies in den Medien nur selten erwähnt.

Wie problematisch es ist, eine Bemessungsgrenze von einem bzw. 1,25 US-Dollar festzulegen, wird ebenso deutlich, wenn man sich vergegenwärtigt, dass dieser Bemessungsgrenze ein imaginärer Waren- und Dienstleistungskorb zugrunde liegt. Man geht dabei von der Annahme aus, dass man eine bestimmte Menge von Konsumgütern und Dienstleistungen zum Überleben braucht. Was man benötigt, ist aber nicht überall gleich. Beispielsweise braucht man in Mali nicht die gleiche Bekleidung und es sind nicht die gleichen Anforderungen an Wohnverhältnisse zu stellen wie in der Mongolei. Der »Warenkorb zum Überleben« ist von Land zu Land sowie von Region zu Region unterschiedlich. Selbst in einem armen Land macht es einen großen Unterschied, ob man in einer Stadt oder in einem Dorf lebt. Dazu tragen schon die Preisunterschiede für dieselbe Ware zwischen Stadt und Land bei.

Hinzu kommt, dass es, wie Surjit Bhalla schreibt, drei verschiedene Messverfahren gibt. Man kann z. B. Haushalte oder einzelne Personen befragen. Man kann danach fragen, was man in den letzten drei Tagen, in der letzten Woche oder im letzten Monat verbraucht hat. Je nach der Methode, welche man zur Messung der Armut heranzieht, erhält man unterschiedliche Ergebnisse. Diese unterscheiden sich aber auch dann, wenn man dieselbe Methode anwendet. Als Beispiel zitiert Bhalla Daten von der Weltbank und der indischen Regierung aus den Jahren 1993/94. Die Messmethoden waren gleich und beide gingen von derselben Armutsgrenze aus.

Das Ergebnis der indischen Regierung lag dabei prozentual bei der Bevölkerung, die unter der Armutsgrenze lebt, sieben Punkte unter dem Wert der Weltbank. Bhalla ist der Meinung, dass die Weltbank den Prozentsatz der Armen generell zu hoch einschätzt.[12] Auch Sanjay Reddy und Thomas Pogge bezeichnen die Armutsgrenze als sinnlos.

An verschiedenen Beispielen zeigen sie, dass die Definition der Armutsgrenze auch durch die Präzision der Kaufkraftparität nicht zuverlässig wird, sondern zu Fehlinterpretationen führt.[13] Im Übrigen versucht jeder Staat, die Armutsgrenze selbst zu definieren. Z. B. hat die indische Planungskommission 2011 die Grenze bei 25 Rupien pro Person und Tag für ländliche Gebiete und 32 Rupien pro Person und Tag für die Städte festgelegt.[14] Doch auch solche Grenzen sind aus unterschiedlichen Gründen nicht aussagekräftig. Die Preisunterschiede zwischen den Regionen und den Städten sind oft erheblich. Mit 32 Rupien kann man in Delhi z. B. ein Kilo Reis kaufen und drei Stationen Bus fahren,[15] in anderen Städten Indiens kann man sich für das gleiche Geld deutlich mehr leisten.

Manche Staaten möchten mit Rücksicht auf ihr internationales Ansehen den Prozentsatz der Armen niedrig halten. Andere Staaten wie Indien subventionieren die Lebensmittel für Arme und sind daher aus Kostengründen daran interessiert, den Anteil der Bevölkerung, der von diesen Subventionen profitiert, nicht zu groß werden zu lassen. Die Menschen, die dort unter der staatlich festgelegten Grenze leben, haben einen Anspruch auf subventionierte Grundnahrungsmittel wie Reis, Getreide, Hülsenfrüchte, Zucker etc. Nach indischen Messkriterien liegt der Prozentsatz der Menschen, die unter der Armutsgrenze leben, bei 28 Prozent, nach der Weltbank bei 42 Prozent (vgl. Anm. 11).

Außerdem erweckt die Armutsgrenze, weil abstrakt, möglicherweise den falschen Eindruck, als ob alle, die unter dieser Grenze liegen, unter denselben Bedingungen lebten.

Ein Forscherteam hat sechs Monate lang in sechs Dörfern in Westbengalen/Indien die Lebensbedingungen der ärmsten Familien untersucht, um herauszufinden, wie die absolut Armen ihr Überleben sichern. Die untersuchten Haushalte hatten ein tägliches Durchschnittseinkommen zwischen 2,03 Rupien und 23,60 Rupien, und es gab ein Kaloriendefizit zwischen zehn und 70 Prozent in den meisten Haushalten. Der jeweilige Prozentsatz des Kaloriendefizits stand jedoch in keiner direkten Verbindung mit dem Haushaltseinkommen. Weitere Unterschiede und Ähnlichkeiten, die nicht immer in Korrelation mit dem Einkommen standen, gab es ebenfalls beim Nahrungsmittelkonsum und beim Besitz von Kleidung und Haushaltsgegenständen.[16]

Das Erstaunliche an diesem Ergebnis ist, dass es offenbar Nischen zum Überleben für die absolut Armen gibt. Allerdings sind 70 bis 80 Prozent aller ländlichen Haushalte verschuldet. Schwieriger wird das Überleben, wenn diese Haushalte in Notzeiten darauf angewiesen sind, Nahrungsmittel aus der Produktion auf dem Markt zu kaufen.[17] Mit regelmäßig wiederkehrenden Dürreperioden und Überschwemmungen, nicht nur in Indien, und zunehmender Geldwirtschaft weltweit werden die Nischen kleiner. Insofern spielt Geld eine immer größere Rolle, wenn auch nicht im Sinne der Weltbank.

Fairerweise muss man erwähnen, dass auch die Weltbank versucht hat, die Festlegung der Armut durch die Summe des verfügbaren Geldes zu relativieren. So hat sie weitere Kriterien wie die Zahl der unterernährten Kinder, die Sterblichkeitsrate der Kinder unter fünf Jahren, den Zugang zu Verhütungsmitteln sowie Impfungen gegen Kinderkrankheiten aufgenommen, allerdings, ohne auf die Festlegung einer Geldgrenze zu verzichten.[18] Auch Reddy und Pogge vertreten die Auffassung, dass Geld nur *ein* Aspekt der Armut ist. Berücksichtigt werden müssen andere Faktoren wie Kindersterblichkeit, Unterernährung und Zugang zu Gesundheitsvorsorge.[19]

Der Human Development Index des UNDP

Das UNDP (United Nations Development Programme) versucht schon seit 20 Jahren, Kriterien zu entwickeln, mit deren Hilfe sich Armut genauer definieren lässt. Entwickelt wurden verschiedene Indizes wie der *Human Development Index (*HDI*)*, der *Inequality-adjusted* HDI (IHDI), 2010 der *Gender Inequality Index (*GII*)* und zuletzt der *Multidimensional Poverty Index (*MPI*)*.

Wenn man alle diese Indizes mitberücksichtigt, könnte sich ein exakteres Bild des Ausmaßes von Armut ergeben. Jeder Index hat eine Vielzahl von Indikatoren, manche dieser Indikatoren wurden weiter verfeinert. Der HDI z. B. berücksichtigt die Lebenserwartung bei der Geburt, der MPI fügt noch einen Gesundheitsindikator (Ernährung, Kindersterblichkeitsrate) hinzu. Während der HDI unter dem Indikator Lebensqualität das Brutto-National-Einkommen pro Kopf (BNE) aufnimmt, berücksichtigt der MPI unter dem Indikator Lebensqualität die Verfügbarkeit von Brennstoff, Toiletten, sauberem Wasser, Strom, Fußboden, materiellen Gütern usw.[20] Ähnlich wie das UNDP messen auch Social Watch und Oxfam, zwei international bekannte unabhängige NGOs, die Armutsgrenze, die sie *Basic Capability Index (*BCI) nennen. Dabei verzichten sie gänzlich auf Geldwerte. Ansonsten sind die Messkriterien mit denen des UNDPs vergleichbar. Umgekehrt gehen Banerjee und Duflo, zwei Ökonomen vom MIT vor.

Sie messen zwar nicht das Einkommen am US-Dollar oder am Euro, aber an verfügbarem Einkommen in der jeweiligen Landeswährung. So haben sie die Lebensbedingungen der Armen in 18 Ländern untersucht, um einen neuen Weg zur Armutsbekämpfung zu finden. Sie vertreten die Auffassung, dass *mangelnde Sparmöglichkeiten* eine der Ursachen für Armut sind. Da die Armen kein, wenig oder zumindest kein regelmäßiges Einkommen haben, sind sie nicht in der Lage zu sparen. Infolgedessen können sie nicht für die Zukunft planen, und dies macht sie zum Opfer der Geldverleiher. Diese Unfähigkeit macht die Armen mut- und perspektivlos.[21]

Die OECD misst wiederum das Wohlbefinden statt Armut mit elf Indikatoren.[22] Zu diesen Indikatoren zählen u.a. Wohnung, Bildung, Gesundheit, Umwelt, soziales Umfeld und Sicherheit. Wichtig ist, dass das UNDP den Ungleichheiten zwischen Arm und Reich und zwischen den Geschlechtern besondere Bedeutung beimisst. Gleichwohl bezeichnet das UNDP eine internationale Armutsgrenze wie 1,25 US-Dollar pro Kopf und Tag als *unsauber, aber nötig.*[23]

Fazit: Wenn nicht nachzuweisen ist, dass der Arme wegen der absoluten Armut existenziell bedroht ist, lässt sich die absolute Armut nicht eindeutig definieren. »Selbst eine absolute Armutsgrenze kann also nur relativ im Hinblick auf die natürliche Umgebung und die Gesellschaft, in der die Menschen leben, bestimmt werden.«[24]

Wenn man einfachheitshalber auf die schlichte Formel zurückgreift, »wer hungert, ist arm«, bekommt man ähnliche Schwierigkeiten, Hunger zu definieren. Die FAO (*Food and Agriculture Organisation)* definiert Hunger als eine Kalorienaufnahme von weniger als 1800 Kilokalorien (kcal) am Tag, und Unterernährung als eine unzureichende Versorgung mit Energie, Protein oder wichtigen Vitaminen und Mineralstoffen, unabhängig davon, ob nur einzelne Defizite auftreten oder eine Kombination davon.[25] Es spielt eine Rolle, ob man freiwillig hungert, um Gewicht zu reduzieren – etwa Models, die von Berufswegen ihr Gewicht halten wollen –, oder ob man gezwungenermaßen hungert, weil man mangels Geld oder sonstigen Möglichkeiten keinen Zugang zu erforderlichen Nahrungsmitteln hat. Auch die Grenze von 1800 kcal pro Person und Tag ist eine hypothetische Untergrenze. Ein Forscherteam Ahmed/Hill/Smith und Frankenberger vom International *Food Policy Research Institute* (IFPRI) unterteilt die Hungrigen in drei Gruppen: in die normal, mittelschwer und ganz besonders vom Hunger Betroffenen. Zur letzteren Gruppe gehören solche Menschen, die weniger als 1600 kcal pro Tag konsumieren können.[26]

Obwohl es problematisch ist, Hunger oder Armut genau zu definieren, scheint mir die Definition des UNDP-Berichtes für Armut oder die des *Welthungerindexes* (WHI) zur Orientierung und zum allgemeinen Verständnis noch am besten geeignet zu sein. WHI wird gemessen nach der Formel:

$$(PUN+KUW+KS)/3$$

Hierbei ist PUN der prozentuale Anteil der Unterernährten in der Bevölkerung, KUW der prozentuale Anteil der Kinder unter fünf Jahren und KS der prozentuale Anteil der Kinder, die vor Erreichen des fünften Lebensjahres sterben.[27] Trotz aller Vorbehalte gibt eine Kombination von HDI, MPI und WHI einen Eindruck von dem Ausmaß der Armut eines Landes.

Armut und Wohlbefinden

Ein umfassendes und politisches Konzept von Armut entwickelt Amartya Sen. Er definiert Armut als »Mangel an Verwirklichungschancen«, wobei diese nicht allein von der materiellen Ausstattung abhängen, sondern auch von den Möglichkeiten der Armen, an den politischen und gesellschaftlichen Veränderungen mitzuwirken und mitzubestimmen.[28] John Clark, der neun Jahre lang bei der Weltbank gearbeitet hat, wundert sich, warum die WB die Armut nach der Ver-

fügbarkeit des Geldes einschätzt. Er meint, verfügbare Nahrungsmittel, Gesundheitszustand und -vorsorge, Entfernung zu Schulen
und Kliniken, Bildungsstand sowie Zufriedenheit mit öffentlichen
Dienstleistungen sind aussagekräftiger, wenn es um die Bestimmung
von Armut geht. Diese ist gekennzeichnet durch Verwundbarkeit,
Mangel an Möglichkeiten, ungerechte Behandlung, Gewalt und
Machtlosigkeit.[29]

Jonathan Haughton und Shahidur Khandker definieren Armut als
Beraubung des Wohlbefindens (well-being).[30] Wie bereits erwähnt,
ist das Bruttosozialprodukt/Bruttoinlandsprodukt, BSP/BIP pro
Kopf nicht gleichzusetzen mit dem Wohlbefinden. Deutschland
z. B. lag nach BIP in der Weltrangliste an der 14., nach der HDI des
UNDP jedoch nur an der 22. Stelle.[31]

Richard Wilkinson und Kate Pickett haben reiche Industriestaaten und 50 Bundesstaaten der USA miteinander verglichen und die
Einkommensunterschiede in Relation zu verschiedenen Faktoren
wie Gesundheit, Fettleibigkeit, Kriminalität und Sterberate gesetzt.
Das Ergebnis ist: Je weniger Ungleichheit in den reichen marktwirt-
schaftlichen Demokratien herrscht, desto zufriedener sind die Menschen, desto mehr Vertrauen haben sie in ihre Umwelt und desto
mehr engagieren sie sich für die politische und gesellschaftliche Entwicklung.[32]

Das buddhistische Königreich Bhutan am Himalaya, eins der
ärmsten und zugleich glücklichsten Länder der Welt, soll deshalb
so glücklich sein, weil der *Gross National Happiness* (GNH)-Index
des Landes auf vier Säulen ruht: nachhaltige Entwicklung, Bewah-
rung der Kultur, Umweltschutz und gute Regierungsführung.[33]

Aber auch dort wächst langsam die Unzufriedenheit unter der Bevölkerung, weil die Regierung seit einiger Zeit indische Fernsehsen-
der zugelassen hat. Die Menschen können dort jetzt die Glitzerwelt
der Bollywoodfilme bewundern und mit ihren Lebensverhältnissen
vergleichen. Die Bhutanesen verlassen allmählich ihre traditionelle
Ess- und Bekleidungskultur, weil sie sich zunehmend an der Mittelschicht Indiens orientieren. Damit ändert sich auch ihr GNH-In-
dex.[34]

Kapitel 3
Vorsicht: Statistiken

> »Es gibt drei Arten der Lügen: Lügen,
> verdammte Lügen und Statistiken.«
> *Mark Twain*

> »Ich glaube keiner Statistik, die ich nicht
> selbst gefälscht habe.«
> *häufig Sir Winston Churchill zugeschrieben*

Statistiken sind notwendig und nützlich, aber sie haben ihre Tücken.

Problem Nr. 1: Abstrakte Zahlen: Die Zahlen sind abstrakt. Je größer die Zahl ist, desto schwieriger ist es, sie sich in der Realität vorzustellen. Wenn die Zahlen als Milliarden oder Billionen erscheinen, überfordern sie nicht selten unsere Vorstellungskraft.

Problem Nr. 2: Unklarer Zusammenhang: Die Zahlen verraten selten einen Zusammenhang. Doch ohne Zusammenhang ist es schwer zu verstehen, warum die Bewohner eines armen, kleinen Landes wie Bhutan mit 0,7 Millionen Einwohnern und einem Bruttonationaleinkommen pro Person (BNE pP) von 1900 US-Dollar sich als glücklicher einschätzen als z. B. jene in Deutschland mit über 82 Millionen Einwohnern und einem BNE pP von 42 410 US-Dollar. Gemessen wird dies mithilfe eines Index, der als GNH (*Gross National Happiness Index*) bezeichnet wird. Allerdings wird Bhutan, da es zu klein ist, nicht in der internationalen Ranking-Liste aufgenommen. Nach der neuesten Liste rangiert dort Costa Rica mit einer Einwohnerzahl von 4,5 Millionen und einem BNE pP von 10 880 US-Dollar nach *Kaufkraftparität* (KKP) an erster Stelle, Deutschland steht an 51. Stelle, Großbritannien an 74. Stelle unter den 143 erfassten Ländern.[1] Wenn man nicht die Kriterien kennt, kann man sich über diese Rangordnung nur wundern. Beim Gross National Happiness Index werden nicht nur das Einkommen gemessen, sondern auch der Zustand der Natur, die sozialen Unterschiede, die Gewalt und Spannung in der Gesellschaft u. a. Vor allem werden die Menschen selbst über den Grad ihrer Zufriedenheit befragt.[2] Offenbar fühlen sich

Menschen in Asien und Lateinamerika zufriedener als z. B. in Kanada (89.), Australien (102.) oder in den USA (114.).

Problem Nr. 3: Durchschnittszahlen und Wirklichkeit: Um die Schwierigkeit der Durchschnittswerte zu illustrieren, habe ich in ›Welthandel und Welthunger‹ das Beispiel vom Brathähnchen und der Schale Reis beschrieben:

Wenn von zwei Menschen einer ein Brathähnchen isst und der andere, weil er sich das finanziell nicht leisten kann, nur eine Schale Reis, dann hat jeder *statistisch gesehen* ein halbes Brathähnchen und eine halbe Schale Reis gegessen. Wenn der Brathähnchen-Esser irgendwann seinen Konsum auf zwei Brathähnchen steigert und dazu eine halbe Schale Reis isst, und der andere seine Schale Reis mit einer anderen Person teilen muss, dann ist der Pro-Kopf-Konsum gestiegen, da jeder statistisch betrachtet jetzt ein Brathähnchen und eine halbe Schale Reis verzehrt.[3]

Bei dem Durchschnittseinkommen für Deutschland von 42 400 US-Dollar sind sowohl das Einkommen der 108 Milliardäre, die ihr Vermögen im Jahr 2010 von 287,35 auf 307,35 Milliarden Euro steigern konnten, wie auch das Einkommen der 6,7 Millionen Hartz-IV-Empfänger enthalten. Der Unterschied zwischen den Armen und Reichen ist im internationalen Vergleich laut einer OECD-Studie besonders hoch.[4]

Global gesehen, beziehen die reichsten fünf Prozent der Weltbevölkerung ein 114 Mal höheres Einkommen als die ärmsten fünf Prozent. Das reichste Prozent bezieht genauso viel Einkommen wie die ärmsten 57 Prozent der Weltbevölkerung. Die reichsten 25 Millionen US-Amerikaner haben ein Einkommen, das beinahe dem der zwei Milliarden ärmsten Menschen entspricht.[5]

Problem Nr. 4: Unterschiede in Kurswert, Kaufkraftparität und Realität: Es gibt manchmal gravierende Unterschiede in den Angaben für gleiche Sachverhalte in renommierten statistischen Jahrbüchern. Der ›Fischer Weltalmanach‹ gibt z. B. 2012 Indiens BNE pP mit 1220 US-Dollar (bezogen auf das Jahr 2009) an, nach dem ›UNDP-Jahrbuch 2011‹ beträgt es 3468 US-Dollar (bezogen auf 2005), und nach dem ›Jahrbuch 2012‹ der Weltbank liegt Indiens BNE pP bei 3560 US-Dollar (bezogen auf 2010). Es ist verwirrend, weil die drei Jahrbücher alle im Jahr 2011 erschienen sind, das BNE pP aber für unterschiedliche Jahre angegeben wird. Zum Zweiten gibt der ›Fischer Weltalmanach‹ das Einkommen im nominalen Kurswert, die anderen aber das BNE nach Kaufkraftparität an.[6]

Auch in diesen Durchschnittsangaben ist das Einkommen der 190 000 Dollar-Millionäre, darunter zwei der zehn reichsten Dollar-Milliardäre der Welt – und das Einkommen der 25 Prozent, 28 Prozent oder 41 Prozent (je nach Einschätzungen der unterschiedlichen Messkriterien und Herausgeber der Jahrbücher) der ärmsten Bevölkerung, sofern sie überhaupt ein Einkommen haben, enthalten. Der Wechselkurs von indischen Rupien zum US-Dollar beträgt 60:1 (Stand: Januar 2012), die KKP ist aber 3:1. Jedoch auch diese gibt die reale Kaufkraft nicht wieder. U. a. deshalb ist die Festlegung der absoluten Armutsgrenze auf 1,25 US-Dollar, wie sie die WB 2005 vornahm, strittig. Für den normalen Zeitungsleser sind zum einen solche unterschiedlichen Angaben unverständlich, zum anderen hat er natürlich keine Veranlassung, die Dollar-Angaben in KKP umzurechnen. In den reichen Industriestaaten ist ein Tageseinkommen von 1,25 US-Dollar unvorstellbar niedrig. Wie subjektiv dies jedoch ist, zeigt etwa das Beispiel kenianischer Lehrer: Nach dem offiziellen Wechselkurs würden viele von ihnen unter die absolute Armutsgrenze fallen, im eigenen Land gehören sie aber zur Mittelschicht. Auch wenn die Familie keinen Reichtum anhäufen kann, ist sie nicht notleidend. Es ist weithin bekannt, dass der Währungskurs von vielen Faktoren abhängt: vom Export-Import-Verhältnis, von der Leistungsbilanz, der Staatsverschuldung und den Währungsreserven eines Landes. Wobei mit Währungen solche gemeint sind, die für den internationalen Finanzverkehr bedeutsam sind wie der US-Dollar, der Euro, der Schweizer Franken und das britische Pfund). Nicht zuletzt wird der Währungskurs durch die US-Ratingagenturen und durch internationale Finanzspekulationen beeinflusst.

Mittlerweile werden mit Finanztransaktionen täglich unvorstellbare Summen gehandelt, mehr als das Hundertfache des Volumens, das mit dem Warenhandel umgesetzt wird.

Diese Spekulation mit Währungen erfolgt rund um den Globus täglich 24 Stunden lang. Da die Wechselkurse der Währungen von Entwicklungsländern gewissermaßen an internationale Währungen gekoppelt sind, können die Länder – ohne eigene Einflussmöglichkeiten – über Nacht große Verluste erleiden. Eine Transaktionssteuer, die zurzeit (2012) in der EU diskutiert wird, ist ein

Versuch, derartige wilde Spekulationen ein wenig einzuschränken. Beabsichtigt ist, jede Transaktion – also auch bei Spekulationen, die über Banken laufen – von 0,05 bis 0,1 Prozent zu besteuern. Dies ist eine Variante der sogenannten *Tobin-Steuer*. Der US-Ökonom und Nobelpreisträger James Tobin hat schon 1972 vorgeschlagen, auf alle Devisentransaktionen einen Steuersatz von einem Prozent zu erheben.[7] Als er diesen Vorschlag entwickelte, machte die Gesamtsumme der täglichen Devisentransaktionen nur einen Bruchteil der heutigen Summe aus. Wenn durch diese Transaktionssteuer die Währungsspekulationen reduziert werden könnten, würden die Schäden, die den Entwicklungsländern täglich entstehen, ein wenig abnehmen. Die täglichen Schwankungen auf dem Währungsmarkt beeinflussen zwar den Kurswert ihrer Währungen, die Kaufkraft innerhalb der Entwicklungsländer ändert sich aber nicht im gleichen Maße. Dies ist auch ein Grund, warum nicht nur der Kurswert, sondern auch eine Umrechnung in KKP fraglich ist.

Problem Nr. 5: Irreführende visuelle Vermittlung von Zahlen: Schließlich kann auch die grafische Darstellung zu Problemen und Missverständnissen führen. Wie man mit Grafiken unterschiedliche Eindrücke erzielen kann, haben Gerd Bosbach und Jens Korff am Beispiel von Jugendlichen in Deutschland dargestellt. Bei einem Bild zeigt sich der zukünftige Rückgang von Jugendlichen von 2005 bis 2050 in absoluten Zahlen von 16,5 Millionen auf 10,9 Millionen (sieht dramatisch aus), bei dem anderen Bild die prozentuale Abnahme derselben Altersgruppe für den gleichen Zeitraum von 20 auf 15,3 (sieht viel gemäßigter aus).[8] Ein umgekehrtes Beispiel kann man bei der Darstellung der Entwicklungshilfe finden. Dort sehen die Bilder in absoluten Zahlen gut aus. Setzt man dieselbe Quote jedoch in prozentualer Angabe, insbesondere in Relation zum Ziel 0,7 Prozent des BSP, sieht die Leistung der Geberländer nicht mehr so erfreulich aus.

Ein anderes Beispiel: Laut Welthungerindex von 2011 sind zehn Prozent der Bevölkerung in der VR China und 21 Prozent der Bevölkerung Indiens unterernährt. Damit leben in diesen beiden Ländern zusammen etwa ein Drittel aller Unterernährten der Welt. Umgekehrt trifft das Bild fast im gleichen Maße auf den Anteil an übergewichtigen und fettleibigen Menschen – zusammen etwa 500 Millionen – zu.[9]

Wenn man nur die Durchschnittszahlen nimmt, dürfte es keinen Hunger und keinen unterernährten Menschen auf dieser Welt geben. Es gibt jedoch 925 Millionen unterernährte Menschen und auf der anderen Seite 1,6 Milliarden Menschen, die übergewichtig oder fettleibig sind. Es herrscht Nahrungsmittelmangel in vielen Teilen der Welt, gleichzeitig gibt es in denselben Ländern häufig Menschen, die übermäßig viel Nahrung konsumieren. Global gesehen: Während viele Menschen in Afrika, Asien und Lateinamerika unter Mangel an Nahrungsmitteln leiden, werfen Verbraucher in den Industriestaaten nach einer Studie der FAO 222 Millionen Tonnen Essen jährlich weg. Wohl gemerkt, zubereitete und gekochte Nahrungsmittel. Dies entspricht fast der Menge, die in Afrika südlich der Sahara im gleichen Zeitraum produziert wird.[10] Ein Viertel bis ein Drittel der Ernte gehen in den armen Ländern durch schlechte Lagerung und Transport verloren.

Laut Weltagrarbericht, zitiert Richard Rickelmann, wächst die Agrarproduktion schneller als die Weltbevölkerung, aber nur 47 Prozent des Getreideaufkommens werden zu Lebensmitteln verarbeitet. Der größte Teil wird verfüttert, verheizt oder zu Treibstoff verarbeitet.[11]

Kapitel 4
Wer hungert und warum?

Und alle Leute, die man frug, sagten: Heuer gibt's Brot genug.

...

Dann sagten die reichen Leute verdrossen:
»Der Weizen wird in das Meer gegossen.
Wenn man die Hälfte ins Meer ausleert
Ist die andere Hälfte wieder was wert.
Dann gibt's wieder wenig Brot auf der Welt
Und dann zahlen die Leute dafür viel Geld.
Und die Leute, die kein Geld haben, sollen
Steine essen, wenn sie essen wollen.«
Bertolt Brecht, Die drei Soldaten und der Weizen,
1930/31

Paradoxerweise hungern jene, die für die Produktion von Nahrungsmitteln zuständig sind: die Bauern. 80 Prozent der Unterernährten
leben auf dem Lande, 50 Prozent der Hungernden sind Kleinbauern, 20 Prozent sind landlose Bauern. Hirten, Fischer und Waldnut-
zer sind mit zehn Prozent vertreten. Frauen, die auf dem Lande für
die Nahrungsmittelversorgung der Familie zuständig sind, hungern
mehr als Männer. Dagegen hungern nur etwa 20 Prozent der städtischen Slumbewohner. Dies ist übrigens auch der wesentliche Grund
für die Landflucht. Selbst wenn die Flüchtlinge aus den ländlichen
Regionen unter den miserabelsten Bedingungen in den Slums un-
terkommen, haben sie immerhin die Aussicht, dem Hunger zu entkommen.[1]

Was ist Hunger?

Ähnlich wie Armut ist auch Hunger schwer zu definieren. Wenn jemand bei einer leichten und sitzenden Tätigkeit weniger als 2100 bis
2200 Kilokalorien täglich konsumiert, bleibt er hungrig. Bei einer
schweren Tätigkeit, wie sie z.B. Bauern oder Minenarbeiter verrichten, benötigt man wesentlich mehr zum Essen. Bei einem Konsum
zwischen 1600 und 1800 Kcal pro Tag wird der Gesundheitszustand
der betreffenden Person »bedenklich«, und unter 1600 Kcal pro Tag

wird er »lebensbedrohlich«.[2] Ähnlich definiert dies auch die Weltgesundheitsorganisation der UNO, die WHO.[3]

Man kann möglicherweise nur mit gekochtem Reis oder Mais Hunger vermeiden, also satt werden, und vielleicht auch eine gewisse Untergrenze von einem täglichen Kalorienbedarf decken, bleibt aber dennoch unter- und mangelernährt. 129 Millionen Kinder unter fünf Jahren sind weltweit chronisch unterernährt und untergewichtig, so berichtet Ralf Südhoff, Leiter des Welternährungsprogramms (WFP) im deutschsprachigen Raum. Die Todesursache für ein Drittel aller Kinder, die vor ihrem fünften Geburtstag sterben, ist Unterernährung. Durch die Unter- und Mangelernährung der Mütter sind die Kinder schon vor der Geburt geschädigt und werden untergewichtig geboren. Wenn sie als Zweijährige kleinwüchsig bleiben, wie jedes dritte Kind in den Entwicklungsländern, sind die Schäden kaum mehr gutzumachen. Südhoff zitiert Studien, die zeigen, dass Unterernährung sogar ein über Generationen vererbtes Problem darstellt. »Das stärkste Gehirnwachstum eines Kindes«, so Südhoff, »findet bereits während der Schwangerschaft statt. 80 Prozent des Gehirnvolumens sind mit drei Jahren festgelegt.«[4] Dies wirkt sich später auf die Entwicklung des Kindes aus. »Dritte-Welt-Kinder sind gewöhnlich kleiner als westliche Kinder«, schrieb Paul Harrison schon 1979. »In Indien beispielsweise wiegt ein durchschnittliches Neugeborenes nur 2,7 Kilogramm gegenüber 3,4 Kilogramm in Großbritannien oder Skandinavien.«[5] In jedem Land gibt es erhebliche Unterschiede zwischen den reichen und bitterarmen Familien, auch in Bezug auf das Gewicht der Neugeborenen. Deshalb sind Durchschnittszahlen immer ein wenig irreführend (siehe das vorangehende Kapitel). Davon abgesehen, hat sich am Verhältnis des Gewichtes der Neugeborenen vermutlich wenig geändert.

Warum Hunger?

Es gibt eine Vielzahl von Gründen, die den Hunger verursachen: Kriege und Bürgerkriege, Klimawandel, Wachstum der Weltbevölkerung, Vernachlässigung der Landwirtschaft, Weltmacht der Getreidehändler, ungerechte Handelsbedingungen zwischen Nord und Süd, steigender Fleischkonsum in den sogenannten Schwellenländern, enorme Verteuerung des Ölpreises, Finanzkrise, Landraub sowie Spekulationen mit Getreide und Nahrungsmitteln. Auf einzelne Aspekte wie Bevölkerungswachstum, Klimawandel, Vernachlässigung der Landwirtschaft u. Ä. gehe ich noch gesondert ein. Die Gründe für Hunger sind nicht nur zahlreich, sie sind auch komplex und miteinander verwoben, und sie sind in unterschiedlichen Ländern unterschiedlich maßgebend. Die Situation für die Nahrungsmittelversorgung in den Entwicklungsländern hat sich massiv verändert, nachdem es den Lobbyisten gelungen ist, die Barriere für Spekulationen mit Nahrungsmitteln zu beseitigen. Bis 1999 gab es zwar auch einen börsennotierten Future-Markt, der diente aber den Bauern dazu, sich gegen Preisschwankungen abzusichern. Die Produzenten verkauften ihre Ware vorab zu einem festgelegten Preis. Wenn bei dem Liefertermin der Preis darüber lag, hatten die Bauern Pech, im anderen Fall hatten sie gewonnen. Die Commodities Futures Trading Commission der USA erlaubte 1999 auch den Banken, mit Rohstoffpapieren zu handeln. 2004 lockerte die US-Börsenaufsicht die Sicherheitsbestimmungen. Die Banken durften von nun an mit 40 Mal so viel Geld handeln, wie sie selbst als Sicherheit vorweisen konnten. Somit war für Hedgefonds und Investmentbanken der Weg frei, auch mit Nahrungsmitteln zu spekulieren. Um die Risiken klein zu halten, hat *Goldman Sachs* die Spekulationsobjekte in einem *Index Fonds* zusammengebunden, in dem Rohstoffe von Öl über Metalle bis hin zu Getreide gebündelt sind. Somit kann der Spekulant Verluste in einem Gebiet mit dem Gewinn in einem andern ausgleichen und so die Risiken klein halten. Die Spekulanten sind nicht an echten Produkten interessiert, sie steigen rechtzeitig – bevor die Ware fällig wird – auf neue Futures um.[6] Laut Spiegel stiegen Index-Fonds-Spekulationen zwischen 2003 und 2008 um 2300 Prozent. Nur zwei Prozent der Rohstoff-Future-Verträge werden tatsächlich eingehalten, 98 Prozent hingegen vorher verkauft. Die eigentlichen Besitzer spekulieren auch, indem sie die Ware zurückhalten. So werden die Realpreise den Futures-Preisen angepasst oder anders herum: Futures beeinflussen die Realpreise. Auf diese Weise sind die Rohstoffpreise für Weizen von 180 auf 260, für Mais von 150 auf 300 und für Palmöl von 500 auf 1100 US-Dollar je Tonne zwischen 2008 und 2011 gestiegen.[7]

Während es noch in den 1970er Jahren möglich war, in den ländlichen Gebieten mancher Entwicklungsländer auf der Basis von

Tauschwirtschaft zu überleben, geht dies heute nicht mehr. Mit zunehmender Globalisierung und Monetarisierung der Welt wird es für die Mittellosen immer schwieriger, sich ohne Geld Nahrungsmittel zu besorgen. Rein rechnerisch gibt es jetzt schon genügend Nahrungsmittel. Und selbst wenn man den Überfluss in den reichen und den Mangel in den armen Ländern nicht gegenseitig aufrechnet, geht z. Z. »ein Drittel der Nahrungsmittel, die produziert werden, verloren, weil sie entweder von Schädlingen befallen, falsch gelagert oder falsch transportiert wurden«.[8] Laut einer Studie der FAO wird selbst bei einer anzunehmenden Weltbevölkerungszahl von neun Milliarden die Nahrungsmittelproduktion Schritt halten können.[9] Das Wachstum der Weltbevölkerung wird zwar andere ökologische Probleme wie Wasserknappheit, Dürre und Überschwemmungen mit sich bringen, aber eine ausreichende Produktion von Nahrungsmitteln ist möglich. Hingegen treffen die durch Spekulation verursachten Preissteigerungen bei Nahrungsmitteln schon jetzt die Schicht der Armen hart, da sie 80 bis 90 Prozent ihres Einkommens für Essen ausgeben müssen. Zum Vergleich geben Haushalte in den reichen Ländern im Durchschnitt nur zehn bis 15 Prozent ihres Einkommens für Essen aus.

Hilft der Freihandel Hunger zu bekämpfen?

Die WB, der IWF und die WTO sind nicht nur von der Liberalisierung der Getreide- und Nahrungsmittelmärkte überzeugt, sie nötigen die Entwicklungsländer regelrecht dazu. *Dies* ermöglicht den Industriestaaten, vor allem USA und EU, ihr subventioniertes überschüssiges Getreide und die Nahrungsmittel zu billigen Dumpingpreisen an ärmere Länder zu verkaufen. Die Preise sind so niedrig, dass die Bauern der Empfangsländer nicht mithalten können, weil allein deren Produktionskosten schon höher liegen. So lautet zutreffend der Titel einer Oxfam-Studie: ›Die EU exportiert – die Welt hungert‹.[10]

Beispiel Ghana

Ghana ist kein Hungerland mehr. Seit 1990 hat Ghana die WHI-Werte um 59 Prozentpunkte verbessert.[11] Der Reis zählt zwar nicht als Grundnahrungsmittel des Landes, aber bis Mitte der 1970er Jahre war Ghana noch Reisselbstversorger. Nachdem die Regierung unter dem Präsidenten Jerry Rawlings 1986 das vom IWF verordnete Strukturanpassungsprogramm (SAP) umsetzte, die Märkte liberalisierte, die Importsteuern erheblich senkte und einen flexiblen Wechselkurs einleitete, war die Selbstversorgung mit Reis nicht mehr möglich. Die USA überfluteten Ghana mit subventioniertem Exportreis. Sie lieferten Reis zu einem Preis, der 34 Prozent unter den Produktionskosten der einheimischen Bauern lag. Die Reisimporte nach Ghana stiegen von 70 000 Tonnen 1999 über 415 000 Tonnen 2003 auf 440 000 Tonnen 2007. Umgekehrt fiel der Anteil des einheimischen Reises von 43 Prozent im Jahre 2000 auf 29 Prozent im Jahre 2003.[12] Um die einheimischen Bauern zu schützen, beschloss die ghanaische Regierung 2003, die Importzölle auf Reis von 20 auf 25 Prozent und für Geflügel von 20 auf 40 Prozent zu erhöhen. Die Geflügel-Farmen litten mehr als Reisbauern in Ghana durch subventionierte Importe aus der EU und den USA. Auf Druck des IWF nahm die Regierung von Ghana die Erhöhung der Importsteuer zurück. Als Belohnung erhielt Ghana einen dreijährigen Kredit von 258 Millionen US-Dollar im Rahmen der PRGF (Poverty Reduction and Growth Facility).[13] Die EU hat ebenfalls mit subventionierten Agrarexporten den einheimischen Bauern das Leben schwer gemacht. »Die EU ist aufgrund des jahrzehntelangen Einsatzes von Subventionen in Milliardenhöhe zu einem der bedeutendsten Agrarexporteure geworden«, schreibt Wiggerthale. »Die Exporte haben sich innerhalb von sieben Jahren mehr als verdoppelt, von 51 Milliarden US-Dollar (1999–2001) auf 105 Milliarden US-Dollar (2006–2008). Die EU ist heute der größte Exporteur von verarbeiteten Lebensmitteln, der zweitgrößte Exporteur von Milchprodukten, Schweinefleisch und Weizen sowie drittgrößter Exporteur von Geflügel. Dabei haben die Exporte in arme Länder stark zugenommen.«[14] Die EU hat mit subventionierten Exporten die Produktion von Geflügel und Tomaten massiv beeinflusst. Die Einfuhr von Geflügel aus der EU nach Ghana stieg von 1999 bis 2003 um 144 Prozent, die Einfuhr von Tomaten aus der EU stieg von 1991 bis 2007 auf das gut 21-Fache.[15]

Beispiel Somalia

Am Horn von Afrika kommt es immer wieder zu Hungersnöten. Besonders betroffen ist z. Z. (2011/2012) Somalia. Gründe für die Hungersnot sind u. a. Korruption, Bürgerkrieg und das Fehlen einer staatlichen Ordnung. Laut *Transparency International* (TI) ist Somalia neben Nordkorea, einem Land mit chronischen Hungersnöten, einer der korruptesten Staaten der Welt. Seit dem Sturz des Barre-Regimes existiert keine staatliche Ordnung in Somalia mehr. Auch Siyad Barre hat in seiner Regierungszeit (1969–1991) die Politik der *propinquity* (»mein *Clan* liegt mir näher als alle anderen« – vergleichbar mit Vetternwirtschaft) vorangetrieben. Seither herrscht *clan-cleansing*: Es wird versucht, einheitliche Gebiete für einzelne Clans zu schaffen.[16] Innerhalb dieser Gebiete haben nur die Warlords das Sagen. Da die Warlord-Milizen vollkommen damit ausgelastet sind, ihre Gebiete vor Konkurrenten abzusichern, haben sie für weitere Probleme – z. B. für die landwirtschaftliche Produktion – kaum Zeit und Energie. Sie bekämpfen sich ständig gegenseitig, Kriege und Bürgerkriege verursachen Hunger, Krankheiten und verwüsten die Umwelt. Paul Collier, der Direktor des Zentrums für Studien afrikanischer Ökonomie an der Universität Oxford, stellt die These auf: »75 Prozent des ärmsten Viertels der Menschheit haben in jüngster Zeit einen Bürgerkrieg erlebt oder sind aktuell in einen verstrickt.« Ferner meint Collier: »Je niedriger das Einkommen eines Landes bei Ausbruch eines Bürgerkriegs war, desto länger dauerte dieser Krieg.«[17]

Grundsätzlich ist davon auszugehen, dass wiederkehrende Hungersnöte am Horn von Afrika auch mit Kriegen und deren Folgen oder mit dem Fehlen der staatlichen Ordnung zu tun haben. Die 13 Millionen Menschen am Horn von Afrika, die momentan vom Hungertod bedroht sind, leben in Äthiopien, Somalia, Südsudan und im Norden Kenias. Kenia hat zwar eine funktionierende staatliche Ordnung, die Nachbarländer, aus denen die Flüchtlinge kommen, hingegen nicht. Dies ist eine Bestätigung der These von Collier, dass auch die Nachbarn die Kosten der Kriege zu tragen haben.[18]

Nahrungsmittelmangel ist selten die Ursache für den Hunger

Gerade am Beispiel von Kenia kann diese Behauptung belegt werden. Während im Norden des Landes wegen der von Hungersnot bedrohten Flüchtlinge aus Nachbarländern die Versorgungslage prekär ist, gibt es einen Überfluss an Nahrungsmitteln in anderen Teilen des Landes. Gleichwohl unterscheidet Duncan Green drei Stufen von Mangel: emergency, crisis and famine (Ernstfall, Krise und Hungersnot).[19]

Wie jedes Ausbleiben von Regen in der Regenzeit nicht automatisch zur Dürre führt, bedeutet nicht jede Nahrungsmittelknappheit Hungersnot. Erst trockene Regenzeiten über mehrere Jahre hinweg führen zu einer Dürre.

Wenn in einem Land Nahrungsmittel knapp werden, kann es aus dem Ausland Nahrungsmittel kaufen, vorausgesetzt, dass das Land das nötige Geld in anderen Sektoren erwirtschaftet hat, also es ein Wirtschaftswachstum in anderen Sektoren wie Industrie und Dienstleistungen gibt, meint Amartya Sen, Ökonomie-Professor an der Universität Harvard und Nobelpreisträger von 1998 für Wirtschaftswissenschaft. Sen führt als Beispiel Südkorea, Japan, Botswana und Singapur an. Obwohl in diesen Ländern die Nahrungsmittelproduktion im Zeitraum von 1993–95 im Vergleich zu 1979–1981 mäßig bis erheblich zurückging (von 1,7 bis 58 Prozent), war keine Zunahme des Hungers zu verzeichnen.[20] Gewöhnlich ist bei einer Hungersnot nur ein kleiner Teil eines Landes betroffen (siehe oben das Beispiel von Kenia). Dies kommt deshalb vor, weil in dem Teil z. B. durch Naturkatastrophen Menschen die Grundlage ihres Einkommens verloren haben. Sen führt als Beispiel Fischer in Bangladesch an, die nach verheerenden Überschwemmungen 1974 kein Einkommen mehr hatten, weil sie nicht mehr fischen konnten. Deshalb litten sie unter der Hungersnot, obwohl es im Land keine Lebensmittelknappheit gab.[21]

Die beste Prävention gegen Hungersnot sei die Demokratie und eine freie Presse, meint Sen und verdeutlicht seine These am Beispiel von Indien und Botswana. Andererseits räumt Sen ein, dass Demokratie und freie Presse offenbar nicht vor Unterernährung der Massen schützen, wie ebenfalls am Beispiel Indien zu sehen ist. Dies liegt daran, dass Indien es trotz eines anhaltenden Wirtschaftswachstums versäumt hat, die Wirtschaft auf dem Lande zu diversifizieren und Arbeitsplätze außerhalb der landwirtschaftlichen Produktion zu schaffen.[22]

Der philippinische Soziologie-Professor Walden Bello meint, die Zerstörung der bäuerlichen Landwirtschaft in Lateinamerika, Afrika und Asien sei die Hauptursache für den Hunger. Am Beispiel von Mexiko, den Philippinen, Ghana, Burkina Faso, Malawi u.a. zeigt er, wie die kapitalistische, industrialisierte Landwirtschaft, die der Westen den Entwicklungsländern aufgezwungen hat, dort die Bauern arm gemacht und Hungersnot verursacht hat.[23] Die kleine bäuerliche Landwirtschaft, die meistens von Frauen betrieben wird, ist immer noch für die Nahrungsmittelversorgung der Familien verantwortlich. Nur wird deren Anteil – verdrängt von der Produktion von Exporterzeugnissen (cash crops) – immer geringer.»In Indonesien, auf den Philippinen und in Vietnam überließen die Plantagenbesitzer die Befriedigung der Subsistenzbedürfnisse ihrer Arbeitskräfte verarmten Bauern, die darum kämpften, aus immer kleineren Anbauflächen immer größere Erträge herauszupressen.«[24] Noch in der Kolonialzeit haben die Briten im damaligen Tanganjika mit der Erdnussproduktion und die Franzosen im heutigen Mali mit der Baumwollproduktion versucht, bäuerliche (Subsistenz-)Produktionsweise auf industrielle Exportproduktion umzustellen und sind grandios gescheitert.[25] Die Versuche waren natürlich im eigenen Interesse: In Großbritannien brauchten sie Fett, in Frankreich Baumwolle. Die Folgen waren für die lokale Wirtschaft und Gesellschaft verheerend.

Nach dem Zweiten Weltkrieg, genauer, nachdem die Entwicklungsländer nach und nach unabhängig wurden, forcierte der Westen diese Umwandlung von der bäuerlichen zur industrialisierten Landwirtschaft notfalls durch aufgezwungene Strukturanpassungsprogramme. Diese Veränderung hat die bäuerliche Landwirtschaft schlimmer verwüstet als irgendeine andere soziale oder natürliche Kraft, meint Bello. Gleichwohl ist die bäuerliche Landwirtschaft immer noch die bedeutendste Nahrungsmittelquelle für die einheimische Bevölkerung.[26]

Beispiel Haiti

Ein Zusammenspiel all dieser Thesen kann man am Beispiel Haiti betrachten. Nicht nur Demokratie und eine freie Presse fehlen dort, sondern jegliche staatliche Ordnung. Es gibt einen *Index von gescheiterten Staaten der Welt.* Haiti hat in dieser Liste den 5. Rang. Die ersten vier Plätze sind von afrikanischen Staaten besetzt: 1. Somalia, 2. Tschad, 3. Sudan und 4. die Demokratische Republik Kongo.[27]

Haitis Misere hat sicherlich auch mit Naturkatastrophen zu tun, aber viel mehr mit staatlichen und politischen Problemen. Als 1492 Kolumbus die Insel Hispaniola – oder wie sie ursprünglich hieß: Quisqueya – entdeckte, lebten dort noch gut 750 000 Arawak-Indianer vom Volk Taino und Macories. Bereits wenige Jahrzehnte nach Ankunft der Spanier war die einheimische Bevölkerung durch Krankheiten und schwere Arbeit fast ausgerottet. Die Spanier begannen für die Plantagenarbeit Sklaven aus Westafrika zu importieren. Ohne hier auf die wechselvolle Geschichte Haitis ausführlich eingehen zu wollen, ist es zum Verständnis wichtig, einige Wendepunkte der Geschichte festzuhalten: 1692 traten die Spanier den Westteil der Insel an Frankreich ab. Durch die Plantagenwirtschaft mit Produkten wie Baumwolle, Kaffee, Zuckerrohr und Indigo entwickelte sich die Insel zu einer der reichsten Kolonien der Welt. 1791 gab es einen Sklavenaufstand, der sich zu einem Bürgerkrieg auswuchs. 1794 wurde die Sklaverei laut Gesetz abgeschafft. 1804 rief Jean-Jacques Dessalines die Unabhängigkeit des Staates Ayti aus (Das Wort Ayti stammt aus der Sprache des Taino-Volkes, es bedeutet *bergiges Land*). Damit gelangte Haiti als erstes lateinamerikanisches Land in die Unabhängigkeit. 1844 zogen sich auch die Spanier zurück, und deren Gebiet im Osten der Insel spaltete sich als Dominikanische Republik ab. Haiti musste sich verpflichten, für die Anerkennung durch Frankreich eine Kompensation von 150 Millionen US-Dollar zu zahlen. Dies war damals eine gewaltige Summe. Die letzte Rate zahlte Haiti erst 1947. Die unterschiedliche Entwicklung von Haiti und der Dominikanischen Republik ist auffällig. Während in Haiti fast ein Drittel (32,3 Prozent) in starker Armut lebt, beträgt dieser Anteil in der Dominikanischen Republik nur 0,7 Prozent.[28] Laut Weltentwicklungsbericht der Weltbank ist die BNE pP in der Dominikanischen Republik fast zehn Mal höher als in Haiti (8700 US-Dollar gegenüber 980 US-Dollar nach KKP).[29] Für die unterschiedliche Entwicklung dieser zwei Teile der Insel gibt es mehrere Gründe, meint Jared Diamond. Als einen Grund führt er an, dass im Laufe des 19. Jahrhunderts zahlenmäßig kleine, aber wirtschaftlich bedeutsame Gruppen in die Dominikanische Republik einwanderten.[30] Vergleichbar ist jedoch die Häufigkeit der Regierungswechsel. Es gab in der Dominikanischen Republik zwischen 1844 und 1930 55 Mal einen Präsidentenwechsel, in Haiti wurden hingegen 21 von 22 Präsidenten zwischen 1843 und 1915 entweder ermordet oder gewaltsam gestürzt.[31] Seit 1804 gab es in Haiti 22 Militärputsche. Alle Machthaber waren bestrebt, sich und ihre Anhänger zu bereichern und möglichst lange an der Macht zu bleiben. Selbst ein Mann wie François Duvalier (Papa Doc), der ausnahmsweise durch Wahl an die Macht gekommen war, machte sich 1964 zum Präsidenten auf Lebenszeit. Nach seinem Tod 1971 übernahm sein Sohn Jean Claude Duvalier (Baby Doc) quasi als Erbe die Präsidentschaft und regierte, bis er 1986 aus dem Land gejagt wurde. Seit 1986 gab es mehrere Präsidentenwechsel (Aristide, Préval, zuletzt ab 2011 Michel Martelly), dazwischen Militärputsche, US-Intervention und UNO-Mandat. Alles in allem ist die staatliche Ordnung nach wie vor undurchsichtig. »Dem haitianischen Staat gelingt es nur sehr bedingt, sein Gewaltmonopol auf seinem Territorium geltend zu machen und seine Bevölkerung zu schützen. Private Milizen und kriminelle Bewaffnete stehen mit dem Staat in einem ständigen Wettbewerb ... Der Schutz der Menschenrechte ist äußerst prekär, Straflosigkeit ist die Regel und Gewalt gegen Frauen weit verbreitet. Der Zugang zum Justizsystem ist insbesondere in ländlichen Gegenden kaum möglich, und die Bedingungen in den Gefängnissen sind alarmierend.«[32]

Die USA spielen eine besondere und verhängnisvolle Rolle, nicht nur, weil sie von 1915 bis 1934 Haiti besetzt hatten und 1994 wieder intervenierten, sondern weil sie mit subventionierten Reisexporten Haitis Reisproduktion beschädigten. Von dem Strukturanpassungsprogramm, das der IWF und die Weltbank schon in den 1980er Jahren durchgesetzt hatten, profitierte vor allem die US-Agrarindustrie. Durch die Liberalisierung wurden Importzölle auf Reis von 50 Prozent auf drei Prozent gesenkt. Die Folge war ein massiver Anstieg von subventioniertem US-amerikanischen Reis. Die Importe stiegen von 15 000 Tonnen Reis Anfang der 1980er Jahre auf 220 000 Tonnen im Jahr 2004. Die inländische Produktion ging von 124 000 Tonnen 1981 auf 106 000 Tonnen im Jahr 2002 zurück. Haiti importiert 50 Prozent seiner Milchprodukte, 75 Prozent des Getreides (Weizen und Reis) und 100 Prozent seines Zuckers und Öls. Doch nicht nur im Bereich der Reisproduktion sind Arbeitsplätze verloren gegangen, sondern auch im Bereich der Textilindustrie und Stahlproduktion.[33]

Bill Clinton, Ex-US-Präsident und UN-Sonderbeauftragter für die Rekonstruktion des Landes nach dem Erdbeben von 2010, hat offen gestanden, dass die US-Politik, billige, subventionierte Nahrungsmittel in die Entwicklungsländer zu exportieren, falsch war. »Jetzt muss ich mich jeden Tag mit den Konsequenzen meiner damaligen Entscheidung befassen, die dazu führte, dass Haiti heute nicht genug Reis anbauen kann, um seine Menschen zu ernähren.«[34]

Zugegebenermaßen ist Haiti wiederholt von Naturkatastrophen heimgesucht worden, so wurde es z. B. zwischen 2004 und 2008 mehrmals von Hurrikans verwüstet, bevor das Beben 2010 große Schäden anrichtete. Aber schon vor dem Erdbeben galten 80 Prozent der Bevölkerung als unterernährt. »Alle Indikatoren zum sozialen und wirtschaftlichen Entwicklungsstand wiesen Haiti schon vor der Katastrophe als *failed state* aus, als gescheiterten Staat.«[35] Auch ökologisch hatte Haiti schon davor ein bedenkliches Stadium erreicht. Beim Vergleich zwischen der Dominikanischen Republik und Haiti erwähnt Diamond, dass, während die Dominikanische Republik immerhin noch zu 28 Prozent bewaldet ist, dieser Anteil in Haiti nur noch ein Prozent beträgt.[36]

Zusammenfassend stellt man fest: Die Gründe für den Hunger auf der Welt sind komplex. Ein einzelner Grund kann, wie der Zwang durch das Strukturanpassungsprogramm (SAP) im Falle von Ghana, die Selbstversorgung eines Landes erheblich erschweren. Wenn mehrere Faktoren zusammenkommen wie Kriege, Bürgerkriege mit fehlender staatlicher Ordnung wie in Somalia oder SAP und Naturkatastrophen in einem gescheiterten Staat wie in Haiti, scheint der Hunger unausweichlich zu sein.

Diamond nennt die *Überbevölkerung* Haitis als weiteren Grund für die Armut. Auf etwa einem Drittel der Inselfläche in Haiti leben genau so viele Menschen, wie auf zwei Dritteln der Fläche in der Dominikanischen Republik: etwa zehn Millionen[37] – gemessen an der

Weltbevölkerung von 7 Milliarden (seit 31.10.2011) eine relativ geringe Zahl, für Haiti demografisch allerdings enorm.

Von 925 Millionen unterernährten Menschen leben laut Welthungerindex etwa ein Drittel in den zwei bevölkerungsreichsten Ländern der Welt – in Indien und China.[38] Ist die Überbevölkerung also der Hauptgrund für die Unterernährung auf dieser Welt?

Bekommt Thomas Robert Malthus nach gut 200 Jahren nachträglich recht?

Kapitel 5
Wie viel ist zu viel?

> »Die Frau: Die Gerechtigkeit will, dass meine
> Kinder zu essen haben und nicht frieren. Die
> Gerechtigkeit will, dass meine Kleinen leben ...
> Ich verlange nichts für sie außer dem täglichen Brot,
> und dem Schlaf der Armen.«
> *Albert Camus, Der Belagerungszustand*

Klassenkampf von oben

Genau das, das tägliche Brot wollte Thomas Robert Malthus (1766 bis 1834) den Armen nicht zukommen lassen. Er war der Meinung, wenn die Armen sich ungehemmt fortpflanzen, dann wären sie mit dem Hungertod nicht ungebührlich hart bestraft. Jede Art von Hilfe für die Armen betrachtete er nicht nur als unnütz, sondern eindeutig als schädlich, indem nämlich die Armen ermuntert werden, sich über die natürlichen Ressourcen des Landes hinaus zu vermehren. »Malthus war gegen absolut jede, auch gegen die minimale Wohlfahrtspflege (und man wird das England um 1800 nicht für einen allzu üppig ausgestatteten Wohlfahrtsstaat halten).«[1] Bevor ich auf Malthus' »Bevölkerungsgesetz« und dessen historischen Kontext eingehe, sei nur vermerkt: Es war der Traum aller Staatsphilosophen seit jeher, die Zahl der Menschen begrenzt zu halten. So verordnete Platon für seine utopische Republik ein Nullwachstum für die Bevölkerung, und zwar zu einer Zeit, als die Erde 150 Millionen Menschen zu ertragen hatte. Für Aristoteles war eine Stadt nur dann regierbar, wenn die Zahl der Menschen mit einem Blick zu erfassen war.[2]

Die große ideologische Kontroverse begann erst am Ende des 18. Jahrhunderts, als Malthus ›An Essay on the Principle of Population‹,[3] das Bevölkerungsgesetz, 1798 in London veröffentlichte. Der historische Hintergrund: Durch die Französische Revolution 1789 fühlten sich die Reichen und Privilegierten in England bedroht. Die Angst der Reichen war, dass der Gleichheitsgrundsatz, den die Revolutionäre in Frankreich propagierten, in England aufgegriffen würde und damit ihre Privilegien zerstören könnte. Es gab schon ähnliche Strömungen in England, worauf Malthus ausdrücklich im Untertitel seiner Abhandlung einging. Malthus – Adliger, Philosoph, Mathematiker und erster Professor für politische Ökonomie – war zur Zeit der Veröffentlichung Kleriker im Dienste der Kirche. Er hatte am Jesus College studiert, an dem er später eine Lehrtätigkeit annahm, und ging vor allem auf Drängen seines Vaters in dem Essay gegen das nach seiner Meinung *libertäre Gerede* von William Godwin und vor allem gegen den französischen Gelehrten Marie Jean Antoine Nicolas Caritat, Marquis de Condorcet (1743–1794), vor.

In seinem letzten Buch, ›Entwurf einer historischen Darstellung der Fortschritte des menschlichen Geistes‹ (1794), hat Condorcet das künftige Bild einer egalitären Gesellschaft gepriesen. Malthus nahm ausdrücklich Stellung gegen diese Vorstellung, wie der Untertitel»With Remarks on the Speculations of Mr. Godwin, M. Condorcet and other Writers« verdeutlicht. In diesem historischen Kontext gesehen war das Bevölkerungsgesetz ein Versuch, die Klassengesellschaft in England in Malthus' Sinne zu retten. Zu dem Zeitpunkt der Erstveröffentlichung seines Buches hatte die Weltbevölkerung noch nicht die Schwelle der ersten Milliarde erreicht, dies geschah erst im Jahre 1804. Seine Theorie ist im wissenschaftlichen Sinne wenig tauglich, dennoch erlangte sein Gesetz wegen der verblüffenden Einfachheit weltweit Popularität. Bezeichnenderweise hat Malthus sich selbst in der zweiten Auflage von 1803 widersprochen und die Theorie gründlich revidiert. Spätere Malthusianer haben dies schlichtweg ignoriert.

Vereinfacht formuliert lautet Malthus' Theorie so: Die Bevölkerungsgröße muss den verfügbaren Nahrungsmitteln angepasst werden, während der umgekehrte Weg, die Nahrungsmenge einer ungehemmt wachsenden Bevölkerung anzupassen, auf Dauer ausgeschlossen ist. Da der Sexualtrieb ein Grundverlangen der Menschheit ist, neigt sie dazu, sich exponentiell (in geometrischer Progression, d. h. 1, 2, 4, 8, 16, …).zu vermehren. Hingegen wächst die Produktion von Nahrungsmitteln in arithmetischer Progression: (1, 2, 3, 4, 5, 6, …). Deshalb ist absehbar, wann das Gleichgewicht Mensch–Natur im Sinne von Nahrungsmittelproduktion zusammenbricht. Da Malthus seine Theorie konditional formuliert (wenn sich die Menschheit *ungebremst, unkontrolliert* vermehrt, dann …), ist es relativ schwer ihr zu widersprechen. Dass sie dennoch von Boserup und Simon widerlegt wurde, liegt daran, dass die zwei zugrunde liegenden Hypothesen von unterschiedlicher Progression nicht stimmten. Deshalb meint Paul Harrison, Malthus' Beschreibung sei keine Theorie im soziologischen Sinne und kein Naturgesetz.[4] Auch sei der Beitrag nicht sonderlich originell. Ähnliche Ansichten hatte schon Robert Wallace in seinem Buch ›Various Prospects of Mankind, Nature and Providence‹ 1761 vertreten.

Viele Wirtschaftskoryphäen – rechts wie links – haben in der Folgezeit gegen Malthus' Theorie Stellung bezogen (so etwa William Hazlitt, Karl Marx, Friedrich Engels, Henry George u. a.). Am nachhaltigsten widerlegt hat sie in jüngerer Zeit die dänische Ökonomin Ester Boserup. Wissenschaftlich fundiert, historisch und empirisch belegt weist sie nach, dass das Bevölkerungswachstum auf die technologischen Veränderungen landwirtschaftlicher Produktionsweise Einfluss nimmt und nicht – wie Malthus annahm – umgekehrt. In ihrem Buch ›The Conditions of Agricultural Growth‹[5] rechnet sie minutiös vor, dass die Menschheit in den letzten 200 Jahren immer verstanden hat, die landwirtschaftliche Produktion stärker als das Bevölkerungswachstum zu erhöhen.

Der Schmetterlingsforscher und die Bevölkerungsbombe

Unerklärlich scheint also die aktuelle Wiederbelebung von Malthus' Theorie in generalisierender Form. Am bekanntesten wurde eine Metapher, die der amerikanische Schmetterlingsforscher Paul Ehrlich in dem Buch ›Die Bevölkerungsbombe‹ populär gemacht hat.[6] Daraus entstand als schreckliche Abkürzung der Begriff »B-Bombe«. Ehrlich hatte damals eine maximale Weltbevölkerung von zwei Milliarden als erträglich bezeichnet.

Es wirkt befremdlich, dass das Buch im Original drei Jahre nach der Veröffentlichung der Arbeit von Ester Boserup erschienen ist. Fundierte Kritik ließ nicht lange auf sich warten, etwa von Julian Simon, Ökonomie-Professor an der University of Maryland, in ›The Ultimate Resource‹.[7] Doch unbeeindruckt behauptete Ehrlich in einem Zeitungsinterview sogar noch 2011, als die Weltbevölkerung die Sieben-Milliarden-Marke erreichte, dass eine Begrenzung der Weltbevölkerung auf 1, 5 Milliarden vernünftig sei.[8] Malthus ging in seinem Hass gegen die Armen öffentlich vor und wünschte den Armen den Hungertod. »Begrenzte Sozialleistungen führen zu grenzlosen Ansprüchen und diese zur Aufsässigkeit. Dem zieht Malthus das stille, einsichtige Verhungern vor, das nur die Verhungernden selbst trifft, ohne die Gesellschaft insgesamt zu destabilisieren.«[9] Paul Ehrlich hingegen sagt nicht, wie man von sieben Milliarden Menschen zu 1,5 Milliarden kommen kann.

Neomalthusianer wie Ehrlich spielen mit der kollektiven Angst im Westen, dass zu viele Menschen in anderen Teilen der Erde nicht nur den Reichtum, sondern auch das Leben der Menschen in den Industriestaaten bedrohen – z. B. durch massenhafte Zuwanderung. Dagegen spricht, dass drei Viertel aller grenzüberschreitenden Migrationen in Afrika, Asien und Lateinamerika stattfinden. Es könnte sich das Verhältnis der Bevölkerungszahl zwischen Afrika und Asien einerseits und Europa und Nordamerika andererseits zu ungunsten der Letzteren verschieben, so die Befürchtung. Amartya Sen hat in einem Artikel im Vorfeld des UN-Weltbevölkerungskongresses in Kairo 1994 darauf hingewiesen, dass zwischen 1650 und 1750 der Anteil Afrikas und Asiens an der Weltbevölkerung etwa 78,4 Prozent betrug. Erst durch die Industrielle Revolution änderte sich das Verhältnis durch die rasche Zunahme der Bevölkerung in Europa und Nordamerika. 1994 war der Anteil Afrikas und Asiens auf 71,2 Prozent gesunken. Wenn die Wachstumsprognose stimmt, wird dann 2050 dieser Anteil auf etwa die gleiche Höhe (78,5 Prozent) wie 1750 angewachsen sein. Diese Verteilung ist zwar nicht sakrosankt, so Sen, wer aber den neuen Trend als »zunehmende Ungleichheit« in der Welt empfindet, der ignoriert die Geschichte.[10]

Unterschiedliche Annahmen

Am Ende des 18. Jahrhunderts begann mit Malthus also die skizzierte ideologische Kontroverse. Die zentralen Hypothesen, die der jeweiligen Ideologie zugrunde liegen, lauten:
1. Die Armut verursacht »Überbevölkerung«,
2. die »Überbevölkerung« verursacht Armut.
Die Hypothesen sind konträr und unvereinbar, wie auch die zwei Glaubenssätze, auf denen sie basieren:
1. Der Naturhaushalt ist begrenzt (Nullsummenprinzip),
2. die Begrenzung der Natur kann man durch Entwicklung von neuen Technologien überwinden.

Ungeachtet der Widersprüche scheint das Bild der B-Bombe deshalb nicht zu stimmen, weil zumindest bislang die Produktion von Nahrungsmitteln stärker als die Zuwachsrate der Weltbevölkerung gestiegen ist. Obgleich 2011 in absoluten Zahlen mehr Menschen (925 Millionen) als im Jahre 1990 (850 Millionen) unterernährt sind, ist prozentual der Anteil von 19,7 auf 14,6 gesunken. Die Ursache der fortwährenden Unterernährung von so vielen Menschen liegt nicht in der unzureichenden Produktion von Nahrungsmitteln, sondern in den fehlenden Mitteln der Hungernden, um Nahrungsmittel kaufen zu können. In absoluten Zahlen leben die meisten unterernährten Menschen in Indien. Von 1950 bis 2010 ist die Bevölkerung auf das 3,5-Fache, die Nahrungsmittelproduktion aber auf das 4,5-Fache und das Bruttosozialprodukt sogar auf das 21-Fache gestiegen.[11]

Die zwei ideologischen Positionen stehen sich unversöhnlich gegenüber. Während die Vertreter des Grundsatzes der Begrenztheit meinen, dass 1,5 bis zwei Milliarden (Ehrlich) und sieben Milliarden (Lester Brown) genug seien, meinen die anderen, die Erde kann zehn, 14 oder sogar 33 Milliarden Menschen unter bestimmten Bedingungen ohne Schwierigkeiten beherbergen.[12]

Eine Vorausberechnung der Bevölkerungsentwicklung ist überaus schwierig, sie hängt von vielen Faktoren ab: z.B. von Armut, vom Bildungsstand – insbesondere der Frauen – von der Wandlung der sozialen Normen in einer Gesellschaft, von Möglichkeiten der staatlichen Versorgung von Müttern und Kindern, von Alten und Kranken.

Der Zusammenhang zwischen Alterssicherung, Frauenbildung und Geburtenrate

Über den Zusammenhang zwischen Armut und Bevölkerungswachstum schreibt Paul Harrison: »Viele Kinder zu haben ist eine Überlebensstrategie, wenn es sonst keine Altersrente gibt.« Wenn aber die Kosten des Kindergroßziehens die Armut verschlimmert, dann beginnt die Geburtenrate zu sinken.[13] Eine zu hohe Geburtenrate mit fehlenden Verhütungsmittel zu begründen – wie etwa im Fall des Kondom-Königs Mechal Viravaidja im Thailand der 1880er Jahre – ist nur bedingt zutreffend. Fehlende Familienplanung ist nach dem

Bericht des UNFPA 2011 weltweit von 14 Prozent im Jahre 1990 auf elf Prozent im Jahre 2008 zurückgegangen.[14]

Viel bedeutsamer ist der Bildungsstand der Frauen. Frauenbildung bedeutet mehr Ansehen, mehr Mitspracherecht und Zugang zur Macht, auch auf der Ebene der Familie. Durch Bildung erwerben Frauen einen anderen maßgebenden Status.[15] Beispiele dafür sind die Frauen der Mittel- und Oberschicht in Brasilien und Indien, deren Fertilitätsrate vergleichbar ist mit der der Frauen in Industriestaaten. Je geringer die Analphabetenrate eines Landes, desto niedriger ist die Geburtenrate – dies lässt sich auch am Beispiel des Bundesstaates Kerala in Indien vorweisen, wo die Analphabetenrate weniger als sechs Prozent und die Geburtenrate 1,5 Prozent beträgt.[16]

Neben dem allen spielt auch staatliche Versorgung eine große Rolle. Wenn es professionelle Hilfe bei Geburten gibt, wenn Kinder durch medizinische Versorgung den fünften Geburtstag überleben, wenn es eine Rente für die Alten gibt, dann geht die Geburtenrate deutlich zurück. Da die Entwicklung solcher Maßnahmen in einzelnen Staaten nicht vorausberechenbar ist, bleibt die Prognose des UNFPA bzw. der *Deutschen Stiftung für Weltbevölkerung* (DSW) unsicher. Beide gehen davon aus, dass die Weltbevölkerung bis zum Jahre 2050 auf 9 Milliarden anwachsen wird:

Historische Entwicklung der Weltbevölkerung

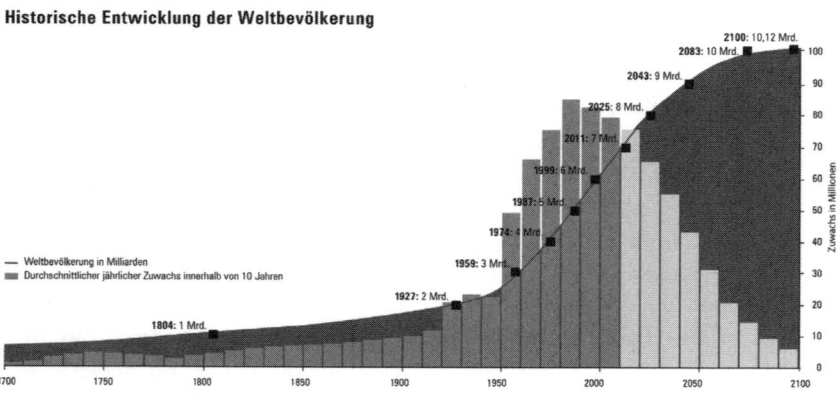

Grafik: Stiftung Weltbevölkerung
Quelle: Vereinte Nationen, World Population Prospects: The 2010 Revision, 2011.

Viel wahrscheinlicher ist eine Modellrechnung, die Heinz Birg unter verschiedenen Annahmen vorstellt. Er geht davon aus, dass die Weltbevölkerung, wenn die Fertilitätsrate ab 2040 unter 2,13 pro Frau sinkt, auf ein Maximum von 9,5 Milliarden Menschen wächst. Danach schrumpft sie. Für diese Annahme spricht, dass die Geburtenrate pro Frau in 50 Jahren auf die Hälfte zurückgegangen ist, Tendenz fallend.

Auch der Lateinamerika-Korrespondent des ›Spiegel‹ Jens Glüsing, Horand Knaup u. a. gehen davon aus, dass ab 2060 die Zahl der Weltbevölkerung abnehmen wird. In einem gut lesbaren und aufschlussreichen Aufsatz beschreiben die Autoren die Entwicklung, die sich wie folgt in fünf Phasen zusammenfassen lässt.

1. Phase: *Ein Volk vor dem Wandel*: Am Beispiel von Ruanda wird gezeigt, wie durch Bildung, politische Stabilität und Zugang der Frauen zu modernen Verhütungsmitteln innerhalb von nur fünf Jahren die Geburtenrate von 6,1 auf 4,5 Prozent gefallen ist.

2. Phase: *Von der Masse zur Klasse*: Am Beispiel von Brasilien wird illustriert, wie durch wirtschaftliche Entwicklung die Geburtenrate drastisch zurückgeht (von 6,2 Prozent 1950 bis 1955 auf 1,7 Prozent 2055 bis 2060).

3. Phase: *Boom an den Börsen, Krise in den Kreißsälen*: Am Beispiel von Singapur wird deutlich, dass mit dem Erfolg am Börsenmarkt die Geburtenrate zurückgeht. In Singapur wird erwartet, dass die Geburtenrate von 6,6 Prozent auf 1,9 Prozent in 100 Jahren sinken wird (von 1955 bis 2055).

4. Phase: *Das Land leert sich*: Wenn die Geburtenrate unter 2,2 Prozent sinkt, geht die Bevölkerungszahl eines Landes zurück. Dafür steht Deutschland als Beispiel, in dem die Geburtenrate in 100 Jahren von 2,2 Prozent auf 1,9 Prozent zurückgehen wird (wie oben).

5. Phase: *Menschheit im Gleichgewicht*: In dieser Phase stabilisiert sich die Bevölkerungszahl eines Landes, etwa bei Norwegen, wo in 100 Jahren die Geburtenrate von 2,6 Prozent auf 2,1 Prozent sinken wird (wie oben).[17]

Heinz Birg weist zurecht darauf hin, dass die Schrumpfung in verschiedenen Ländern unterschiedlich verläuft. Er vertritt die Hypothese, »dass die Schrumpfung umso später beginnt, je höher das Ausgangsniveau der Geburtenrate eines Landes war. Für die Industrieländer … wird die Geburtenrate pro Frau … von der … UN im

Zeitraum 2005 bis 2010 auf 1,66 geschätzt, hier beginnt die Bevölkerungsschrumpfung um das Jahr 2050. Für die Gruppe der wenig entwickelten Länder beträgt die Geburtenrate 2,67 Kinder pro Frau, in diesen Ländern setzt die Schrumpfung erst gegen Ende des 21. Jahrhunderts ein.«[18] Auch dies ist eine Annahme. Wie das Beispiel von Ruanda aus dem erwähnten ›Spiegel‹-Artikel zeigt, könnte die Schrumpfung auch in den Entwicklungsländern ganz anders verlaufen und viel früher einsetzen.

Noch einmal zurück zur Kontroverse »Begrenztheit des Naturhaushalts versus Modernisierung«. Die Begrenztheit ließe sich dadurch überwinden, meint Michael Pollan, dass man in Zukunft mäßiger und mehr pflanzliche Produkte statt Fleisch isst.[19] Doch das greift zu kurz, es dürfte schon jetzt keinen Hunger oder Unterernährung mehr geben, wenn die vorhandenen Nahrungsmittel gerechter verteilt werden könnten.

Nach Boserup und Simon ist offensichtlich, dass Malthus unrecht hat. Selbst wenn sie Autoren wie Brendan O'Neill[20] als *grünen Malthusianer* verhöhnen, bleibt die Frage, wie sich der Widerspruch zwischen dem prozentualen Rückgang und dem Anstieg in absoluten Zahlen in Bezug auf die Armut lösen lässt. Auch in anderen Bereichen sind solche Widersprüche offenbar unvermeidbar. So ist der Anteil der städtischen Bevölkerung, die in den Slums der Entwicklungsregionen lebt, von 1990 bis 2010 zwar prozentual zurückgegangen, in absoluten Zahlen aber von 650 Millionen auf 880 Millionen gestiegen.[21] Angesichts der Verarmung der ländlichen Regionen versuchen Menschen sich durch Flucht in Großstädte zu retten. Da sie in den Großstädten im Allgemeinen ein viel höheres Einkommen pro Kopf haben,[22] ist die Wahrscheinlichkeit der armen Zuwanderer, dort zu überleben, größer. So entwickeln sich die Großstädte zu Megacitys. Städte wie São Paulo, Mexico City, Dhaka, Mumbai oder Delhi werden bis zum Jahre 2025 auf über 20 Millionen Einwohner anwachsen.[23] Wenn man die Peripherie einbezieht, in denen die Slums liegen, ist das jetzt schon der Fall. Schon jetzt verbrauchen die Städte, in denen die Hälfte der Weltbevölkerung lebt, drei Viertel aller vorhandenen Ressourcen. Weltweit, nicht nur in den Städten, haben 2,5 Milliarden Menschen keinen Zugang zu sauberem Wasser oder zu menschenwürdigen sanitären Anlagen und zwei Milliarden Menschen keinen Zugang zur primären Energie.[24] Angesichts dieses

Missverhältnisses hinsichtlich der Verteilung von natürlichen Ressourcen meinen auch Wissenschaftler wie Dennis Meadows oder Lester Brown, Gründer des renommierten Worldwatch Institutes, dass eine Grenze des Weltbevölkerungswachstums wünschenswert wäre.[25] Dies löst zwar die Frage der ungleichen Machtverteilung in der Welt nicht, löst aber vielleicht das Problem des Wasser- und Energiemangels.

Vor der ungleichen Machtverteilung lautet die zentrale Frage: Wer darf wie viel natürliche Ressourcen auf wessen Kosten verbrauchen, oder wie kann eine nachhaltige Entwicklung erreicht werden? Davon hängt auch die Frage ab: Wie viel ist zu viel?

Kapitel 6
Ungleiche Teilung: Energie

>»Licht und Energie, jenes im Physischen, dieses im
Sittlichen herrschend, sind die höchsten denkbaren
unteilbaren Energien.«
Johann Wolfgang Goethe, ›Maximen und Reflexionen‹

>»Maßstab für den Zivilisationsgrad einer Epoche, eines
Volkes oder einer Volksgruppe ist die Fähigkeit,
Energie für den Fortschritt oder die Bedürfnisse der
Menschen zu nutzen.«
*George G. MacCurdy, ›Human Origins. A Manual of Prehistory‹,
New York 1924*

Die Ausgeschlossenen

Zwar scheint die Welt der Energie nicht unteilbar zu sein, doch beim
Betrachten eines Satellitenbildes der Erde fällt auf, dass einige Teile
der Kontinente mit hellen Punkten übersät sind, andere hingegen
dunkel. Die hellen Teile sind die Industriestaaten, und der überwiegend dunkle Teil sind die Entwicklungsländer. Laut dem letzten
Energiebericht des WWF haben 1,4 Milliarden Menschen keinen
Zugang zu Elektrizität und zwei Milliarden nach dem Practical Ac-
tion/UNDP-Bericht keinen Zugang zu Primärenergie (einschließlich Kohle, Gas, Öl).[1] »65 Prozent der Weltbevölkerung haben noch
nie einen Telefonanruf getätigt, ein Drittel der Menschheit ist von
Elektrizität und anderen unternehmerisch vermarkteten Energiefor-
men abgeschnitten. Die ungeheure Ungleichheit der *Angebundenen*
und *Nicht-Angebundenen* droht sich im Laufe des nächsten halben
Jahrhunderts noch stärker auszuprägen.«[2] Nach dem selben Bericht
kochen fast drei Milliarden Menschen mit Biomasse wie Holz, Ab-
fällen aus der Landwirtschaft und Dung sowie Kohle oder Holzkohle. 75 Prozent davon benutzen eine offene Feuerstelle wie den weit
verbreiteten Drei-Steine-Herd. Nur die Anderen haben einen verbesserten Kochherd. Die Folgen sind vielfältig: Eine Familie, gemeint
sind hier hauptsächlich Frauen und Mädchen, verbringt täglich zwischen 30 Minuten in Simbabwe und acht Stunden in Tansania mit

dem Sammeln von Brennmaterialien Wenn Energie zur Verfügung stünde, könnten Kinder zur Schule gehen und Frauen ihre Arbeitskraft besser produktiv nutzen.

Todesursache: Kochen mit Biomasse

Das Kochen mit Biomasse und Kohle auf dem in den Entwicklungsländern üblichen Drei-Steine-Herd hat gravierende gesundheitliche Folgen.[3] Zwei Millionen Todesfälle sind jährlich auf den Rauch, der durch das Kochen in Innenräumen entsteht, zurückzuführen, u. a. sterben diese Menschen durch Krankheiten der unteren Luftwege, durch chronische Lungenkrankheiten (COPD) und an Lungenkrebs. Ca. zwei Drittel dieser Todesfälle entfallen auf Südostasien und Afrika. Weitere 300 000 Menschen sterben jährlich durch Verbrennungen beim Feuermachen und Kochen an den offenen Feuerstellen.[4]

Ein Großteil der Krankheiten und der dadurch verursachten Todesfälle ließe sich durch das Kochen außerhalb eines geschlossenen Raumes und durch energieeffiziente Kochöfen für Biomasse und Kohle vermeiden. Diese Öfen können billig und relativ leicht hergestellt werden, in Afrika südlich der Sahara werden aber nur zu sechs Prozent solche Kochöfen benutzt.

80 Prozent der Nahrung, die wir zu uns nehmen, wird gekocht. Dies ist in den armen Ländern auch nicht anders. Die Practical Action/UNDP-Studie stellt ein Fallbeispiel einer kenianischen Frau vor: Die Frau ist verwitwet, bekommt zwar von der Kirche Nahrungsmittelhilfe, muss aber dennoch hungern, wenn sie kein Brennmaterial zum Kochen hat. Wöchentlich einmal sammelt sie das Brennmaterial am Ufer eines Flusses, für die Wegstrecke benötigt sie sechs Stunden. Sie verwertet die Baumzweige mehrfach: wenn die Zweige noch grün sind, als Umzäunung, wenn sie verdorrt sind als Brennmaterial. Dieses Brennmaterial reicht nie aus. Gelegentlich muss sie ein Bündel Feuerholz für 20 Kenianische Schilling, etwa 18 Cent, dazukaufen. Ein Bündel reicht für drei bis fünf Mahlzeiten, dies auch deshalb, weil sie einen von der GTZ entwickelten energieeffizienten Herd benutzt. Dieser Herd reduziert den Bedarf an Brennmaterial um die Hälfte.[5]

Armut gleich Energiearmut?

Eine wesentliche Ursache und Folge von Armut ist Energiearmut. Wie die Welt in Arm und Reich geteilt ist, so ist sie auch geteilt hinsichtlich des Energieverbrauchs. Industriestaaten verbrauchen jährlich pro Kopf zwischen 70 000 in Deutschland und 100 000 Kilowattstunden (kWh) in den USA, Entwicklungsländer mehrheitlich weniger als 4000 kWh pro Kopf, wobei der Unterschied zwischen den Ländern sehr groß ist: In Indien liegt der Verbrauch beispielsweise bei 4000 kWh, in Burundi und Tschad jeweils bei weniger als 100 kWh pro Jahr und Kopf.[6]

Nach einer WWF-Studie würden sämtliche bisher bekannten Öl-Reserven in neun Jahren restlos konsumiert sein, wenn jeder Mensch so viel Energie verbrauchen würde wie ein US-Amerikaner, Kanadier oder Singapurer.[7]

Energie, so Franz Rademacher, ist ein Schlüsselthema. »Die Nahrungsproduktion, die Versorgung mit Wasser, Wohnen, Heizen, Mobilität, die gesamte Frage einer nachhaltigen Entwicklung im 21. Jahrhundert hängt an einer zentralen Voraussetzung: viel, umweltfreundlich und preiswert erzeugte Energie ... Wenn aber Energie knapp ist, dann ist alles knapp. Über Jahrtausende war der Alltag der meisten Menschen oft von Armut und Hunger gezeichnet.«

Geschichtlich gesehen haben wir unseren Energieverbrauch enorm gesteigert. »Als Jäger und Sammler nutzten die Menschen etwa eine Tonne Natur pro Kopf und Jahr für die Ernährung, für einfache Behausung und Waffen.« In Agrargesellschaften waren es bereits drei bis fünf Tonnen. In Industriegesellschaften liegt der durchschnittliche Naturverbrauch pro Kopf um die 50 Tonnen jährlich, ohne Wasser und Luft.«[8]

Andererseits ist Energieverbrauch für die Nahrung etwa konstant geblieben (3:1). Für den Rest der menschlichen Aktivitäten hat sich der Energieverbrauch in den Industriestaaten im Vergleich zu Agrargesellschaften fast um den Faktor 30 erhöht. Allerdings sind die Armen kaum daran beteiligt. Die Gesamtbevölkerung in der VR China, Indien, Pakistan und Bangladesch betrug im Jahre 2007 2,7 Milliarden Menschen. Sie verbrauchen 0,8 toe (tonne of oil equivalent = im Wert von einer Tonne Öl) pro Person und Jahr. Im Vergleich ist der weltweite Durchschnitt 1,7 toe und in den USA 8,0 toe.[9]

Hängt die Geburtenrate mit dem Einkommen zusammen?

Der Physiker Gerd Ganteför stellt eine gewagte These auf: Es gibt nach seiner Meinung einen Zusammenhang zwischen dem Bruttoinlandsprodukt pro Kopf und Jahr und der Geburtenrate eines Landes. Je geringer das BIP eines Landes ist, desto höher ist die Geburtenrate. Die Länder mit einem BIP von weniger als 1500 US-Dollar haben eine Geburtenrate zwischen fünf und acht Kinder pro Frau, hingegen haben Länder, die über 4000 US-Dollar BIP pro Kopf und Jahr erwirtschaften, eine Geburtenrate zwischen 1,2 und zwei Kinder pro Frau. Ganteförs These ist deshalb gewagt, weil sich die Behauptung weder verallgemeinern noch mit den Daten widerspruchsfrei belegen lässt. Beispielsweise hat Bangladesch eine Geburtenrate von 2,2 Kindern pro Frau. Die Geburtenrate ist in den letzten zehn Jahren um mehr als die Hälfte gesunken, obwohl das Land eines der ärmsten Länder der Welt ist und ein Bruttonationaleinkommen (BNE)von 1529 US-Dollar nach der Kaufkraftparität (KKP) hat.[10]

Der kanadische Wissenschaftler Paul Cherufka konstruiert eine ähnliche Hypothese. Demnach gibt es einen Zusammenhang zwischen dem Energieverbrauch, dem Bruttosozialprodukt pro Kopf und Jahr und der Bevölkerungsentwicklung der Welt. Die Zuwachsraten aller drei Faktoren sind zwischen 1965 und 2003 ähnlich verlaufen. Der gesamte Energieverbrauch im globalen Durchschnitt wird von 1,7 toe pro Person im Jahr 2007 auf 1,0 toe im Jahre 2100 zurückgehen, so Cherufkas Prognose. Dies ist deshalb zu erwarten, weil nach seiner Hypothese alle verfügbaren und bekannten Energiequellen wie Öl, Gas, Kohle, Nuklear, Solar, Wasser, Wind und Geothermen allmählich abnehmen werden. Infolgedessen wird sich auch die Zahl der Weltbevölkerung drastisch verringern und im Jahre 2100 auf 1,8 Milliarden Menschen schrumpfen. Als Ursachen dafür nennt Cherufka eine große regionale Nahrungsmittelknappheit und die Ausbreitung von Seuchen und Krankheiten, die nicht mehr bekämpft werden, weil die städtischen medizinischen und sanitären Dienste nicht aufrechterhalten werden können. Ebenso wird es auch einen Anstieg der Todesfälle durch Hitze und Kälte geben.[11] Ein Horror-Szenario. Widersprüchlich ist die These deshalb, weil Cherufka selbst ausführlich dargelegt hat, wie unterschiedlich Länder Energie konsumieren. Nach seiner These müssten die asiatischen

Länder schon längst geschrumpft sein. Auch seine Annahme, dass alle Energiequellen gleichmäßig abnehmen würden, ist gewagt, Die vorhin erwähnte Studie von WWF/ECOFYS/OMA geht davon aus, dass es möglich ist, bis zum Jahr 2050 den gesamten globalen Bedarf an Energie durch erneuerbare Energie zu befriedigen. Die Studie zeigt auch Wege, wie dies zu erreichen ist.[12]

Dass es in Zukunft große regionale Nahrungsmittelknappheit geben könnte, lässt sich nicht leugnen, sie gibt es schon jetzt regelmäßig. Für die Zukunft wird entscheidend sein, mit den Nahrungsmitteln anders als bisher umzugehen und das Verteilungsproblem zu lösen.

Der eine wirft das gekochte Essen weg, der andere kann nicht einmal kochen

Es bleibt das Verteilungsproblem. Wenn, wie erwähnt, ein Drittel des gekochten Essens in den reichen Ländern weggeworfen wird und andererseits Arme nicht einmal eine Gelegenheit haben, täglich ihr Essen zu kochen, bleibt die Gefahr der Nahrungsmittelknappheit regional und periodisch akut.

Selbst wenn diese durch bessere Organisation, bessere Verteilung und ein besseres Lagerungssystem in der Dritten Welt zu lösen wäre, besteht das Problem des Kochens mit dem einfachen Drei-Steine-Herd. Was das anbelangt, empfiehlt die Practical Action/UNDP-Studie einen verbesserten Kochofen, der relativ preiswert herzustellen ist. Dieser lohnt sich allemal, weil er energieeffizient ist und etwa die Hälfte der Energie beim Kochen spart, mit ihm kann eine Familie täglich eine halbe Stunde mit einem Kilogramm Holz oder 0,3 Kilogramm Holzkohle oder 0,2 Liter Kerosin kochen. Für sauberes Wasser soll eine Solarheizanlage sorgen. Bislang benutzen gut ein Viertel der Haushalte in den Entwicklungsländern, aber nur sechs Prozent der Haushalte in Afrika südlich der Sahara solch einen energieeffizienten Ofen.[13]

Gleichwohl bleibt das Ziel, den Ärmsten der Armen, also etwa einem Drittel der Weltbevölkerung, den Zugang zu Strom zu verschaffen. Dies ist deshalb notwendig, weil es einen Zusammenhang zwischen dem Sozialstandard und dem Stromverbrauch gibt, behauptet Chauncey Starr, der frühere Leiter des *Electric Power Research In-*

stitute (ERPI). Erst wenn Menschen einen Stromanschluss haben, kann man von Lebensqualität reden, meint Starr, »erst dann sind Lesen und Schreiben, hygienische Verhältnisse, physische Sicherheit und längere Lebenserwartung möglich«.[14] Mit dem Stromanschluss steigen auch die Verdienstmöglichkeiten. »In Südafrika entstehen zehn bis 20 neue Unternehmen, wenn 100 Haushalte an das Stromnetz angeschlossen werden. Elektrizität setzt menschliche Arbeitskraft frei, die nicht mehr im täglichen Überlebenskampf gebunden ist.«[15] Um das Ziel«Stromanschluss für alle« bis zum Jahre 2030 zu erreichen, wären 36 Milliarden US-Dollar jährlich notwendig.[16] Dies ist eine geradezu kleine Summe, wenn man sie mit der Zahl vergleicht, die die EU 2008 zur Rettung der Banken bereitgestellt hat (1600 Milliarden Euro).[17]

Stromanschluss bedeutet vielfältige Hilfe

Ein Stromanschluss kann armen Menschen helfen, den Millenniumszielen näher zu kommen – z. B. zu ermöglichen, mehr Zeit für produktive und kreative Arbeit zu verwenden. Beleuchtung hilft Kindern und Erwachsenen beim Lesen und Lernen, Strom hilft beim Kochen und Aufbewahren von Nahrungsmitteln. Er ist nützlich für Krankenhäuser, für Hygiene, für Sterilisation von Instrumenten und auch dabei, Abholzung zu vermeiden und den CO_2-Ausstoß zu reduzieren.[18]

Die Meinungen gehen auseinander, wie das Ziel, Stromanschluss für alle, zu erreichen sei und wie viel es kosten würde. Das ERPI in den USA geht davon aus, dass jährlich eine Investition von 100 bis 150 Milliarden US-Dollar nötig sei, hingegen meint *International Energy Agency* (IEA), dass 68 Milliarden jährlich erforderlich wären.[19]

Offenbar gehen beide Institutionen bei ihren Berechnungen davon aus, dass der Strom wie bisher aus nicht erneuerbaren Quellen erzeugt wird. Der ›Poor People's Energy Outlook‹ rechnet, wie erwähnt, mit jährlichen Investitionen von 36 Milliarden US-Dollar. Zu einem ganz anderen Ergebnis kommt die WWF/ECOFYS/OMA-Studie. Nach dieser Studie wäre die gewaltige Summe von vier Billionen US-Dollar jährlich notwendig, um bei einer Umstellung auf erneuerbare Energiequellen Strom für alle zu erzeugen. Dabei ließen sich nicht nur die hohen Kosten der Umweltverschmutzung einsparen, sondern Millionen von Arbeitsplätzen mit höheren Steuereinnahmen schaffen. Als Beispiel zitiert die Studie die Pläne der VR China, die kürzlich angekündigt hat, im nächsten Jahrzehnt 580 Milliarden Euro in erneuerbare Energie zu investieren. Das Programm soll 15 Millionen neue Jobs hervorbringen.[20]

Wasser gibt es reichlich, aber wenig trinkbares

Wasser gibt es reichlich, möchte man meinen. Die gesamte Wassermenge auf der Welt umfasst 1,4 Milliarden Kubikkilometer (km³). Trotzdem gibt es sehr wenig trinkbares Wasser. Von den 1,4 Mrd. km³ sind nur 2,5 Prozent oder 35 Millionen km³ Süßwasser. Davon sind 70 Prozent oder 24 Millionen km³ in Form von Schnee oder Eis als Permafrost in der Arktis oder Antarktis oder auf den hohen Gebirgen für das Trinken nicht erreichbar. Der größte Teil des übrigen Trinkwassers befindet sich im Boden, entweder direkt unter der Erdoberfläche oder in tieferen Schichten. Das Volumen des so gelagerten Trinkwassers ist etwa 60 Mal größer als das des trinkbaren Wassers auf der Erdoberfläche. »Es gibt viele verschiedene Arten des Grundwassers; das für den Menschen wichtigste ist das *meteorische Wasser*, fließendes Grundwasser, das als Teil des Wasserkreislaufs zirkuliert und Seen und Flüsse speist. Unterirdische Wasserspeicher und Grundwasseradern – so genannte *Aquifere* – sind dank ihrer Einbettung im Felsgestein relativ stabil.«[21] Das System ist einigermaßen geschlossen: Aquifere entziehen kein meteorisches Wasser. Für Brunnen, Bohrungen oder für die Landwirtschaft liefern Aquifere das Wasser zuverlässig, aber nur so lange, wie das entzogene Wasser wieder aufgefüllt wird. Das Süßwasser wird durch den Regen erneuert. 0,3 Prozent des Süßwassers sind in Seen und Flüssen enthalten. Nur 34 000 km³ Regenwasser kann die Menschheit nutzen, ohne die endlichen Wasserreserven auszubeuten.[22]

Gegenwärtig wird das Süßwasser – grob gerechnet – von der Landwirtschaft zu 70 Prozent, von der Industrie zu 20 Prozent und von den privaten Haushalten zu zehn Prozent konsumiert. Und das wenige Süßwasser wird immer weniger. Gründe für den Rückgang sind:
1. Die Industrie braucht immer mehr Wasser. Für die Fertigung eines Autos werden bis zu 400 000 Liter Wasser benötigt, Compu-

terhersteller verbrauchen riesige Mengen entionisierten Süßwassers und sind daher ständig auf der Suche nach neuen Quellen. Allein in den Vereinigten Staaten wird die Industrie jährlich bald mehr als 1500 Milliarden Liter verwenden und mehr als 300 Milliarden Abwasser produzieren.[23]

2. Menschen benötigen immer mehr Wasser, nicht nur deshalb, weil die Weltbevölkerung jährlich um gut 80 Millionen wächst, sondern auch deshalb, weil der Pro-Kopf-Verbrauch jährlich rapide ansteigt. Dies hat mit dem ständig wachsenden Anteil der urbanen Bevölkerung zu tun. Stadtbewohner verbrauchen mehr Wasser als die ländliche Bevölkerung.

3. Die künstliche Bewässerung in der Landwirtschaft beansprucht – vornehmlich durch die industrialisierte Landwirtschaft in den USA und der EU, aber auch zunehmend in den Entwicklungsländern – einen Großteil des von Menschen genutzten Wassers.

4. Die massive Verschmutzung des Oberflächenwassers – insbesondere durch die Industrie – reduziert rapide die noch vorhandenen Vorräte an sauberem Süßwasser. Maude Barlow und Tony Clarke, Autoren des Buches ›Blaues Gold: Das globale Geschäft mit dem Wasser‹, beschreiben ausführlich, wie täglich Regenwälder und Feuchtgebiete verschwinden. Letztere sind vor allem deshalb besonders wichtig, weil sie überschüssiges Regen- und Schmelzwasser aufnehmen, das andernfalls Überschwemmungen verursachen würde, zusätzlich reinigen sie durch Schmutz, Pestizide und Düngemittel verunreinigtes Wasser, so funktionieren sie wie eine menschliche Niere.[24] Nach Riccardo Petrella sind die Hauptursachen für Wasserverschmutzung: Abfälle, Ableitung von unbehandeltem Abwasser, nicht effizientes und destruktives Management von Ressourcen, massive Nutzung von Chemikalien und schwermetallischen Produkten.[25]

Wasserknappheit und Armut

Die Armen sind am meisten von der Wasserknappheit betroffen. Sie haben weniger Zugang zu sauberem Wasser, d. h., ihr Wasser wird immer mehr verunreinigt. Die Unterschiede im Hinblick auf sauberes Wasser zwischen den Industriestaaten und den Entwicklungsländern machte Sandra Postel, die frühere Vizedirektorin vom

Worldwatch Institute und Wasserexpertin, mit einem anschaulichen Beispiel deutlich. In der Stadt Phoenix, Arizona, und in Lodwar, Kenia, regnet es wenig, jährlich 16 bis 18 cm. Ein Junge in Phoenix braucht aber nur den Wasserhahn aufzudrehen, um ausreichend Wasser für Trinken, Baden und sogar zum Planschen im Schwimmbecken zu haben. Ein gleichaltriges Mädchen in Lodwar hingegen muss einen stundenlangen Fußmarsch zum nächsten Brunnen auf sich nehmen, dort einige Krüge füllen und seiner Mutter helfen, diese nach Hause zu tragen. Die Familie in Phoenix verbraucht täglich 3000 Liter Wasser. Die Familie in Lodwar kann sich nur fünf Prozent davon leisten. Dieser scheinbare Wasserüberfluss in Phoenix wird von nah und fern aus Quellen und Flüssen in die Stadt hineingepumpt und leistet der Verschwendung Vorschub. Dies hat schwerwiegende Konsequenzen für die Umwelt und nachfolgende Generationen, meint Postel.[26] Und das Beispiel der Mutter und Tochter, die gemeinsam das Wasser nach Hause tragen, ist bei Weitem keine Ausnahme. Die Entfernung zur nächsten Wasserquelle ist unterschiedlich. Beispielsweise brauchen 25 Prozent der Bevölkerung in Afrika südlich der Sahara durchschnittlich 30 Minuten Fußweg, um das Wasser von der nächsten Quelle zu holen.[27]

Ungleicher Zugang zu sauberem Wasser

Drei Viertel aller Menschen, die über zu wenig oder nur über verschmutztes Wasser verfügen, leben in den Ländern der Dritten Welt. Ein neugeborenes Kind im Westen oder in den reichen Familien der Dritten Welt verbraucht 60 bis 70 Mal mehr Wasser als ein armes Kind in der armen Welt. Ein Nordamerikaner konsumiert 1280 m³ Wasser pro Jahr, doppelt so viel wie ein Europäer, vier Mal so viel wie ein Südamerikaner und neun Mal so viel wie ein Afrikaner. Von 25 Ländern, die am stärksten an unsauberem Wasser leiden, liegen 19 in Afrika.[28]

Wasser ist Leben

Diesen Spruch hat vermutlich jedes Kind schon in der Grundschule gelernt. Ohne Wasser gibt es kein Leben. Deshalb suchen Weltraumforscher auch außerhalb unseres Sonnensystems nach Planeten mit Spuren von möglichen Wasservorkommen. Dies wäre ein Anzeichen für eine Existenz von Lebewesen anderswo.

Auf der Erde lebt die Hälfte aller Menschen in einer Entfernung von maximal 100 km von der Küste. Alle großen und Megastädte sind an der Küste oder an einem Fluss gebaut. 40 Prozent der Weltbevölkerung sind auf 214 große Flusssysteme angewiesen.

Diese Systeme liefern Trinkwasser, Wasser für die Landwirtschaft und für die Stromerzeugung. Dafür werden kleine und große Staudämme gebaut – seit 1949 jährlich 600. Diese sind Segen und Fluch zugleich. Es ist sehr umstritten, ob sie mehr nutzen oder mehr schaden, und die Diskussionen darüber werden leidenschaftlich geführt. Fest steht, dass wegen der Staudämme seit 1949 schätzungsweise zwischen 80 und 100 Millionen Menschen, nicht selten gegen ihren Willen und oft mit fragwürdigen Methoden, umgesiedelt oder vertrieben worden sind, mehrheitlich in China und Indien.[29]

Die großen Staudämme wie der Dreischluchtendamm in der VR China, Narmada in Indien, Assuan in Ägypten oder Itaipú in Brasilen sind Symbole für Modernisierung einerseits und Umweltzerstörung andererseits. Gleichzeitig stehen sie besonders in Indien und der VR China als Mahnmal für brutale Umsiedlungspolitik.

Auch schaffen Staudämme Brutstätten für Parasiten, die zahlreiche Krankheiten verursachen. Als Beispiele seien genannt: Trachoma, *Chlamydia trachomatis*, 146 Millionen Menschen sind weltweit von der Krankheit betroffen. Wenn Trachoma nicht behandelt wird, führt sie zur Blindheit. Eine andere weit verbreitete von Wasserparasiten ausgelöste Krankheit ist Bilharziose, *Schistosomiasis*, ein Wurmbefall, der Blutarmut verursacht und Wachstum und kognitive Leistung bei Kindern beeinträchtigt. Sehr häufig kommen verschiedene Arten der Durchfallkrankheit vor, fast jedes fünfte Kind unter fünf Jahren stirbt an Diarrhoe.[30] Verunreinigtes, schmutziges Wasser als Brutstätte für Anopheles-Mücken ist die Ursache von Malaria, von der fast die Hälfte der Menschheit betroffen ist. Zwar sind die Neuerkrankungen nach dem WHO-Bericht über Malaria zurückgegangen und es sterben dank der Insektennetze ITN (Netze, die durch Insektizid behandelt werden) nicht mehr über eine Million Menschen an der Krankheit, dennoch ist die Zahl nach Schätzung der WHO mit 655 000 im Jahr 2010 immer noch erschreckend hoch. 81 Prozent der Betroffenen leben in Afrika, 86 Prozent der Malaria-toten sind Kinder unter fünf Jahren.[31]

Konflikt um das Wasser

Staudämme sind auch ein ständiger Konfliktherd zwischen Anrai-nerstaaten, da die Flusssysteme gewöhnlich nicht an der Grenze eines Staates Halt machen. Die Diskussion um den Ilisu-Staudamm ist ein gutes Beispiel dafür. In der Türkei entspringen Euphrat und Tigris, zwei der wichtigsten Ströme im Nahen Osten. Mesopotamien, etwa der heutige Irak, wird zwar als Zweistromland bezeichnet, die Flüsse kommen aber aus der Türkei. Die Türkei hat ein gewaltiges Projekt in Südanatolien (GAP) mit mehreren Staudämmen geplant, wobei der Ilisu-Staudamm einer unter vielen ist.

Schon 1990 kam es zu einem Konflikt mit Syrien, weil die Türkei eine Zeit lang die Wasserlieferung des Euphrats stoppte. Nicht nur wegen des Konfliktpotenzials, sondern auch wegen der befürchteten Umweltschäden haben Deutschland, Österreich und die Schweiz die Zusagen der Finanzierungshilfe für das Projekt nach Protesten in ihren Ländern zurückgezogen. Die Türkei baut die Dämme trotz-dem auf eigene Kosten. Das Gesamtprojekt in Südanatolien wird voraussichtlich 22 Milliarden US-Dollar kosten. Mit dem Bau des Ilisu-Staudammes ist der Konflikt um das Wasser zwischen der Tür-kei, dem Irak und Syrien vorprogrammiert. Die Türkei kann dann den Wasserfluss von Tigris und Euphrat nach Belieben zu- oder ab-drehen.[32]

Ähnliche Konflikte gibt es auch anderswo, z. B. auf dem indischen Subkontinent zwischen Indien und Pakistan oder zwischen Indien und Bangladesch. Es gibt etwa 60 Staudämme auf indischer und etwa 40 auf pakistanischer Seite. Besonders umstritten sind die Dämme in Kaschmir auf beiden Seiten. Indien hat trotz des Pro-tests aus Pakistan, aber mit Zustimmung eines neutralen Schieds-richters aus der Schweiz, den Staudamm Baglihar an dem Fluss Che-nab gebaut. Mittlerweile gibt es einen Wettlauf um die Fertigstellung der Staudämme Kishenganga in Kaschmir/Indien am Jhelum und

Neelhum-Jhelum am selben Fluss auf pakistanischer Seite. Wer zuerst fertig wird, hat die Macht über das Wasser. Die Lage ist besonders gefährlich, denn über die staatliche Zugehörigkeit des geteilten Kaschmir streiten Indien und Pakistan schon seit der Unabhängigkeit beider Länder.

Der Konflikt um das Wasser zwischen Indien und Bangladesch hat sich zwar noch nicht so zugespitzt, aber die 154 Flüsse, die Bangladesch erreichen, fließen alle über indisches Territorium. Durch die Staudämme, die Indien schon gebaut hat bzw. noch baut – Farakka Barrage, Tipumukh Damm und Teesta Damm –, ist Bangladesch umzingelt und völlig abhängig vom Nachbarstaat. Internationale Regelungen und einige Freundschaftsabkommen zwischen den beiden Ländern halten bislang den Konflikt im Zaum.[33]

Von den 214 Flusssystemen auf der Welt fließen die meisten durch mehrere Staaten, der Kongo z.B. durch neun, der Mekong durch sechs, der Amazonas durch sieben und der Sambesi durch acht Länder.[34]

Der Bedarf an immer mehr Energie steigt mit zunehmender Globalisierung. Staudämme versorgen Länder wie Indien, Pakistan, Brasilien oder die Türkei mit bis zu 30 bis 40 Prozent ihres Energiebedarfs. Das Wasser wird insbesondere für die industrialisierte Landwirtschaft gebraucht. Auch dieser Bedarf steigt mit der Zunahme der Bevölkerung kontinuierlich.

Nach dem Bericht von WHO/UNICEF gibt es einige Fortschritte. Seit 1990 haben zwar eine Milliarde mehr Menschen Zugang zu sauberem Trinkwasser, aber immer noch 884 Millionen fehlt dies. 2,6 Milliarden Menschen verfügen über keine hygienischen sanitären Einrichtungen, und 1,1 Milliarden Menschen verrichten ihre Notdurft immer noch im Freien – eine der wesentlichen Ursachen für die Verunreinigung des Wassers und somit für Infektionskrankheiten.[35]

Um die gesamte Weltbevölkerung mit sauberem Wasser und einem funktionierenden Entsorgungssystem auszustatten, wäre eine Investition von etwa neun Milliarden Euro nötig, schätzen Barlow und Clarke.[36] Zum Vergleich: Wie erwähnt hat die EU zur Rettung der Banken inzwischen 1600 Milliarden Euro ausgegeben.[37] Barlow und Clarke zitieren eine Erhebung, wonach die Europäer jährlich 11 Milliarden Euro für Eiscreme ausgeben.[38]

Kapitel 7
Ungleicher Handel

> »›Zieh den Schwanz ab vom Hund. Was bleibt?‹
> Alice dachte nach.
> ›Der Schwanz bleibt nicht; ich zieh ihn ja ab – und
> der Hund bleibt nicht; er rennt auf mich los und beißt
> mich – und dann bleibe ich auch bestimmt nicht.
> ›Du meinst also, nichts bleibt?‹
> ›Ich glaube wenigstens.‹
> ›Falsch wie gewöhnlich‹, sagte die Schwarze
> Königin, ›sein Sich bleibt.‹«
> *Lewis Carroll, Alice hinter dem Spiegel,*
> *Frankfurt/Main 1980*

Internationaler Handel

Wenn die Entwicklungsländer mit den Industriestaaten Handel betreiben, müssen sie oft das Gefühl haben wie Alice: Es bleibt nichts übrig. Selbst ob ihr *Sich* bleibt, ist fraglich. Oft bleibt nichts als Schulden übrig. Davon sind auch Produzenten betroffen, die die Waren für den Handel liefern. Und wenn sie von den Schulden nicht loskommen, wie die Baumwollbauern in Indien, begehen manche Selbstmord. Andere versuchen durch Suizid den unerträglichen Arbeitsbedingungen und der Perspektivlosigkeit zu entkommen – wie z. B. die jungen Textilarbeiterinnen in Tirupur, Südindien.[1]

Den Welthandel gab es schon vor der Industriellen Revolution und vor dem Zeitalter des Kolonialismus. Auch der Kolonialismus ist nicht allein für die heutigen Ungleichgewichte im Welthandel verantwortlich, denn

1. nicht alle nichtweißen Länder waren der Kolonialherrschaft der Europäer unterworfen (z. B. Äthiopien, Liberia oder Nepal). Nur etwa ein Drittel der Weltbevölkerung war kolonialisiert,
2. in manchen Ländern beginnt die Ausbeutung durch Fremdherrschaft nicht erst mit dem Eindringen der Europäer (z. B. Guatemala, Ostafrika oder Indien),
3. Kolonialherren haben den Ländern nicht nur Schaden zugefügt,

sondern, wenn auch zum eigenen Vorteil, Nutzen gebracht. Die Portugiesen z. B. brachten das Zuckerrohr und den Kaffeebaum nach Brasilien, die Maniokwurzel, den Mais und die Süßkartoffeln nach Afrika,

4. obgleich Rassismus bei den Kolonialisten eine große Rolle spielte, waren nicht alle Kolonialherren gleichermaßen rassistisch.[2]

Entstehung eines Systems

In einem Punkt spielt der Kolonialismus allerdings eine entscheidende Rolle: bei der Schaffung der Struktur des heutigen Welthandels. Es entstand ein Wirtschaftssystem, das die Welt in zwei Teile dividierte: in einen industriell entwickelten Teil und einen unterentwickelten Ressourcenlieferanten – wobei der Letztere für das Fortbestehen des Ersteren auch nach Beendigung des Kolonialismus weiterhin seinen Beitrag leisten muss. Dies ist systemimmanent gleichsam abgesichert. Dafür sorgen die drei internationalen Organisationen IWF, WB und WTO. In den 1950er Jahren, als die kolonisierten Länder nach und nach unabhängig wurden, gab es eine Zeit, in der man geglaubt hatte, dass die neuen freien Staaten einen dritten Weg zwischen Kapitalismus und Kommunismus suchen werden. Die zwei französischen Ethnologen George Balandier und Alfred Sauvy hatten den Begriff »Dritte Welt« geprägt, »in Anlehnung an den Dritten Stand im Frankreich des Ancien Régime, der nicht länger ein Nichts sein wollte, wie es in der Flugschrift des Abbé Sieyès hieß. Dementsprechend bezeichnete der Begriff den Anspruch dritter Nationen auf einen eigenen Platz in der Geschichte. Die antikoloniale Stoßrichtung war für die Bewegung der Blockfreien entscheidend.«[3] Nach dem Zerfall des Ostblocks hat der Begriff seine Bedeutung verloren. Auch die blockfreie Bewegung ist mittlerweile nur noch Geschichte. Die Gruppe der 77, zum ersten Mal unter dieser Bezeichnung bei der UNCTAD-Konferenz 1964 aufgetreten, 1967 förmlich in Algier gegründet, hat zwar inzwischen 135 Mitglieder, aber keine globale Bedeutung mehr.

Während Balandier und Sauvy mit der Dritten Welt die Hoffnung auf einen Dritten Weg verbanden, machte die Weltbank daraus eine hierarchische Einteilung der Welt nach Einkommen: Die Erste Welt:

reich; die Zweite Welt: weniger reich; die Dritte Welt: arm. Daraus wurden Begriffe wie die Vierte (noch ärmer) und Fünfte (ärmste) Welt abgeleitet. »Es war absurd, Saudi Arabien und Singapur oder Brasilien, Botswana und Bangladesch in einen Topf zu werfen«, schrieben Alexander King und Bertrand Schneider, Mitbegründer des Club of Rome, schon 1991, »und darum haben allgemeine Aussagen über Probleme der Dritten Welt gar keine Bedeutung für einzelne Länder«.[4] Genauso irreführend ist der Begriff des Schwellenlandes. Dieser erweckt den Eindruck, als ob es einen linearen Weg von der Unterentwicklung zur Entwicklung gibt. Dahinter steckt die Theorie der Entwicklung von Walt Whitman Rostow, der die Entwicklung einer traditionellen Gesellschaft bis zum Stand des Massenkonsums in fünf Phasen beschrieben hat.[5] Danach befinden sich die Schwellenländer in der Phase vier (take off) oder fünf (the drive to maturity). Die Theorie trifft allerdings nicht für die Entwicklungsländer zu, weil in den meisten Entwicklungsländern alle diese Phasen zugleich und nebeneinander verlaufen. Oder die Schwellenländer sind hier keine Ausnahme.

Allgemein lässt sich feststellen: Die Bedeutung des Handels mit Waren hat ein wenig ab- und der Handel mit Dienstleistungen zugenommen. Die Geldwirtschaft – der Handel mit Spekulationen über Waren, Devisen, Aktien – ist viel wichtiger geworden. Gleichwohl spielt die Struktur des Welthandels[6] für die Spaltung der Welt in Arm und Reich eine gewichtige Rolle.

Entwicklung von Ware gegen Ware zu Geld gegen Geld

Die Abnahme der Bedeutung des Welthandels mit Waren hat mit dem Aufstieg des Geldes zu tun. Ohne hier auf die Geschichte des Geldes einzugehen, sei nur erwähnt, dass ursprünglich Ware gegen Ware ausgetauscht wurde (*Ware ↔ Ware)*. Da nicht alle Waren gleich beständig und gleichwertig waren, mussten Waren in unterschiedlicher Anzahl bzw. Menge gegeneinander getauscht werden, z.B. mehrere Felle gegen das wertvolle Salz. Um den ungleichen Tausch zu erleichtern, wurden Münzen geprägt.

Danach begann der Tausch von Waren gegen Geld, das wiederum in Waren getauscht werden konnte (*Ware ↔ Geld ↔ Ware)*. Die Bedeutung des Geldes nahm mit Kreuzzügen, Kriegen und Eroberungen von Kolonien zu. Schon im Jahr 100 n. Chr. gab es in Florenz, Venedig und Mailand Kredit- und Wechselgeschäfte. Im 14. Jahrhundert war der englische König bei einer Florentiner Bankiersfamilie hoch verschuldet. Spanien druckte mangels Gold und Silber im 15. Jahrhundert das erste Papiergeld in Europa. In China wurde Papiergeld bereits einige Hundert Jahre früher in Umlauf gebracht.

Im 17. Jahrhundert folgten Banken in Amsterdam und Stockholm nach, 1765 gründete Friedrich der Große die erste Notenbank. Ende des 15. Jahrhunderts verzehnfachte Jakob Fugger sein Vermögen innerhalb von 20 Jahren und kontrollierte den europäischen Kupfermarkt. Die Fugger hatten die zweite Reise von Kolumbus deshalb mitfinanziert, weil Kolumbus diesmal Zuckerrohrwurzeln von den Kanarischen Inseln für die Plantagenwirtschaft auf den Karibischen Inseln mitbrachte.

Der spanische Hof war bei den Fugger hoch verschuldet – verhängnisvoll für beide Seiten, denn wegen der Zahlungsunfähigkeit Spaniens gingen die Fugger im 17. Jahrhundert zugrunde. Mittlerweile hatte sich die Handelsstruktur von *Ware* ↔ *Geld* ↔ *Ware* zu *Geld* ↔ *Ware* ↔ *Geld* wieder geändert.

Während zuvor Münzen in Gold, Silber und auch Kupfer als gesetzliche Zahlungsmittel verwendet wurden, bestimmte Großbritannien 1844 Gold als alleiniges Währungsmetall, damit wurde der *Goldstandard* eingeführt. 1867 wurde dieser für den internationalen Handelsverkehr übernommen. Erst nach der großen Depression 1931 bis 1936 wurde der Goldstandard von allen Nationen aufgehoben.

Am 22. 7. 1944 wurde in New Hampshire, USA, bei der Bretton-Woods-Konferenz der US-Dollar als Leitwährung festgelegt. Die US-Währung wurde gleichzeitig an Gold gekoppelt und der Wert des Goldes mit 35 US-Dollar pro Feinunze festgeschrieben. Die USA wurden verpflichtet, Goldreserven entsprechend dem Umlauf ihres Geldes zu halten. Die Koppelung hob die Nixon-Regierung 1971 auf.[7]

Die Entfesselung der Geldwirtschaft begann 1999 mit der Aufhebung der Regulierungsmaßnahmen, die die US-Regierung unter Präsident Roosevelt 1934 mit dem New Deal getroffen hatte. Die Geldgeschäfte stiegen sprunghaft an, als die US-Regierung die Absicherung für Spekulation weitgehend aufhob (siehe das Kapitel *Vom*

Welthandel zur Globalisierung).[8] Die Struktur des Handels veränderte sich von *Geld ↔ Ware ↔ Geld* zu *Geld ↔ Geld*.

Es hat sich zwar einiges geändert und der Welthandel hat im Vergleich zur Geldwirtschaft an Bedeutung verloren, aber die Struktur des Welthandels ist immer noch maßgebend für die ungleiche Teilung der Welt.

Baumwolle als Symbol für koloniale Unterdrückung und für industrielle Revolution

Um dies zu verdeutlichen, eignet sich kein anderes Beispiel besser als die Baumwoll- und Textilwirtschaft, denn sie ist der Ausgangspunkt für die Industrielle Revolution, aber auch für Industriespionage und für die gewaltsame Unterdrückung von Kolonialisierten durch die Kolonialmächte. Damit begannen z. B. der Untergang Indiens und der Aufstieg Großbritanniens zur Weltherrschaft.

»Wer Industrielle Revolution sagt«, schrieb Eric Hobsbawm, »meint Baumwolle.« Die Basis der britischen Baumwollindustrie war nicht ihre Überlegenheit im Wettbewerb, sondern ihre Monopolstellung in den Kolonien und den unterentwickelten Märkten, die ihr das britische Empire, die britische Flotte und die britische Vormachtstellung im Handel sicherten.[9]

Bevor die Briten, oder genauer, die East India Company nach Indien kamen, war das asiatische Land führend in der Textil- und Seidenmanufaktur. »Die einzige Baumwollindustrie, die in Europa zu Beginn des 18. Jahrhunderts bekannt wurde, war die Indiens; ihre Erzeugnisse (Kattun, Calicoes) wurden von den östlichen Handelskompanien im Ausland und zu Hause verkauft, wo sie von den einheimischen Herstellern von Woll-, Leinen- und Seidenstoffen energisch bekämpft wurden.«[10]

Bezeichnenderweise begann die Industrialisierung der Textilproduktion mit Industriespionage. Die mechanische Neuerung wurde mit einer Seidenzwirnmaschine eingeleitet, die die Fasern zu einem Faden drehte. Diese Maschine wurde im 17. Jahrhundert in Italien erfunden und sorgsam als Geheimnis gehütet. Ein Engländer namens John Lombe schmuggelte 1716/1717 die Konstruktionspläne außer Landes. »Bereits nach einigen Jahren baute Johns Bruder Thomas eine riesige Seidenzwirnmaschine in Derby. In der Mitte des

18. Jahrhunderts gab es ähnliche Anlagen in London und in den Provinzen.«[11]

Die Stadt, die von der Textilindustrie am meisten profitierte, war Manchester. In 70 Jahren, zwischen 1760 und 1830, wuchs die Einwohnerzahl der Stadt auf das Zehnfache. Dass dies nicht das Ergebnis der technischen Erfindungen war, bezeugt ein Brief vom 17. März 1769 der East India Company an ihre bengalische Niederlassung. In diesem Brief gab die Company Anweisung, wie die Weiterverarbeitung in Bengalen verhindert werden sollte, damit die Seidenspuler in den Fabriken der Company Arbeit hätten.[12] Auf diese Weise wurde versucht, die Kontrolle über die Arbeitskräfte zu gewinnen, um den indischen Manufakturen die Basis zu entziehen.

Die völlige Zerstörung der indischen Baumwollindustrie vollzog sich in drei Schritten:

1. Schritt: 1770 gelang es der englischen Wollindustrie, den Import aus anderen Ländern zu sperren, wodurch der einheimischen Baumwollfabrikation der Weg zum Binnenmarkt frei gemacht wurde.

2. Schritt: Die technischen Entwicklungen der Jahre 1730 bis 1805 brachten enorme Fortschritte in Richtung Massenproduktion und damit zur Kostensenkung. In der Zeit zwischen 1750 und 1770 nahmen die Baumwollexporte der Briten um das Zehnfache zu.

3. Schritt: Im Jahr 1818, als Indien nahezu vollständig erobert worden war, verbot die britische Regierung die Ausfuhr von textilverarbeitenden Maschinen nach Indien. In Großbritannien sank der Verkaufspreis eines Pfundes gesponnener Baumwolle durch die technische Neuerung zwischen 1774 und 1820 auf etwa ein Zehntel des ursprünglichen Preises. Die indischen Erzeuger, die manuell produzierten, konnten mit diesem Preis nicht mehr mithalten. Folglich wurde der größte Teil der indischen Heimarbeiter arbeitslos.[13]

So wurde die jahrhundertelange Rolle Indiens als Exporteur von Baumwollwaren in die eines Importeurs verwandelt. 1850 importierte Indien bereits ein Viertel der gesamten britischen Baumwollproduktion. Die britische Ausfuhr von Baumwollwaren nach Ostindien (Indien und dem Fernen Osten) stieg von sechs Prozent des gesamten britischen Exports im Jahre 1820 auf 60 Prozent im Jahr 1873, wovon fast die Hälfte nach Indien ging.[14]

Im Jahre 1853 schrieb Karl Marx: »Es war der britische Eindringling, der den indischen Handwebstuhl zerstörte und das Spinnrad zerbrach ... Indien, seit undenklichen Zeiten die gewaltigste Werkstatt für Baumwollwaren, wurde nun mit englischen Baumwollstoffen überrannt. Das bedeutete den Ruin der einst so berühmten einheimischen Baumwollindustrie.«[15]

Die Folgen dieser Zerschlagung der indischen Textilindustrie trafen vor allem die Landwirtschaft. Das Gleichgewicht zwischen Ackerbau und Handwerk, zwischen Landwirtschaft und Handel, das eine Einheit des indischen Dorflebens bildete, war entscheidend gestört. Die Arbeitslosen aus der Textilwirtschaft konnten nicht von den anderen Branchen übernommen werden, da sie aus demselben Grund gleichermaßen betroffen waren. So suchten alle überschüssigen Arbeitskräfte in der Landwirtschaft unterzukommen. Allein in der Zeit von 1891 bis 1921 wuchs der Anteil der von der Landwirtschaft lebenden Bevölkerung Indiens von 61 auf 93 Prozent.[16]

Baumwolle als Kulturpflanze

Baumwolle ist eine der ältesten Kulturpflanzen der Welt. Entsprechende Ausgrabungen in Indien lassen sich ins Jahr 3000 v. Chr. zurückdatieren. Dennoch kann man bisher das genaue Ursprungsland der Pflanze nicht festlegen. Vermutet wird, dass Baumwolle in Asien (Indien, Indonesien, China), in Afrika (Ägypten) und in Mittel- und Südamerika (Mexiko, Peru) kultiviert wurde.

Drei Aspekte lassen sich am Beispiel Baumwolle besonders deutlich erkennen:
a) die Zerstörung eines florierenden Wirtschaftszweigs,
b) die Rolle der Baumwolle im Dreieckshandel zwischen Afrika,
   Amerika und Europa und
c) die Übernahme der Vormachtstellung im Handel.

Wie beschrieben führte die maschinelle Verarbeitung der Baumwolle zur Industrielle Revolution und zu großer Ungleichheit auf den Handelsmärkten.

Aus Afrika wurden Sklaven nach Amerika transportiert, von Amerika Plantagenprodukte (Baumwolle, Zucker, Tabak) nach Europa verfrachtet und von dort wieder Gewehre, Schnaps, Stoffe nach Afrika gebracht (siehe Abbildung S. 18).[17]

Eine Folge des Kolonialismus und des Dreieckshandels war, dass die Kolonien nicht nur unterdrückt und ausgebeutet wurden, sondern fortan die Europäer auch die Regeln des Handels übernahmen. Sie legten fest, wann, wie und wo etwas ge- oder verkauft wurde. So wächst z. B. in Europa keine einzige Bohne Kakao, aber das Geschäft mit der Schokolade teilen sich Europäer und Amerikaner untereinander im Verhältnis 80:20 auf.[18] Im Falle von Baumwolle sieht die Sache nicht viel anders aus. Auf die Frage, warum die Struktur bis heute aufrechterhalten werden konnte, gehe ich im übernächsten Kapitel näher ein.

Obgleich die Baumwolle nicht in Europa produziert wurde, waren die Industriestaaten noch nach dem Zweiten Weltkrieg führend in der Textil- und Bekleidungsindustrie. Bis in die 1970er und 1980er Jahre haben die Europäer nur den Rohstoff Baumwolle importiert – im Gegensatz zu den USA, die Baumwolle selbst produzieren und führend im Baumwollexport sind. Die Armut der Baumwollbauern war der Gewinn der Bekleidungsindustrie. Manche ältere Leser können sich vielleicht an den Dokumentarfilm ›Mbogo's Ernte oder die Teilung der Welt‹ von Peter Heller (Filmkraft München, 1980) erinnern. Während der gesamten Zeit, in der der Film gedreht wurde, lief der Baumwollbauer Mbogo mit derselben Kleidung, einem zerlumpten Oberteil und einer zerrissenen Hose herum. Am Ende des Films fragte Mbogo, ob es gerecht sei, dass er die Baumwolle für einen Hungerlohn liefere und sich selbst keine Kleidung leisten könne, während die anderen davon profitierten.

Mittlerweile ist die Bekleidungsindustrie schon längst in die Billiglohnländer ausgelagert – *Outsourcing* heißt dies in der Sprache der Globalisierung.

Baumwolle wird in 70 Ländern produziert. 78 Prozent der gesamten Baumwollproduktion teilen sich sieben Länder: China, Indien, die USA, Pakistan, Brasilien, Usbekistan und die Türkei. Die nächsten drei Plätze unter den Top 10 belegen Australien, Turkmenistan und Syrien. Der Anteil der weiteren 60 Länder beläuft sich zwischen 0,01 und höchstens einem Prozent. Beim Weltmarktpreis können diese kleineren Länder kaum mitreden, haben aber unter dem Preisverfall besonders zu leiden. Da die Kunstfaser bei der Textil- und

Bekleidungsindustrie immer mehr an Bedeutung gewinnt, fällt der Weltmarktpreis von Baumwolle. Der Preis ist zwar von 0,72 US-Dollar pro Pfund 1998 auf 0,90 US-Dollar im Jahre 2012 gestiegen,[19] aber im Dollarpreis von 1998 sind 90 Cent heute nur noch 60 Cent wert.

Wegen des Preisverfalls versuchen die Bauern durch höhere Produktion die Verluste auszugleichen. Dafür bietet der transnationale Konzern (TNC) Monsanto eine genmanipulierte Wunderwaffe an: Bt (*Bacillus thuringiensis*) Cotton.

In Indien wird die Herstellung und Verteilung dieses Mittels von Monsanto in Kooperation mit der einheimischen Firma Mahyco betrieben. Laut ›Digital Journal‹ versprechen die Hersteller traumhafte Mehrerträge. Es hat nur einen Nachteil: Das Saatgut ist hybrid, das bedeutet, dass die Bauern nicht wie traditionell mit Saatgut aus ihrer Ernte jedes Jahr kostenlos neu säen können, sondern jedes Jahr neu einkaufen müssen. Das ist gut für die Firma, schlecht für die Bauern. Wenn die Ernte einmal ausfällt und sie damit kein Geld für den Ankauf des Saatguts einnehmen, sind sie ruiniert. Der Stoff wurde 2002 in Indien zugelassen. Anfänglich wurde er auf 10 000 Hektar in verschiedenen Teilen Indiens verwendet. Monsanto-Mahyco behauptet, dass das neue Saatgut bis zu 50 Prozent Ertragssteigerung einbringe. Das mag zu Beginn auch gestimmt haben – vermutlich auch deshalb, weil die Versuchsfelder gut bewässert waren, denn die Saat ist auf reichliche Bewässerung angewiesen. Mittlerweile haben auch Bauern, die nicht an Bewässerungsanlagen angeschlossen sind, das neue Mittel verwendet. Diese Bauern sind vom Monsunregen abhängig. Wenn der Monsun einmal ausbleibt, erleiden die Bauern massive Verluste. Inzwischen werden zwölf Millionen Hektar Felder mit dem neuen Saatgut bearbeitet.[20] Der Monsun bringt nicht jedes Jahr gleichmäßig viel Regen in allen Teilen Indiens. In einigen Gegenden gibt es Überschwemmungen, in anderen herrscht z. T. Trockenheit. Laut der Tageszeitung ›DNA Mumbai‹ müssen die Bauern pro Hektar gut 10 000 Rupien zahlen[21], die Selbstmordrate der Bt-Baumwollbauern wird auf 100 000 pro Jahr geschätzt.[22]

Mittlerweile wird Bt Cotton nicht nur in Indien, sondern auch von vielen Baumwollbauern in Afrika verwendet. Zehn Jahre nach Beginn seiner Anwendung in Indien wurden die Ergebnisse von einer Koalition der NGOs *Gen-manipulationsfreies Indien* untersucht.

Der Bericht ist ernüchternd. Es gab zwar eine moderate Ertragssteigerung bis 2005 von etwa 17 Prozent pro Hektar, ab 2007 ist die Entwicklung jedoch rückläufig. Bis 2012 ist die Ertragsmenge etwa auf
den Level vor der Bt-Zeit zurückgefallen.

Mittlerweile gibt es Proteste gegen den Anbau von Bt-Baumwolle,
angeführt von einer NGO namens *Vidhaba Jan Andoloan Samiti
(Vereinigte Witwenbewegung)*, an der viele Frauen beteiligt sind,
deren Ehemänner Selbstmord begangen haben. Die Bewegung fordert, dass die Regierung Bauern ermutigen soll, zu konventioneller
Anbauweise zurückzukehren. Ferner soll die Regierung aufklären,
welche Risiken der Anbau von Bt-Baumwolle haben kann, und Firmen wie Monsanto-Mahyco dazu verpflichten, irreführende Wer-
bung zu unterlassen.[23]

Auslagerung der Produktion

Die Misere der Baumwollbauern ist nur die eine Seite der Medail-
le, die andere Seite ist nicht weniger verhängnisvoll: die Entwicklung der Textil- und Bekleidungsindustrie in den Industriestaaten.
Nachdem die Briten die Baumwollindustrie in Indien zerstört hatten, übernahmen sie eine Zeit lang die Führung in der Herstellung
und im Export von Woll- und Baumwollprodukten.

Mit der Zeit zogen die anderen europäischen Lander nach.
Deutschland überholte Großbritannien in diesem wie auch in ande-
ren industriellen Bereichen und ist mittlerweile Branchenführer in
Europa. Gemessen an den Textilumsätzen wie an Bekleidung steht
es vor Italien, den Niederlanden, Frankreich und Großbritannien.
Da die deutsche Industrie mit viel weniger Arbeitskräften als andere europäische Länder auskommt, ist sie auch erheblich *effektiver*,
meint der Gesamtverband Textil.[24] Was er nicht erwähnt, ist, dass
Deutschland seine Textilproduktion im Vergleich zu den anderen
Ländern stärker in Billiglohnländern verlagert. An diesem Beispiel
lässt sich erklären, wie Effektivität funktioniert: Noch 1970 waren
1,2 Millionen Arbeitskräfte in Deutschland beschäftigt, 2011 nur
noch 120 000. Über eine Million Arbeitsplätze wurden im Inland
vernichtet und die Produktion nach und nach ins Ausland verlagert.
Der Verband behauptet zwar, dass er nur 280 000 Mitarbeiterinnen
im Ausland hat, darin sind aber sicherlich nicht die enthalten, die

im Auftrag der örtlichen Subunternehmen tätig sind. Nicht nur Discountläden wie Aldi, Lidl und Kik stellen in China, Indien, Bangladesch, Vietnam oder anderswo billig ihre Bekleidung her, sondern auch viele namhafte Firmen.[25]

Da das Hauptziel der Unternehmen Gewinnmaximierung ist, ist es verständlich, warum sie immer auf der Suche nach billiger und noch billigerer Arbeit sind. Einerseits könnte man meinen, je geringer die Lohnkosten, desto höher ist der Gewinn. Andererseits machen die Lohnkosten der im Ausland erstellten Fertigprodukte wie T-Shirts, Hemden oder Jeans nicht mehr als ein bis zwei Prozent des Verkaufspreises aus. Michel Chossudovsky, Ökonomieprofessor an der Universität Ottawa, listet am Beispiel von einem Dutzend Hemden aus der Produktion einer Billigfabrik in der Dritten Welt die Verteilung des Kaufpreises auf. Nach dieser Verteilung bleiben dem produzierenden Land 2,7 Prozent des Verkaufspreises, nämlich 1,7 Prozent Löhne, ein Prozent Gewinn, 97,3 Prozent gehen an den auftraggebenden Industriestaat. Diese 97,3 Prozent setzen sich so zusammen:[26]

Material, Zubehör und Ausrüstung: 10,2 Prozent

Fracht und Kommission: 1,4 Prozent

Zölle und fob-(free on board)-Preise: 1,4 Prozent

Löhne im Groß- und Einzelhandel: 3,4 Prozent

Bruttogewinn, Miete und andere Einkommen von Vertriebsunternehmen: 71,8 Prozent

Verkaufssteuern zugunsten des Industriestaates: 9,1 Prozent

Drastisch und anschaulich formuliert es Philippe Rivelli, der sich in seinen Reportagen kritisch mit sozialpolitischen Tatbeständen auseinandersetzt: Eine Arbeiterin in El Salvador, die für eine US-amerikanische Firma T-Shirts näht und pro T-Shirt fünf Cent erhält, müsste 200 T-Shirts anfertigen, um ein Sonderangebot von zwei T-Shirts für zehn US-Dollar kaufen zu können.[27]

Da Gewinnmaximierung das Ziel eines Unternehmens ist, lässt sich vielleicht erklären, warum Arbeitsplätze in Billiglohnländer verlegt werden. Nach eigenen Angaben des deutschen Gesamtverbandes verdienen die Arbeitskräfte in Deutschland durchschnittlich brutto 16,20 Euro pro Stunde oder 2650 Euro im Monat bei einer Wochenarbeitszeit von 38 Stunden.[28] Eine Arbeiterin in Bangladesch muss den *ganzen Monat* arbeiten, um den *Stundenlohn* einer Arbeiterin in Deutschland zu verdienen, wobei eine junge Frau in Bangladesch zwölf bis 14 Stunden pro Tag, sieben Tage die Woche einschließlich Sonn- und Feiertage arbeiten muss.[29] Obgleich der amerikanische Ökonom Jeffrey Sachs in den Textilfabriken für die arbeitenden Frauen die Hoffnung auf das Ende der Armut sah,[30] rechnen die NGOs wie CCC (*Clean Clothes Campaign*, Schweiz) oder CIR (*Christliche Initiative Romero*, Münster) vor, dass die Frauen mit dem Lohn kaum überleben können. Dies wurde wiederholt im deutschen Fernsehen dokumentiert, auch ›Spiegel-online‹ zitiert eine Studie, nach der die Löhne für den Lebensunterhalt nicht ausreichen.[31]

Nicht Bangladesch oder Indien, sondern China ist für die Billigproduktion von T-Shirts, Jeans oder Schuhen führend in der Welt. In chinesischen Fabriken, die für ausländische Firmen wie Wal-Mart arbeiten, werden nur junge Frauen zwischen 17 und 25 Jahren eingestellt. Bei einer 70-Stunden-Woche verdienen die Frauen 16 bis 18 US-Dollar im Monat. Nach dem 26. Lebensjahr werden sie aus der Fabrik gedrängt. Die Älteren werden durch eine neue Schar junger Frauen ersetzt. Wenn eine Frau schwanger ist, wird sie gefeuert.[32]

Über ähnliche Entwicklungen in der Textil-/Bekleidungsindustrie in den USA und eine Verlagerung in Billiglohnländer berichtet auch Pietra Rivoli. Zwischen 1990 und 2003 sind die Arbeitsplätze in dieser Branche in den USA von über 900 000 auf 300 000 zurückgegangen. Gleichzeitig ist der Wert der chinesischen Bekleidungsimporte von zehn Milliarden (1989) auf über 50 Milliarden US-Dollar – also mehr als das Fünffache – gestiegen.[33] Diesen Prozess des Abbaus der Industrie und der Verlagerung der Produktion in Billiglohnländer bezeichnet Michel Chossudovsky als *die Entindustrialisierung des Nordens*, gleichzeitig bringt der Prozess die Billiglohnländer in eine verzweifelte Lage: Exportiere oder stirb.[34]

Der Handel macht zwar Gewinne, aber auf Kosten der Arbeitskräfte im Inland, deren Arbeitsplätze vernichtet werden, und auf Kosten der Arbeiterinnen im Ausland, wo Menschen unter unerträglichen Bedingungen mit wenig Lohn arbeiten müssen. Darüber hinaus werden die produzierenden Billiglohnländer mehrfach finanziell benachteiligt, weil die Güter, »die in Entwicklungsländern produziert werden, zu sehr niedrigen internationalen fob-Preisen importiert werden. Doch sobald diese Waren in die Groß- und Einzelhandelskanäle der reichen Länder einfließen, multipliziert sich der Wert um das Mehrfache. Die Einzelhandelspreise von Waren, die in der Dritten Welt produziert werden, sind häufig zehn Mal höher als die Importpreise. So schafft die Dienstleistungswirtschaft der reichen Länder eine ›Wertschöpfung‹ ohne materielle Produktion. Dies steigert das Bruttoinlandsprodukt des reichen Landes.« Der Einzelhandelspreis von Kaffee z. B. liegt sieben bis zehn Mal über dem fob-Preis und annähernd 20 Mal über dem Preis, den die Bauern in der Dritten Welt bekommen.[35]

Diese Art der Produktion hinterlässt nicht nur verbrauchte, ausgelaugte perspektivlose junge Frauen, sondern manchmal auch Tote. So starben im Jahr 2009 bei einem Brand in Dhaka, Bangladesch, 300 Arbeiterinnen in einer Fabrik, weil die Türen von außen verschlossen waren, damit sich die Frauen nicht ohne Erlaubnis entfernen konnten. In einer ZDF-Sendung berichtet Michael Höft, dass die Selbstmordrate bzw. die Rate der versuchten Selbstmorde von Arbeiterinnen, die in der Textilfabrik quasi als Sklavinnen unter einem Knebelvertrag – dem sogenannten Sumangali-Vertrag – arbeiten, sehr hoch ist. Eine Ärztin des örtlichen Krankenhauses bestätigte, dass sie wöchentlich mehrere Fälle von Selbstmordversuchen zu behandeln habe.[36]

Weitere Folgen der Billigproduktion von Bekleidung sind, dass die gebrauchten Kleider, T-Shirts, Jeans, Hemden und Schuhe massenweise vor allem nach Afrika exportiert werden und diese wiederum der einheimischen Produktion schaden. Nach Rivoli haben die USA zwischen 1990 und 2003 fast sieben Milliarden Pfund gebrauchter Kleidung in mehr als 100 Länder exportiert, das sind fast 40 Prozent des Weltmarktanteils.[37] Der Anteil der EU dürfte auch nicht unbeträchtlich sein. Auf eine Anfrage von drei Abgeordneten hin hat die Bundesregierung mitgeteilt, dass Deutschland im Jahr 2010 104 000 Tonnen Alttextilien nach Afrika exportiert hat. Gleichzeitig hat das Bundesministerium für Wirtschaftliche Zusammenarbeit zwischen 2005 und 2009 ein Entwicklungsprojekt CmiA (*Cotton made in Afrika*) mit Finanzmitteln gefördert.[38]

Die zwei NGOs, CCC-Schweiz und CIR-Münster haben vorgeschlagen, einen asiatischen Grundlohn in kleinen Schritten zu schaffen, damit die jungen Arbeiterinnen eine Chance haben, mit ihren Familien zu überleben. Männliche Arbeiter sind ohnehin selten, wenn, dann treten sie meist als Aufpasser, Vorgesetzte o. Ä. auf.[39] Wenn die Vorschläge umgesetzt werden, könnten die Auswüchse be-

seitigt werden. Eine grundlegende Korrektur des ungerechten Welt-
handelssystems werden sie aber nicht herbeiführen können.

Das zweite Beispiel: Landraub

Eine neue Form der kolonialen Ausbeutung heißt: Landraub (engl.
land grabbing). Das Phänomen ist relativ neu. Es kam zwar vor, dass
man sich fremde Felder unrechtmäßig aneignete, aber die Besitznah-
me landwirtschaftlicher Nutzflächen im großen Stil ist eine neuere
Entwicklung. Richtig in Fahrt gekommen ist der Landraub erst nach
der letzten Finanzkrise 2008.

Das Institut für globale Dorfentwicklung *Landesa* mit Sitz in Se-
attle/USA bezeichnet den Landraub als »dritte Welle des Outsour-
cings«. Die erste Welle war die Verlagerung der industriellen Fertigung in Billiglohnländer in den 1970er bis 1980er Jahren. In der
zweiten Welle kam es in den 1990er Jahren zur Auslagerung von
Dienstleistungen wie Softwareentwicklung und Callcentern ebenfalls in Billiglohnländer wie Indien. Die dritte Welle ist der Landraub, die Verschiebung der landwirtschaftlichen Produktion, sowohl
von Nahrungsmitteln als auch von Biotreibstoffen ins Ausland.[40] Daran sind nicht nur Industriestaaten beteiligt, sondern auch andere
reiche Länder wie Saudi-Arabien, die übrigen Golfstaaten sowie sogenannte Schwellenländer – etwa die VR China, Indien, Südkorea,
Singapur und Vietnam.

Auch in der Vergangenheit haben die Industriestaaten die landwirtschaftliche Nutzfläche von Entwicklungsländern zur Produktion von Kaffee, Kakao, Bananen oder von Rohstoffen und Futter-
mitteln für sich genutzt. Dies erschwerte das Leben von Kleinbauern,
die auf den Anbau von Nahrungsmitteln angewiesen waren, erheblich. Jetzt sind diese im Wettkampf mit ausländischen Investoren,
mit verkaufswilligen Regierungen und Großbauern hoffnungslos un-
terlegen. Laut Angaben der FAO sind 40 Prozent der Weltbevölkerung in der Landwirtschaft tätig. 80 Prozent davon sind Kleinbauern,
mehrheitlich Frauen, die Nahrungsmittel auf kleinen Ackerflächen
produzieren. 75 Prozent der Menschen, die direkt oder indirekt in
der Landwirtschaft beschäftigt sind, leiden selbst an Unterernährung.[41]

Die große Welle des Landraubs begann, wie erwähnt, mit der Fi-

nanzkrise 2008, als die Spekulanten Nahrungsmittel als Handels-
objekt entdeckten. Innerhalb weniger Wochen verdreifachten sich
die Preise für Reis, Mais, Weizen und Speiseöl, der Ölpreis stieg
über 140 US-Dollar pro Barrel. Seither sind nicht nur Nahrungsmittel, sondern auch Agrarflächen Investitions- und Spekulationsobjekte geworden – besonders deshalb, weil die Industriestaaten
den Verbrauch des weltweit knapper werdenden Öls durch Bei-
mischung von Agrartreibstoffen zu reduzieren versuchen. FIAN
schätzt z. B., dass 66 Prozent des Landraubs in Afrika die Produktion von Biotreibstoffen zum Ziel haben.[42] Zwischen 2008 und 2010
haben Agrarkonzerne dort eine Fläche von der Größe Frankreichs
aufgekauft.[43] Die Journalistin Ann Kathrin Sost glaubt, dass in den
letzten Jahren ausländische Investoren bis zu 80 Millionen Hektar
Land in den Entwicklungsländern erworben haben.[44] Die Einschätzung von GRAIN – *Genetic Resources Action International*, internationale Genforschungsaktion, eine NGO mit Sitz in Barcelona –
liegt viel höher.

Von dem Ausverkauf der Ackerböden sind am meisten die Länder
Afrikas südlich der Sahara betroffen. Dies liegt einerseits an auto-
ritären und korrupten Regimen, die Kleinbauern und Viehzüchter
besitzen entweder keine Papiere über das Land, das sie bearbeiten,
oder sie können ihre Rechte gegen die Regierungen nicht durchsetzen. Andererseits gibt es dort die meisten *verfügbaren* Ackerflächen.
Nach Schätzung der FAO existieren weltweit 400 Millionen Hektar
verfügbare Ackerflächen, gut über die Hälfte davon liegt in Afrika
südlich der Sahara.[45] Anbauflächen werden *als verfügbar bezeichnet*, wenn weniger als 25 Menschen auf einem Quadratkilometer
leben. Diese Anbauflächen werden in der Realität häufig von Kleinbauern oder Wanderhirten genutzt, die in vielen Fällen keine Eigen-
tumstitel vorweisen können, aber zum Überleben auf das Land angewiesen sind.[46] Besonders betroffen sind Mosambik, Madagaskar,
Äthiopien, Tansania, Sierra Leone, Uganda und Sudan – Länder,
»die einen alarmierenden Hunger-Index aufweisen und zum Teil von
Nahrungsmittelhilfen abhängig sind«.[47]

Pro und Kontra Landerwerb

Befürworter meinen, Landerwerb durch ausländische Investoren bringe Vorteile, weil mit dem Geld Know-how aus dem Ausland gekauft werden könne. Dieses Wissen kann entweder auf den übrigen Ackerfeldern angewendet werden, oder Investoren werden verpflichtet, mindestens einen Teil des verpachteten Landes für die Nahrungsmittelproduktion zu nutzen. Dies würde helfen, die Produktion zu steigern und das Hungerproblem zu lösen.

Die Weltbank spricht von einer Win-Win-Situation, von der alle – das Land selbst und die Investoren – gleichermaßen profitieren würden. Außerdem sei der Einsatz moderner Agrarmethoden und Techniken notwendig, weil die Weltbevölkerung stetig wächst und infolgedessen der Boden immer knapper wird. Dies zeigt z. B. die nachstehende Grafik:[48]

Jahr	Weltbevölkerung	Boden pro Kopf
1950	2,5 Milliarden	5600 qm
2000	6,1 Milliarden	2300 qm
2050	9,1 Milliarden	1500 qm[49]

Der Wettlauf um Nahrung und Ackerflächen

Kritiker halten die rechnerische Hypothese der globalen Bodenknappheit für äußerst fragwürdig, doch für einzelne Länder oder Regionen ist die Angst, nicht genügend Ackerfläche zu haben, sehr real. Die VR China z. B. hat einen Anteil an der Weltbevölkerung von 20 Prozent, verfügt aber nur über sieben Prozent der fruchtbaren Ackerböden.[50] Saudi-Arabien und andere Golfstaaten haben zwar viel Öl und Geld, leiden aber chronisch unter Wasser- und Nahrungsmittelknappheit. Diese müssen sie mit viel Geld ausgleichen, aber auch das klappt nicht immer wie gewünscht. Saudi-Arabien konnte z. B. 2008 nicht genügend Reis importieren. Deshalb wurde beschlossen, für die Produktion von Nahrungsmitteln im Ausland Ackerflächen zu kaufen. Dies lief unter Federführung von Al Amoudi, einem der 50 reichsten Männer der Welt. Der Sohn einer äthiopischen Mutter und eines jemenitischen Vaters ist Staatsbürger Saudi-Arabiens, hatte sehr enge Verbindungen sowohl zu dem saudischen König als auch zur äthiopischen Regierung von Meles Zenawi. Zenawi war Führer der Regierungspartei EPRDP (Ethiopian People's Revolutionary Democratic Party), war Alleinherrscher und regierte das Land schon seit 1991. Er ließ keine Opposition zu, manipulierte Wahlen, trat nach Angaben des Deutschen Presseverbands) die Pressefreiheit mit Füßen, wurde aber von den westlichen Regierungen als Garant der Stabilität in der Region geschätzt.[51] Nach seinem Tod im August 2012 haben die Industriestaaten Angst vor einem Machtvakuum und der möglichen Instabilität der Region.[52]

Obwohl 85 Prozent der Landbevölkerung Äthiopiens von der Landwirtschaft leben, sind sie nicht Eigentümer des Bodens, den sie beackern. In vielen afrikanischen Ländern gehört das Land der Gemeinde, die es dann an die Bauern verteilt. »In Äthiopien ist der Staat der alleinige Grundbesitzer«, schreibt der italienische Autor und investigative Journalist Stefano Liberti in seinem Buch ›Landraub: Reisen ins Reich des neuen Kolonialismus‹. Das Ziel der Landvergabe an die ausländischen Investoren ist die »Modernisierung eines Agrarsektors, der völlig antiquiert ist«, meint ein Regierungsvertreter.[53] Nur, wie das Land vergeben wird, bleibt für die betroffenen Bauern völlig undurchsichtig. Die Abkommen und die Konditionen – etwa eine Verpflichtung, die Infrastruktur auszubauen, einheimische Bauern zu beschäftigen, einen Mindestlohn zu zahlen und Schulen oder Krankenhäuser zu bauen – werden hinter verschlossenen Türen ausgehandelt. Diese Politik, so Wilfried Bommert, gelernter Agrarwissenschaftler, WDR-Journalist und Autor des Buches ›Bodenrausch: Die globale Jagd nach den Äckern der Welt‹, wird von der Weltbank gefördert (z. B. 2009 mit 1,14 Milliarden US-Dollar aus dem Private-Sector – Development Programme).[54]

Ein Tochterunternehmen Al Amoudis, *Jittu Horticulture Plc.*, arbeitet mit moderner Hightech und Gentechnik in Gewächshäusern in Awassa, Äthiopien. Dort werden Tomaten, Paprika, Lauch, Auberginen und Zucchini für den Export in die Golfstaaten angebaut. Die Anlage ist auf 20 Hektar vergrößert und beschäftigt etwa 1000 Frauen mit einem Lohn von weniger als 1,25 US-Dollar pro Tag. Die Anlage soll in den nächsten zwei Jahren verdreifacht werden. Al Amoudi beabsichtigt auf 50 000 Hektar Ackerland zwei Milliarden US-Dollar zu investieren und 10000 ehemalige Kleinbauern zu beschäftigen.[55] Auch hat er Anbauflächen im Sudan, in Mali, und in Mauretanien für den Anbau von Reis und Zehntausende Hektar im Sudan für den Anbau von Weizen gepachtet.[56]

Äthiopien hat nicht nur Land für den Anbau von Getreide und Gemüse vergeben, sondern auch für Schnittblumen und Ölpalmen, die die indische Agrofirma *Karuturi* in der Gegend von Gambella auf 300000 Hektar für den Export nach Europa und für den indischen und afrikanischen Markt produziert. Und dazu hat sie das Land für 1,25 US-Dollar pro Hektar gepachtet hat. Sie wurde jüngst beschuldigt, Arbeitsrechte Äthiopiens zu verletzen, gleichwohl plant sie, noch mehr Land zu erwerben. Eine andere indische Firma, *Whitefield Cotton*, hat im südlichen Omo ebenfalls in Äthiopien für den Anbau von Baumwolle Land erworben. Dort wurden für denselben Zweck weitere 250000 Hektar Land durch das Militär *gesäubert*. In Anspielung auf die britische East India Company, die die Kolonisierung Indiens einleitete, titelte das Wochenmagazin ›Outlook‹: »The New East India Cos«. Die frühere Kolonie strebt an, selbst Kolonialmacht zu werden.[57] Die äthiopische Regierung von Meles Zenawi wollte in den nächsten Jahren 23 Millionen Hektar Land für den Agrartreibstoff ausländischen Firmen zur Verfügung stellen.[58] An dem Biotreibstoff sind zwar hauptsächlich westliche Industriestaaten interessiert, aber auch China, Japan, Südkorea und Indien.

Nahrungsmittelsicherung durch Landübernahmen möchten nicht nur China und die Golfstaaten betreiben, sondern ebenfalls Japan, Südkorea, Singapur, Indien, Jordanien und Ägypten. Stefano Liberti lobt China, weil die Volksrepublik in Afrika *sehr zurückhaltend* auftritt. China möchte nicht Land kaufen oder pachten, um den eigenen Nahrungsmittelbedarf zu sichern. Wenn die VR China verhandelt, wie mit der DR Kongo, dann allenfalls, um eine Palmölplantage aufzubauen, meint Liberti.[59] Die Zurückhaltung Chinas wie auch die der anderen asiatischen Länder, in Afrika zur Sicherung des eigenen Nahrungsmittelbedarfs Land zu kaufen, liegt an der Entfernung. Der Transportweg wäre lang und sehr kostspielig. Deshalb werden dafür andere asiatische Länder wie Laos, Kambodscha, die Philippinen und Indonesien in Anspruch genommen. In Laos sind schon vier Prozent der Landesfläche in Händen der Chinesen, 15 Prozent insgesamt in ausländischem Besitz.[60] Besonders hart betroffen ist Kambodscha. Dort produzieren vietnamesische Firmen Kautschuk für den Export. Die indische Firma *Amira Group* plant eine Investition von 40 Millionen US-Dollar in den Reisanbau, um das Produkt nach Indien zu exportieren. In Kambodscha wird auch Zucker für den Export von Biotreibstoff nach Europa angebaut. Da die Pol-Pot-Regierung (1975–1979) alle Grundbuchregister vernichtet und die Nachfolgeregierung in den 1990er Jahren die Wälder zur Abholzung freigegeben hat, blüht der Landraub besonders in Kambodscha, woran sich ausschließlich die Eliten des Landes bereichern.[61]

Ein krasses Beispiel für den Widerspruch zwischen den bestehenden rechtlichen Bestimmungen und der realen Praxis liefert Bommert aus Indonesien. Obgleich eine präsidiale Bestimmung aus dem Jahr 2008 festlegt, dass ausländische Investoren in Nahrungsmittel, Tierhaltung und Fischwirtschaft insgesamt 87 (70 + 9 + 8) Prozent anzulegen haben, stellt die Behörde eines Distrikts fest, dass nur vier Prozent der Fläche für den Anbau von Nahrungsmitteln verwendet wurden, der größte Teil ging an Palmöl-, Mais- und Zuckerplantagen und in die industrielle Holzwirtschaft.[62]

Ob für die Deckung des eigenen Nahrungsmittelbedarfs oder für den Biotreibstoff – die ausländischen Firmen betreiben in den Ländern Landraub, in denen nach Angaben von Transparency International die Korruption sehr hoch ist und die Bevölkerung nach dem Welthungerindex an Unterernährung leidet. Nach Angaben von GRAIN wurde etwa die Hälfte der Landgeschäfte in den vergangenen Jahren in Afrika südlich der Sahara verhandelt, in Asien sind 43 Millionen Hektar und in Lateinamerika 19 Millionen Hektar vom Landraub betroffen.[63]

Der Run auf Biotreibstoff hat die Nahrungsmittelsituation enorm verschärft. Deutschland hat 2011 eine Beimischungspflicht eingeführt, die Europäer wollen bis 2020 die Beimischungspflicht auf zehn Prozent verdoppeln. Die US-Regierung will die Produktion von Biosprit auf 36 Milliarden Gallonen (136 Milliarden Liter) steigern, auch Brasilien, China, und Indien setzen auf den Biotreibstoff. Bioethanol wird aus Zuckerrohr, Gerste, Weizen oder Mais gewonnen und Biodiesel aus Raps, Soja, Ölpalmen und Jatropha (Purgiernuss).[64]

Nach einem Bericht von Action Aid haben europäische Firmen mindesten fünf Millionen Hektar Land für die Erzeugung von Biotreibstoff erworben. Weitere sechs Millionen Hektar sollen jährlich über die nächsten 20 Jahre in den Entwicklungsländern verwendet werden. Dieser Landraub wird besonders in den Ländern stattfinden, die eine schwache Regierung haben und in denen das Landeigentum nicht klar geregelt ist.[65]

Der Europafrika-Bericht von FIAN/Terra Nuova listet 51 Firmen aus elf OECD-Staaten auf, die in 21 afrikanischen Ländern Ackerflächen für Biotreibstoffe erworben haben. Nach dieser nicht vollständigen Liste haben elf Firmen aus Großbritannien in elf afrikanischen Ländern südlich der Sahara mehr als 1,5 Millionen Hektar Land erworben. An dieser Aktion sind auch sieben Firmen aus Italien und je sechs Unternehmen aus Deutschland und Frankreich beteiligt.[66]

Der Kampf »Tank gegen Teller« wird deshalb hart, weil die Parteien von unterschiedlichen Annahmen ausgehen. Die Befürworter gehen, wie erwähnt, von einer Win-Win-Situation aus. Zu den Befürwortern zählen die Weltbank, FAO, IFAD, UNCTAD sowie die ausländischen Investoren und die afrikanischen Regierungen, die im großen Stil das Land an ausländische Firmen vergeben. Die äthiopische Regierung z. B. möchte die Hälfte der verfügbaren Ackerfläche für die Produktion von Biotreibstoff zur Verfügung stellen.[67]

Es gibt allerdings auch ausländische Investoren, die moralische Grundsätze pflegen. Sie möchten nicht mit den Regierungen, sondern mit den betroffenen Bauern Verträge schließen und neben Biosprit auch Nahrungsmittel für das Inland anbauen.[68] Die Weltbank, IFAD, FAO und UNCTAD haben gemeinsam im Januar 2010 einen Verhaltenskodex für die Investoren ausgegeben. Das Sieben-Punkte-Programm ist eine Empfehlung, der sie freiwillig folgen sollen. Die Kritiker meinen, der Kodex habe in der Praxis keine Bedeutung. Einige Punkte sind nur Goodwill-Erklärungen (z. B. Ernährungssicherheit: Investitionen gefährden nicht die Ernährungssicherheit, sondern stärken sie), oder sie sind völlig wirkungslos (Anhörung und Teilhabe: Die unmittelbar Betroffenen werden gehört und die Vereinbarungen werden schriftlich festgehalten und umgesetzt).

Viel verbindlicher sind die Vorschläge des UN-Sonderbeauftragten für das Recht auf Nahrung, Olivier de Schutter. Elf Grundsätze hat er am 28. Dezember 2009 der UN-Generalversammlung vorgetragen, z. B.: Jede Veränderung muss von der örtlichen Gemeinschaft beschlossen werden, und zwar im Vorhinein; um die Rechte der ländlichen Gemeinschaft zu schützen, müssen die Staaten vorher die Rechte garantieren; weiterhin sollen Sanktionen bei Nichteinhaltung der Vereinbarungen formuliert werden; vor dem Vertragsabschluss muss geklärt sein, welche Folgen die Vereinbarung für den lokalen Arbeitsmarkt hat. Es soll ferner geklärt sein, welchen Einfluss der Vertrag auf das Einkommen der Frauen, auf die biologische Vielfalt, auf die Infrastruktur und die Wasserversorgung hat sowie auf den Zugang zu Brennholz und Weidegründen.[69]

Diese Vorschläge werden in der Praxis so lange keine Auswirkung haben, bis die Staaten, aus denen die Investoren kommen, diese im Landesparlament ratifizieren und in die Landesgesetze aufnehmen.

Die Win-Win-Hypothese der Weltbank sieht sich mit starken Gegenargumenten konfrontiert: Für die Nahrungsmittelversorgung in Afrika, Asien und Lateinamerika sind die Kleinbauern und insbesondere die Frauen zuständig. Durch die Großinvestitionen und die Modernisierung werden vor allem diese vertrieben und arbeitslos gemacht. Das verschärfe die Situation der Nahrungsmittelversorgung noch mehr, weshalb die Studie von FIAN und Terra Nuova empfiehlt, die EU solle sofort die Biotreibstoff-Politik aufgeben und ihrer Verpflichtung nachkommen, Sicherheit der Nahrungsmittelversorgung durch Verstärkung der nachhaltigen, kleinen Landwirtschaftsbetriebe zu gewährleisten.[70]

In einer gemeinsamen Resolution haben Bauernorganisationen, NGOs, Gewerkschaften sowie religiöse und soziale Bewegungen bei dem Weltsozialforum in Dakar u. a. gefordert: »Wir rufen die Parlamente und nationalen Regierungen auf, alle laufenden und künftigen großflächigen Landtransaktionen zu unterbinden und dafür zu sorgen, dass das geraubte Land zurückgegeben wird.« Sie fordern weiter, Alternativen zum Agrobusiness zu unterstützen, die von einer bäuerlichen, familienbasierten Landwirtschaft und einer agrar-ökologischen Produktionsweise getragen werden.«[71]

Stefano Liberti meint, der Grundwiderspruch kann nicht aufgehoben werden. »Das Dilemma – Kleinbauern gegen Agroindustrie – hebelt die Prinzipien des verantwortlichen Investierens aus und macht sie sinnlos. Es definiert die realen Fronten der Landraub-Diskussion und zwingt zu einer ebenso brutalen wie klaren Entscheidung: wir oder sie.« Statt eine Win-Win-Situation zu schaffen, hinterlasse der Landraub eine lange Liste der Verlierer.[72] Zu den Verlierern gehören neben den Kleinbauern vor allem die Frauen.

Kapitel 8
Ungleichheit der Geschlechter

> »Entfremdet und entwürdigt ist nicht nur der, der kein
> Brot besitzt, sondern auch der, der keinen Anteil
> an den großen Gütern der Menschheit hat.«
> *Rosa Luxemburg (1870–1919)*

> »In Afrika tragen Frauen die Hauptverantwortung. Sie
> beackern die Felder, ernähren ihre Familien.
> Deshalb sind sie die Ersten, die die Umweltschäden
> wahrnehmen. Wenn Ressourcen weniger werden,
> können sie ihre Familie nicht dauerhaft versorgen.«
> *Wangari Maathai (1940–2011)*

Die Hälfte des Himmels

Die Hälfte des Himmels gehört den Frauen. Nur auf der Erde haben
sie wenig zu melden. Die Ungleichheit ist nicht überall gleich. Es
gibt Ausnahmen, dennoch kann man die These aufstellen: Je ärmer
ein Land, desto größer ist die Ungleichheit der Geschlechter. Und
auch in einem armen Land ist diese Ungleichheit bei den Ärmsten
am größten. Wenn man die Bevölkerung eines Landes nach ihrem
Einkommen in Gruppen aufteilt, ist die Ungleichheit bei dem untersten Fünftel am größten. Der Unterschied verringert sich immer
mehr, je höher man auf der Einkommensleiter steigt. Spätestens im
oberen Drittel der Gesellschaft verschwindet die Ungleichheit zwischen den Geschlechtern. Dies beschreibt die Weltbank in ihrem
Entwicklungsbericht 2012, der sich mit dem Thema »Gleichheit der
Geschlechter und Entwicklung« befasst.[1] Weltweit sind die Frauen
zu 40 Prozent an dem bezahlten Arbeitsmarkt beteiligt, verfügen
aber nur über ein Prozent des Vermögens. Sie arbeiten länger z. B.
im Haushalt und für Kinderbetreuung, erhalten dafür aber keine finanzielle Vergütung. In Pakistan beispielsweise arbeiten Frauen täglich 5,5 Stunden im Haushalt und verbringen zwei Stunden mit der
Kinderbetreuung – natürlich unentgeltlich.[2]

Selbst bei der Geburt sind die Frauen benachteiligt. Weibliche Fö-
ten werden in China, Armenien, Aserbaidschan und Indien häufig

abgetrieben.[3] In vielen asiatischen Ländern hat diese Abtreibungs-
praxis zu einem Männerüberschuss geführt, der nicht nur die bestehenden Schwierigkeiten bei der Versorgung mit Nahrungsmitteln
verschärft, sondern eine Vielzahl weiterer gesellschaftlicher Probleme verursacht. Nach dem WHI (Welthunger-Index) schneiden gerade diese Länder schlecht ab.[4]

Nach Angaben des UN-Frauenberichtes von 2011 sind jeweils
55 Prozent der Männer und Frauen in Afrika südlich der Sahara in
der Landwirtschaft und in Familienbetrieben tätig. Unentgeltlich arbeitet fast jede zweite Frau, aber nur jeder vierte Mann.[5]

Selbst wenn die Frauen einer bezahlten Tätigkeit nachgehen,
können sie häufig weder über die Ausgaben für den Haushalt noch
über ihr eigenes Einkommen selbst entscheiden. Nach einer Untersuchung der Weltbank in 55 Ländern sind Frauen davon betroffen,
die Bandbreite geht von fünf Prozent in Kolumbien über zehn Prozent in Bangladesch bis zu 43 Prozent in Malawi.[6] Von einer Mit-
sprache sind sie auch dann ausgeschlossen, wenn sie unter inhuma-
nen Bedingungen bis zu 16 Stunden am Tag arbeiten.

Benachteiligung durch Erb- und Landrecht

Eine der Hauptursachen für das beschämend geringe Vermögen von
Frauen liegt in dem geltenden *Land- und Erbrecht*. Das Wenige,
was Frauen besitzen, verlieren sie bei der Heirat oder im Fall einer
Scheidung. Die Weltbank listet vier Typen von *Eigentumsrecht* der
Frauen bei Eheschließung und bei Scheidung auf. Am besten ist für
Frauen natürlich das gemeinsame Eigentumsrecht, am schlechtesten sind traditionelle Rechtssysteme, wie sie nur noch in vier afrikanischen Ländern praktiziert werden: in Botswana, Burundi, Nigeria und Swasiland. Beim traditionellen Recht, meint die Weltbank,
verlieren Frauen immer – selbst das Eigentum, das sie bei der Eheschließung eingebracht haben. Auch die Länder, die das progressive Recht des gemeinsamen Eigentums eingeführt haben, halten sich
häufig nicht daran. Nach der Untersuchung sind zehn von 43 Ländern davon betroffen, von diesen liegen außer Chile und den Philippinen acht in Afrika südlich der Sahara. Das Erbrecht sieht in vielen
Ländern vor, dass der Großteil des Vermögens des Ehemannes bei
dessen Tod an die Familie des Verstorbenen fällt – z. B. in Uganda

die Hälfte, in der DR Kongo drei Viertel.[7] Nach dem UN-Frauenbericht besitzen Frauen in Südamerika 88 Prozent von dem, was ein Mann besitzt, in Südasien 56 Prozent und nur 41 Prozent in Afrika südlich der Sahara.[8]
Dies ist nur ein Aspekt der Frauenarmut.

Bezahlte und nicht bezahlte Tätigkeit der Frauen

Wie erwähnt, zählt das Wasserholen und Brennholzsammeln zu den Aufgaben, für die meistens Frauen zuständig sind. Südlich der Sahara und in Südasien beträgt der Zeitaufwand hierfür im Durchschnitt fünf Stunden. Unabhängig von der Zeit bleibt diese Arbeit unentgeltlich, genauso wie die Arbeit, die sie für Nahrungsmittelanbau und Kochen für die Familie oder für andere Arbeiten im Haushalt sowie Kinderbetreuung verrichten. Gleichwohl gehen sie bei der Verteilung von Gütern häufig leer aus.

Wenn sie bezahlt werden, erhalten sie meistens einen kläglichen Lohn, z.B. bei der Textil-, Bekleidungs- oder Schuhindustrie. Noch viel schlimmer geht es den Frauen und Mädchen, die als Hausangestellte arbeiten. Laut offizieller Statistik gibt es weltweit 53 Millionen Hausangestellte. Da es in diesem Bereich eher unüblich ist, einen Arbeitsvertrag abzuschließen, gibt es hier eine große Dunkelziffer, über deren Höhe die Meinungen sehr weit auseinandergehen. Die ILO schätzt, dass weltweit 100 Millionen Frauen und Mädchen als Hausangestellte arbeiten.[9] Andere Schätzungen sprechen allein von acht Millionen in Brasilien und bis zu 90 Millionen in Indien.

Nach langjähriger Verhandlung und Forderung verschiedener Frauenorganisationen hat die ILO 2011 eine *Arbeitsnorm menschenwürdiger Arbeit für Hausangestellte* (C 189) verabschiedet. Es ist fraglich, ob sich die privaten Haushalte daran halten werden, es bleibt auch weiterhin unklar, wie bei Nichteinhaltung der Normen vorgegangen wird bzw. welche Sanktionen verhängt werden sollen. Es ist aber dennoch der erste Schritt zur Verbesserung der Arbeitsbedingungen und der Entlohnung. Nach einer Untersuchung der ILO gab es fast für die Hälfte der Hausangestellten keine Regelarbeitszeit, sogar für 85 Prozent keine Obergrenze für die Nachtarbeit. Die Untersuchung wurde in 33 Ländern, darunter in sieben Industriestaaten, durchgeführt. Bei der Vorbereitung der C 189 stellte die ILO fest, dass der Begriff Hausangestellte nicht leicht zu definieren ist. Unter dem Begriff werden verstanden sowohl Familienmitglieder, weil manchmal entfernte Verwandte für Haushaltsdienste beschäftigt sind, als auch Haushaltshilfe/-helferin, darunter Dienstboten, Diener/in, Dienstmädchen u. Ä.[10]

Da es meist keinen Arbeitsvertrag gibt, gibt es auch keine vertragliche Regelung der Arbeitszeit oder über freie Tage. Wie unzuverlässig Statistiken oder Einschätzungen von internationalen Organisationen sind, lässt sich an einem Bericht aus dem indischen Wochenmagazin ›Outlook‹ verdeutlichen. Während die ILO weltweit von 53 Millionen registrierten und schätzungsweise insgesamt 100 Millionen Hausangestellten ausgeht, schätzt ›Outlook‹, dass allein in Indien 90 Millionen Menschen in privaten Haushalten arbeiten. Darunter ist jeder Siebte ein Kind. Ein Viertel der Kinder sind unter 14 Jahren, obwohl Kinderarbeit in Indien gesetzlich verboten ist. Die Hausangestellten werden schlecht bezahlt, sie erhalten häufig nicht genug Nahrung, sie werden körperlich misshandelt und sexuell missbraucht, berichten die Autoren des Artikels.[11] Ähnliche Berichte gibt es regelmäßig aus Saudi-Arabien und anderen Golfstaaten, auch aus Residenzen der ausländischen Diplomaten in den Industriestaaten. Dies gilt auch für Niederlassungen in Deutschland, weil gegen das Gastland wegen dessen Immunität häufig gesetzlich nicht vorgegangen werden kann. Angesichts dieser Lage ist es fraglich, welche Auswirkungen die von der ILO verabschiedete Arbeitsnorm C 189 haben wird.

Kaum Schutz bei der Justiz oder Polizei

Nicht nur Hausangestellte, sondern Frauen allgemein suchen in den Entwicklungsländern selten Schutz bei der Polizei oder der Justiz, wenn sie misshandelt oder missbraucht werden. Hierin unterscheiden sich die Frauen in den Städten von ihren Geschlechtsgenossinnen aus dörflichen Regionen kaum.

Nach Angaben der WHO erfahren z. B. sechs von zehn Frauen in ländlichen Gebieten in Peru häusliche Gewalt, von denen sucht aber nur eine Hilfe bei den Behörden. In Bangladesch erleiden Frauen gleichviel Gewalt, aber es suchen noch weniger Schutz. Meist nehmen Frauen die behördliche Hilfe aus Scham und Angst vor Repressalien nicht in Anspruch, aber auch, weil sie häusliche Gewalt als normal ansehen.[12] Der UN-Frauenbericht zitiert eine Untersuchung, nach der in 17 aus 41 Ländern ein Viertel der Frauen der Meinung sind, dass die Ehemänner ein Recht haben, ihre Frauen zu prügeln.[13]

Ohne hier explizit auf jeden Punkt einzugehen sei noch erwähnt, dass sowohl die Weltbank als auch der UN-Frauenbericht die positive Entwicklung der jüngeren Vergangenheit ausdrücklich würdigen. So erinnert der UN-Frauenbericht daran, dass es 1911 nur zwei Länder gab, in denen Frauen ein Wahlrecht hatten. 2011 ist dies fast überall der Fall. In 28 Ländern hat der Anteil der weiblichen Abgeordneten in den Parlamenten die 30-Prozent-Marke überschritten, 19 Länder haben eine Frau als Regierungschefin. 1981 hat die UN-Vollversammlung die CEDAW *(The Convention on the Elimination of All Forms of Discriminations against Women)* verabschiedet. Mittlerweile haben 186 UN-Mitgliedstaaten diese CEDAW schon ratifiziert.[14]

Da es eine Korrelation zwischen Frauenbildung und Frühheirat gibt, zwischen Frauenbildung und Geburtrate und zwischen Bildung und Einkommen, ist es erfreulich, so die Weltbank, dass Frauen und Mädchen im Bildungssektor deutlich aufgeholt haben. Das Verhältnis bei den eingeschulten Kindern ist nicht mehr wie früher 20:80 (Mädchen zu Jungen) oder 40:60, sondern nun 47:53. Selbst Südlich der Sahara ist die Einschulungsquote von 85:100 (1999) auf 91:100 (2008) gestiegen. Ein schlechteres Verhältnis haben nur noch Benin, Tschad, Niger und Togo. Als Gründe für diese Entwicklung nennt der Bericht Bildung und Einkommen der Eltern, Schichtzugehörigkeit und die regionale Infrastruktur.[15] Armut der Eltern und frühe Heirat sind hingegen ein Hinderungsgrund für die Bildung der Mädchen. Obgleich das Mindestalter für Heirat international auf 18 Jahre festgelegt worden ist, werden immer noch in 50 Ländern Mädchen früher verheiratet.[16]

Gründe für Ungleichheit der Geschlechter

Trotz dieser positiven Entwicklungen bleibt in vielen Bereichen die Ungleichheit der Geschlechter weiterhin bestehen. Die Gründe dafür können so zusammengefasst werden:

1. Das Eigentums- und Erbrecht ist regional unterschiedlich. Wie in den Industriestaaten haben Männer und Frauen das gleiche Eigentums- und Erbrecht in Zentral- und Osteuropa und in Zentralasien. In Nahost und Nordafrika haben die Frauen das gleiche Eigentumsrecht, aber nicht das gleiche Erbrecht, in Ostasien und im Pazifikraum haben 90 Prozent der Frauen Eigentumsrecht, aber nur 70 Prozent Erbrecht, in Afrika südlich der Sahara ist das Verhältnis ähnlich, nur in Südasien haben Frauen noch weniger Rechte.[17]

2. Das Mitbestimmungsrecht über das Familienvermögen: Nach Angaben der Frauen in 30 untersuchten Ländern haben sie kein Mitspracherecht. Die Bandbreite liegt in Afrika zwischen 90 Prozent (in Niger) und 30 Prozent in Simbabwe. Ein ähnliches Gefälle gibt es auch anderswo in den Entwicklungsländern.[18] Wie bereits erwähnt können Frauen häufig selbst noch nicht einmal über das eigene Einkommen verfügen.

3. Die Weltbank berichtet, dass sich der Unterschied im Einkommen von Männern und Frauen verringert hat, aber er bleibt signifikant – zwischen zehn und 30 Prozent im öffentlichen Dienst und bis zu 40 Prozent bei Privatunternehmen. Die Weltbank begründet diesen Unterschied mit besserer Bildung und mehr Erfahrung der Männer sowie dem Umstand, dass Frauen wegen ihrer Kinder ihre Karriere unterbrechen müssen.[19] Bessere Bildung der Männer als Begründung ist deshalb unglaubwürdig, weil die Weltbank selbst bestätigt, dass Frauen mittlerweile besser ausgebildet sind. Auch in einem Industriestaat wie Deutschland gibt es einen Geschlechtsunterschied im Einkommen von über 20 Prozent bei gleicher Qualifikation, berichtet das Bundesministerium für Familie, Senioren, Frauen und Jugend.[20]

4. Der Anteil der unentgeltlichen Arbeit beträgt bei Frauen 70 Prozent. Abgesehen von Brennholzsammeln, Wasserholen, Kochen und Kinderbetreuung beackern sie Felder, die wenig ergiebig sind und selten Zugang zu künstlicher Bewässerung haben. Die Weltbank erkennt an, dass die Frauen weniger Ernte einbringen, nicht, weil sie schlechtere Bauern sind als Männer, sondern nur, weil sie auf schlechtere Böden verdrängt werden und weniger Düngemittel, Geräte und Zugang zu Bewässerungsanlagen haben.[21]

Der UN-Frauenbericht legt sehr viel Wert auf die Rechtsstaatlichkeit, die als Grundbedingung für Demokratie und Geschlechtergleichheit erforderlich ist. Deshalb drängt die UN-Frauenkommission darauf, die Rechte für Frauen zu stärken. Dafür ist der Anteil weiblicher Abgeordneter im Parlament wichtig, nicht weniger bedeutsam ist die Um- und Durchsetzung der Gesetze.

Bekanntlich gibt es weltweit Gesetze gegen Kinderarbeit. Alle Mitgliedstaaten der UNO haben die Kinderkonvention von 1989 unterschrieben, dies verhindert aber nicht, dass in asiatischen, afrikanischen und lateinamerikanischen Ländern Kinder weiterhin beschäftigt werden. Deshalb ist die Vertretung der Frauen für die Durchsetzung der Gesetze nicht nur im Parlament, sondern auch in Justiz und Polizei unabdingbar. Doch hier sind die Frauen als Richterinnen, Staatsanwältinnen und in der Polizei sehr gering vertreten. Z. B. in Südasien sind jeweils zehn Prozent der Richter weiblich, fünf Prozent der Staatsanwälte und drei Prozent der Polizisten.[22]

Zwei renommierte NGOs, Social Watch und Oxfam, haben gemeinsam einen Geschlechtergleichheitsindex (GEI= *Gender Equity Index*) entwickelt. Nach dem Index wird die Entwicklung im Bereich der Bildung, Wirtschaft, Einkommen und dem Machtanteil (empowerment) gemessen. Zu dem letzten Bereich gehören sowohl das Mitspracherecht in der Familie als auch in der Gesellschaft, z. B. der prozentuale Anteil an Parlamentssitzen. Nach diesen Kategorien gibt es Länder mit hohem Einkommen aber einer niedrigen Einstufung beim GEI wie Saudi-Arabien, Bahrain oder Iran, umgekehrt gibt es Länder mit niedrigem Einkommen aber mit hohem GEI-Wert wie Lesotho, Ruanda, Madagaskar, Nicaragua und Burundi. In dieser Kategorie schneiden Südasien, Nahost und Nordafrika am schlechtesten ab. Einen ähnlichen Index, nämlich einen Geschlecher*un*gleichheitsindex (GII= *Gender Inequality Index*) hat das UNDP entwickelt. Die Messkriterien sind zwar nicht identisch, aber ähnlich. Der GII misst z. B. Gesundheit, Müttersterblichkeit und Geburten im Jugendalter, Teilhabe an Bildung, Mitbestimmung und Eigentum, Anteil der Frauen an Erwerbstätigkeit. Auch das Ergebnis ist vergleichbar, nur die Reihenfolge ist ein wenig anders. Zu den besten zehn Ländern gehören nach den beiden Listen Norwegen, Finnland, Schweden, Dänemark (GEI) bzw. Norwegen, Australien, Neuseeland, USA, Irland (GII); und Deutschland rangiert bei GEI und GII an der zehnten Stelle. Allerdings sind die letzten

15 Länder nicht deckungsgleich: Bhutan, Togo, Sudan, Marokko, Saudi-Arabien, Indien, die DR Kongo, Mali, Elfenbeinküste, Pakistan, Rep. Kongo, Niger, Tschad, Jemen und Afghanistan belegen die letzten Plätze bei der GEI-Liste. Hingegen besetzen Mali, Burkina Faso, Liberia, Tschad, Guinea-Bissau, Mosambik, Burundi, Niger, die DR Kongo und Simbabwe die hintersten Positionen der Liste des UNDP (GII).[23] Doch trotz dieser marginalen Unterschiede vermitteln die beiden Listen einen Eindruck über die Entwicklung der Ungleichheit der Geschlechter in einzelnen Ländern.

Die Zahlen scheinen manchmal widersprüchlich und irreführend. Ruanda z. B. hat einen der weltweit höchsten Frauenanteile (51 Prozent) im Parlament, gleichzeitig sind die Frauen – was Mitspracherecht bei Haushaltsausgaben oder über eigenes Einkommen angeht – benachteiligt. Botswana wird, nicht nur von Amartya Sen, als ein vorzeigbarer sozialer, demokratischer Staat in Afrika bezeichnet,[24] ist aber gleichzeitig eines der wenigen Länder, das das traditionelle Eigentumsrecht praktiziert, das die Frauen benachteiligt.

Bildung spielt sicherlich eine Schlüsselrolle bei dem Versuch, die Gleichheit der Geschlechter in der Gesellschaft zu erreichen. »In der Tat kann Schulbildung die Entscheidungsautorität junger Frauen innerhalb der Familie auf unterschiedliche Weise stärken«, schreibt Amartya Sen, »durch die Wirkung ihrer sozialen Stellung, durch ihre Fähigkeit, ein unabhängiges Leben zu führen, durch die Kenntnisse der Außenwelt, ihr Geschick, Gruppenentscheidungen zu beeinflussen usw.«[25] Das ist die Voraussetzung für die Teilnahme an der Macht.

Gleichwohl ist die Forderung der UN-Frauenkommission nicht unwichtig, eine rechtliche Grundlage für die Geschlechtergleichstellung zu schaffen. Auch die Weltbank plädiert dafür. Nur bei der eigenen Politik ist sie weit davon entfernt: Die Weltbank, einer der *drei heimlichen Herrscher* der Welt, die die Fortschritte der Entwicklungsländer entscheidend prägen, hat zwischen 2000 und 2010 insgesamt 2946 Projekte in diesen Ländern mit 126 Milliarden US-Dollar gefördert. Der Anteil der Projekte mit Komponenten, die die Gleichbehandlung der Geschlechter berücksichtigen, betrug 9,6 Millionen US-Dollar oder 0,004 Prozent.[26]

Kapitel 9
Die heimlichen Herrscher

>»Zwischen dem Leben, wie es ist, und dem Leben,
>wie es sein sollte, ist ein so gewaltiger Unterschied,
>dass derjenige, der nur darauf sieht, was geschehen sollte,
>und nicht darauf, was in Wirklichkeit geschieht, seine
>Existenz viel eher ruiniert als erhält.«
>*Niccolò Machiavelli (1469–1527)*

>»Es ist mir gleich, welche Marionette auf dem Thron von
>England sitzt und das Britische Empire regiert, in welchem
>die Sonne niemals untergeht. Denn es ist einzig und allein
>der Mensch, der den britischen Geldbestand kontrolliert,
>welcher das Sagen im Britischen Empire hat: Das bin ich.«
>*Baron Nathan Mayer de Rothschild (1840–1915)*

>»Die Welt wird von anderen Menschen regiert, als sich jene
>Bürger vorstellen, die keinen Einblick hinter die Kulissen haben.«
>*Woodrow Wilson (1856–1924), 28. Präsident der USA*

Bretton-Woods-Konferenz und die Folgen

Im Juli 1944, also noch während des Zweiten Weltkrieges kamen
44 Nationen zu einer Konferenz in Bretton Woods, New Hampshire, USA, zusammen. Die Konferenz diente dazu, einen Rahmen
für eine Wirtschaftsordnung zu schaffen, um für die Sicherheit in
der Zeit nach dem Krieg zu sorgen. Diese Ordnung sollte die Stabilität und Entwicklung einzelner Staaten gewährleisten. Der damalige US-Präsident, Franklin D. Roosevelt, war überzeugt davon, dass
nur eine dynamische und ständig wachsende Weltwirtschaft Individuen aller Völker eine Verbesserung ihrer Lebenslage bringen und
so zu einem dauerhaften Frieden führen könne.[1] Die Ziele waren
also edel.

Die Schwierigkeiten begannen damit, dass die Teilnehmerstaaten nicht alle dieselben Interessen hatten und durch den Krieg unterschiedlich beschädigt waren. Unter den teilnehmenden Staaten
waren die drei konkurrierenden Großen: die USA, Großbritannien

(GB) und die Sowjetunion (SU). Auch China saß mit am Tisch. Dessen Wirtschaftspotenzial war damals nicht mit dem der anderen drei Staaten vergleichbar, was sich auch in dem Anteil Chinas zur Kapitalbildung des Internationalen Währungsfonds IWF widerspiegelt. Chinas Anteil betrug weniger als die Hälfte des Anteils der Sowjetunion, die ihrerseits wiederum mehr darauf bedacht war, »keine Informationen über die Binnenwirtschaft an das Ausland zu liefern«.[2] Also blieben nur noch zwei einflussreiche Teilnehmerstaaten übrig: die USA und GB. Großbritannien war durch den Krieg erheblich geschwächt und hoffte auf Unterstützung der USA für den Wiederaufbau. Die USA nutzten diese Schwäche von GB während der Konferenz weidlich aus. Am wenigsten geschädigt durch den Krieg, hatten sie zudem den Heimvorteil. Obwohl der britische Delegationsleiter John Maynard Keynes (1883–1946) in allen wesentlichen Punkten andere Positionen vertrat als sein US-amerikanischer Kollege und Kontrahent Harry Dexter White (1892–1948), konnten sich die USA in allen strittigen Fragen der Finanzen durchsetzen. Keynes war z. B. für die nationale Souveränität in Fragen der Finanzen und Wirtschaft, für das gleiche Stimmrecht für jeden Staat (*one nation, one vote*) und gegen den Goldstandard. Die USA hingegen setzten sich dafür ein, dass sich das Stimmrecht nach der Höhe der Einlagen, die die Mitgliedsländer je nach deren wirtschaftlicher Stärke zahlen sollten, richtete. Dazu sollte der Fonds dem leihenden Land Auflagen erteilen und Informationen zu binnenwirtschaftlichen Fragen einfordern können. Ähnlich sollte auch die Weltbank die Vergabe projektbezogener Kredite an die Mitgliedsländer an Konditionen binden können.[3] Damit blieb von der wirtschaftlichen und finanziellen Souveränität einzelner Staaten, wie sie sich Keynes vorgestellt hatte, nichts übrig. Zudem sicherten sich die USA durch die Quotenregelung ein Vetorecht. Die USA siedelten die Hauptsitze des IWF und der Weltbank in Washington an und hatten damit einen zusätzlichen Heimvorteil. Gleichwohl verlief die Konferenz nicht völlig reibungslos. Alle Länder wollten größere Quoten, China unbedingt den vierten Platz halten, Frankreich und Indien (zu der Zeit noch britische Kolonie) kämpften erbittert um den fünften Platz. Australien brachte gegenüber allen Vorschlägen Einwände vor und entwickelte sich deshalb zu einem notorischen Störer. Die Stimmenstärke wurde nach Einlagenhöhe festgelegt, die sich wie folgt gestaltete:

Rang	Staaten	Beitrag in Millionen US-Dollar
1.	USA	2750
2.	GB	1300
3.	UdSSR	1200
4.	China	550
5.	Frankreich	450
6.	Indien	400
7.	Kanada	300
8.	Niederlande	275
9.	Australien	200
....		
42.	Island	1
43. und 44.	Liberia und Panama	je 0,5[4]

Seither haben sich zwar einige Verschiebungen in den Einlagen ergeben, aber an der Struktur der Stimmenverteilung hat sich nicht viel geändert. Im Juni 2009 hatten z. B. 13 Staaten (USA 16,77; Japan 6,02; Deutschland 5,88; Frankreich 4,86; GB 4,86; China 3,66; Italien 3,19; Kanada 2,89; Russland 2,69; Niederlande 22,34; Belgien 2,09; Indien 1,89) zusammen 60,3 Prozent der Stimmenanteile, die übrigen 172 Mitgliedsstaaten gemeinsam 39,7 Prozent.

Die Stimmenanteile richten sich nach den Quoten der Staaten, die sich aus ökonomischen Größen wie Bruttoinlandsprodukt, Anteil am Welthandel, Kapitaleinflüssen und Währungsreserven errechnen. Da sich die Messkriterien ständig ändern, verschieben sich die Stimmenanteile ein wenig, ohne das Vetorecht der USA anzutasten, doch die Struktur bleibt so, dass die wirtschaftlich führenden Staaten die Richtung und Entscheidungen bestimmen können.[5]

Richard Peet, Professor für *Human Geography* an der amerikanischen Clark University, meint, das Quotensystem mit den Stimmenanteilen sei so konzipiert, dass ohne Zustimmung der USA keine Entscheidung möglich ist. Die USA können sogar eine Diskussion über eine alternative Politik verbieten, wenn sie der Meinung sind, dass diese Politik den Interessen der USA zuwiderlaufen könnte.[6] Mit der Bretton-Woods-Konferenz wurde die Dominanz der USA formal festgelegt und die jungen Staaten, die gerade politisch entkolonisiert wurden, ökonomisch wieder rekolonisiert.[7]

Wie bereits erwähnt, wurde in Bretton Woods der US-Dollar zur Leitwährung der Welt erkoren. Die britische Delegation war wegen der schlechten Erfahrung nach dem Ersten Weltkrieg gegen den Goldstandard. Auch hier setzten sich die USA damit durch, dass sie einerseits den US-Dollar an den Goldstandard koppelten und zum anderen, den Briten finanzielle Unterstützung beim Wiederaufbau nach dem Krieg in Aussicht stellten. Diese Koppelung wurde, wie erwähnt, 1971 unter der Nixon-Regierung wieder aufgehoben.

Theoretisch gehören alle drei entscheidenden Folgeinstitutionen – der IWF, die WB und die WTO – zur UNO, in der Praxis arbeiten sie jedoch selbstständig, ohne jegliche Aufsicht.

Der Internationale Währungsfonds (IWF)

Der IWF hat 2800 Mitarbeiter aus 133 Staaten. Zwei Drittel der Angestellten sind Ökonomen. Obgleich etwa 80 Angestellte in Mitgliedsstaaten beschäftigt sind, wo sie Regierungen *beraten* (meistens durch Zentralbanken und Finanzministerien), arbeitet der überwiegende Teil der Beschäftigten in der Zentrale. Der IWF hat 22 Abteilungen und 24 Direktoren, wovon fünf durch die Hauptgeldgeber – nämlich die USA, Japan, Deutschland, Frankreich und GB – ständig besetzt sind.

Die übrigen 16 Direktoren werden alle zwei Jahre gewählt. Über den Direktoren steht ein Managing-Direktor oder Chairman, der seit Gründung des IWF – entsprechend einem gentleman's agreement mit den USA – immer ein Europäer ist. Dafür ist der Vorsitzende der WB ein US-Amerikaner. Die alltäglichen Entscheidungen treffen die 24 Direktoren zusammen mit dem Vorsitzenden. Die Angestellten sind den Direktoren gegenüber rechenschaftspflichtig, aber nicht gegenüber ihrem eigenen Staat.

Die große politische Linie und die grundsätzlichen Entscheidungen werden von der Gouverneurskommission (*Board of Governors*) gefällt, die sich zweimal im Jahr trifft. Dieser Kommission gehören alle Mitgliedsstaaten an, vertreten durch den Finanzminister oder den Vorsitzenden der Zentralbank des jeweiligen Landes. Die Aufgaben des IWF, die mit den *Articles of Agreement* festgelegt wurden, sind: erstens die internationale finanzielle Zusammenarbeit zu fördern; zweitens eine gleichmäßige Steigerung des internationalen Handels zu ermöglichen; drittens die Stabilität im Handelsaustausch zu fördern; viertens ein multilaterales System der Zahlung zu etablieren; fünftens für Vertrauen zu den Regierungen der Mitgliedsstaaten zu sorgen; und sechstens im Einklang mit diesen Kriterien die Zahlungsverpflichtung für einzelne Mitgliedsstaaten zu reduzieren, bis diese ihre Zahlungsbilanz verfügbar haben.[8]

Ursprünglich sollte der IWF helfen, die ökonomischen Probleme der durch den Krieg beeinträchtigten Staaten in Europa und in Nordamerika zu lösen. Schon in den 1950er Jahren begannen die Entwicklungsländer, sich Geld vom IWF zu leihen, insbesondere weil die Rohstoffpreise nach dem Koreakrieg (1950–1953) rapide gefallen waren. Der IWF ersann mehrere regulative Maßnahmen von unterschiedlichen Wechselkursen bis zu harten Bedingungen, genannt *Konditionalität*. Dazu zählten z. B. die Abwertung der eigenen Währung, der Verzicht auf Subventionen (etwa für Nahrungsmittel), das Einfrieren der Löhne, Zulassung von Investitionen aus dem Ausland, Aufhebung der Preiskontrolle u. a.[9] Durch die Mitgliedschaft haben die Länder ohnehin einen Teil ihrer finanziellen Souveränität aufgegeben, durch das Akzeptieren der Konditionalität haben sie auch noch den Rest eingebüßt. Selbst wenn die Maßnahmen des IWF zu einer Haushaltssanierung führten, ist das Ergebnis für die Bevölkerung der kreditnehmenden Länder verheerend.

Beispiele:
– 1976 haben die Arbeiter im argentinischen Córdoba 180 Tage gegen das Einfrieren der Löhne gestreikt.
– 1977 gab es den *Brot-Aufstand* in Ägypten, weil die Regierung die Subventionen für Nahrungsmittel streichen musste. 24 Personen wurden bei diesem Aufstand von der Armee getötet.
– 1981 gab es einen ähnlichen Aufstand in Marokko, auch wegen Streichung der Nahrungsmittelsubventionen. Polizei und Armee töteten nach offiziellen Angaben 66 Personen, nach Angaben der Opposition wurden 637 Menschen getötet.
– Vergleichbare Aufstände mit ähnlichem Ausgang gab es 1984 in der Dominikanischen Republik, die Folge waren 50 Tote. Wegen einer vom IWF aufoktroyierten unzumutbaren Sparpolitik wur-

den in Venezuela 1989 die Buspreise erhöht, weil die Subventionen gestrichen werden mussten. Die Folge waren Hunderte Tote. In Indonesien gab es wegen einer 70-prozentigen Erhöhung des Benzin- und Elektrizitätspreises 12 000 Tote. Präsident Suharto musste zurücktreten.

– Zwischen 1976 und 1992 gab es insgesamt 39 Länder, in denen es Proteste mit tödlichem Ausgang gegen die Konditionalitäten des IWF gab.[10]

Der IWF hat stets gegen den Ratschlag von Machiavelli und selbstherrlich wie der Baron de Rothschild gehandelt. Da die meisten Entwicklungsländer keine sozialen Sicherungsnetze für bedürftige Bevölkerungsgruppen haben, sehen die Bürger in den Subventionen überhaupt eine Legitimation des Staates. So ist es verständlich, dass bei Streichung der Subventionen für Nahrungs- oder Transportmittel die Bürger existenziell bedroht sind, weshalb es auch gewalttätige Proteste gibt.

Der amerikanische Wirtschaftsprofessor William Easterly erhebt zusätzlich den Vorwurf, dass der IWF jahrelang Diktatoren, die dem Interesse des Westens dienten, unterstützt hat. Dies war im Sinne der US-Außenpolitik. Haiti z. B. erhielt zwischen 1957 und 1986 – in der Zeit der Diktatoren Papa Doc und Baby Doc – 20 Mal *Stand-by*-Hilfe vom IWF. Ein anderer Diktator, Mobutu aus Zaire, bekam während seiner Regierungszeit elf Mal Hilfe, obwohl der IWF wusste, wie korrupt Mobutu war. Easterly berichtet von ähnlichen Fällen aus Ruanda und Angola. Im Falle von Ruanda hat der IWF sogar noch Hilfe gewährt, als der Genozid voll im Gange war.[11]

Offenbar war der IWF – wie auch die WB oder die WTO – eher daran interessiert, den freien Handel nach seiner Vorstellung mit allen Mitteln durchzusetzen, als darauf zu achten, welchen Preis die Bevölkerung der kreditnehmenden Länder zu zahlen hatte. Es lässt sich schon längst aus der Erfahrung nachweisen, dass Länder, die sich auf die Konditionalität des IWF eingelassen hatten, Verlierer waren. So stellt Walter Mead, US-Journalist für außenpolitische Themen, fest, dass der freie Handel keinen Gewinn für die Mehrheit der Bevölkerung in den Entwicklungsländern gebracht hat. Er sehe auch keinen Sinn darin, dass Länder, in denen Hunderte von Millionen hungern, Nahrungsmittel an Länder liefern, deren Bevölkerung eher mit dem Übergewicht zu kämpfen hat. Nach einem

Jahrzehnt der Liberalisierung von Handel und Investment geht es 54 Ländern, so Mead, schlechter als vor der Zeit der Liberalisierung.[12]

Die Weltbank (WB)

Die Weltbank (WB) wurde ebenfalls in der Konferenz von Bretton Woods gegründet. Ihre Aufgabe war es, den durch den Krieg zerstörten Staaten beim Wiederaufbau *langfristig* zu helfen. So heißt die Weltbank offiziell *International Bank for Reconstruction and Development* (IBRD). Die Zuständigkeit des IWF ist es, für die Stabilität der Finanzen und der Währung zu sorgen. Die WB vergibt auch Kredite, um *kurzfristig* finanzielle Probleme der Länder zu beheben.

Die Aufgabe des IWF ist makroökonomisch, die der WB mikroökonomisch. Von Anfang an waren die zwei Institutionen eng miteinander verbunden, dies zeigt sich dadurch, dass die bei der WB kreditnehmenden Länder erst ein Abkommen mit dem IWF schließen und dessen Konditionalität akzeptieren müssen, bevor sie Geld von der WB beanspruchen können.[13]

Im Prinzip ist die WB so strukturiert wie der IWF. Die Stimmenanteile sind entsprechend der Einlage gewichtet wie beim IWF, auch hier haben die USA ein Quasi-Vetorecht mit einem Stimmenanteil von 16,38 Prozent. Die G-8-Gruppe (führende Industriestaaten – die USA, Kanada, Japan, Deutschland, Frankreich, GB, Italien und Russland) verfügen über 46,67 Prozent, die übrigen 177 Mitglieder nur über 54,33 Prozent der Stimmenanteile (Stand 2009).[14]

Ursprünglich wollten die USA den Vorsitz des IWF und Harry Dexter White war für diesen Posten vorgesehen. Da aber plötzlich das Gerücht auftauchte, White sei möglicherweise ein Spion der UdSSR, boten die USA den Posten den Europäern an und besetzten den Präsidentenposten der Weltbank 1946 kurzfristig durch Eugene Meyer, der sechs Monate später den Posten aufgab und durch John Jay McCloy abgelöst wurde. Es gibt zwar mittlerweile Widerstand von den Entwicklungsländern gegen diese Regelung, aber auch 2012 setzte Barack Obama seinen Kandidaten Jim Yong Kim als Nachfolger von Robert Zoellick durch. Jim Yong Kim ist zwar kein Ökonom, aber ein hoch angesehener Wissenschaftler mit internationalen Erfahrungen. Eine Rolle spielte auch, dass die Entwicklungsländer sich nicht auf einen gemeinsamen Kandidaten einigen konnten. Auch die anderen Leitungspositionen wurden, ähnlich wie beim IWF, nach der Höhe der Einlagen besetzt. Die fünf Direktoren werden von den USA, Japan, Deutschland Großbritannien und Frankreich gestellt. Die übrigen 19 Direktoren werden zwar gewählt, aber nicht von Mitgliedsstaaten, sondern von Mitgliedsgruppen, wobei auch hier die Höhe der Einlage eine gewichtige Rolle spielt.[15]

Die Weltbankgruppe besteht aus fünf Organisationen:
- IBRD – International Bank for Reconstruction and Development: internationale Bank für Wiederaufbau und Entwicklung,
- IDA – International Development Association: Internationale Entwicklungsorganisation,
- IFC – International Finance Corporation: Internationale Finanzkorporation,
- MIGA – Multilateral Investment Guarantee Agency: Multilaterale Investitionsgarantie Agentur,
- ICSID – International Centre for Settlement of Investment Disputes: Internationales Zentrum zur Beilegung von Investitionsstreitigkeiten, wobei für Hilfsprogramme die ersten zwei Organisationen maßgebend sind.

Die WB-Gruppe hat nach eigenen Angaben über 12000 Beschäftigte aus 160 Ländern. Neben der Zentrale in Washington unterhält die WB Büros in 120 Staaten, in denen 38 Prozent des Personals arbeiten.[16] Gleichwohl bleibt die Macht – wie bei der Verteilung von Direktorenposten – eindeutig bei den reichen Ländern nach dem Grundsatz: Wer mehr zahlt, hat auch mehr zu sagen.

Obgleich die WB wie auch der IWF ursprünglich vornehmlich für den Wiederaufbau der im Krieg zerstörten europäischen Länder vorgesehen war, wandte sich die WB schon in den 1950er Jahren der Entwicklung der armen Länder zu – spätestens seit den 1960er Jahren hauptsächlich durch finanzielle Hilfe und technische Beratung.

Die Weltbank verleiht nicht nur die Einlagen der Mitgliedsstaaten, sie nimmt auch selbst in großem Umfang Kredite auf und verleiht die Gelder weiter.[17] Dies hat für die Länder, die Geld ausleihen, den Vorteil, dass die WB wegen ihrer Kreditwürdigkeit weniger Zinsen zu zahlen braucht, als wenn die Länder sich selbst auf dem freien Markt das Geld hätten besorgen müssen. Die WB verleiht darüber hinaus über die IDA die sogenannten weichen Kredite. Die Laufzeit beträgt 40 Jahre, die ersten zehn Jahre sind tilgungsfrei, danach müssen Zinsen von einem halben bis einem Prozent gezahlt werden. Die WB ist der größte Kreditgeber für arme Länder: Im Finanzjahr 2003 wurden 18,5 Milliarden US-Dollar verliehen, im Finanzjahr 2010 schon 72 Milliarden US-Dollar. Mehr als 900 WB-Projekte laufen in mehr als 100 Ländern.[18]

Von Anfang an legte die WB großen Wert auf Großprojekte, z. B. Staudämme wie Itaipú in Brasilien oder Narmada in Indien. Es gibt schon lange interne Berichte, die sich gegen solche Vorhaben aussprechen. Schon 1955 stellte ein hausinterner Bericht fest, dass diese Projekte nicht nützlich sind.[19] Selbst das ›Manager Magazin‹ berichtete im Jahr 2000 darüber, dass im Vorjahr 2,6 Millionen Menschen wegen 223 von der WB geförderter Großprojekte meist gegen ihren Willen und ohne Entschädigung umgesiedelt wurden.[20]

Die Geschichte der WB ist wechselvoll. In der Zeit von Robert McNamara (WB-Präsident 1968–1981) wurde sogar eine staatliche Intervention zur Reduktion der Armut befürwortet. Gleichwohl hielt auch er an der Konditionalität fest. McNamara war von der trickledown-Theorie überzeugt: Wenn die Reichen reicher werden, sickert der Reichtum herunter bis zu den Armen.[21]

In den 1980er Jahren wurde im IWF und der WB gemeinsam das berüchtigte SAP (*Strukturanpassungsprogramm*) ersonnen. Die standardisierten Maßnahmen zur Stabilisierung der Währung von Ländern, die in Zahlungsschwierigkeiten geraten, sollen die Löhne einfrieren, Sozialausgaben senken, Nahrungsmittelsubventionen streichen, die eigene Währung abwerten und Investitionen aus dem Ausland zulassen mit dem Versprechen, Gewinne mitnehmen zu dürfen.

Für die Aufnahme von Krediten vom IWF oder von der WB mussten die kreditnehmenden Länder diese Verpflichtungen bedingungslos akzeptieren. Die Folgen waren für die arme Bevölkerung verheerend. Da die meisten Entwicklungsländer keine sozialen Sicherungsnetze haben, wurde die bedürftige Bevölkerung regelrecht in die Verelendung getrieben. Selbst für subventionierte Nahrungsmittel geben die Armen 70 bis 80 Prozent ihres Einkommens aus. Wenn diese Subventionen gestrichen werden, bedeutet das für die

Löhne blockieren
senkt Kaufkraft

 Sozialausgaben senken
trifft Spitäler, Schulen Soziales

 Nahrungsmittel-Subventionen streichen
erhöht Preise der Grundnahrungsmittel

 Währung abwerten
Exportpreise sinken – Importpreise steigen
exportieren statt konsumieren

 Gewinne abziehen lassen
Konzerne profitieren

SAP-Bedingungen des Internationalen Währungsfonds (IWF) für die Schuldnerländer

Nach Strahm, Rudolf H., 1985

Armen schlicht Hunger, auch Hungertod. Deshalb gab es in vielen Ländern gewaltsame Proteste (siehe Anm.11).

Joseph Stiglitz, Professor für Ökonomie und Träger des Nobelpreises für Volkswirtschaft, liefert eine Erklärung auf die Frage, warum Entwicklungsländer trotz solcher Demütigung Kredite von der Weltbank aufnehmen. »Die ärmsten Länder sind so arm, dass sie Geld in jeder Form annehmen, die sie bekommen können. Private Kreditgeber stellen ihnen in der Regel keine Mittel zur Verfügung.«[22] Aber die WB, der IWF und die Industriestaaten gewähren ihnen Kredite zu niedrigen Zinsen. Diese Kredite aus den Industriestaaten tragen das Etikett Hilfe, durch sie werden Programme und Projekte finanziert, die zu Wachstum führen – »zu so hohem Wachstum, dass es dem Land leicht fallen sollte, die Kredite zurückzuzahlen. Doch häufig kommt es anders«.[23] Obgleich alle bisherigen Erfahrungen zeigen, dass der freie Markt unter den Bedingungen des IWF und der WB Entwicklungsländern mehr geschadet als genutzt hat, halten die beiden Institutionen an der Ideologie des Neoliberalismus, des freien Marktes fest. So wirft Stiglitz beiden vor, dass sie entgegen aller empirischen Erkenntnisse im Interesse der Industriestaaten ihrer Linie treu bleiben.[24]

Nach massiver Kritik haben IWF und WB ihr Strukturanpassungsprogramm durch PRSP (*Poverty Reduction Strategy Paper*) ersetzt.[25] In diesem Papier ist zwar von der Teilhabe der betreffenden Länder und der Zivilgesellschaft bei der Entwicklung von Hilfskonzepten die Rede, aber unter Mitwirkung des IWF, der WB und anderer Geberländer. Die Kritiker werfen IWF, WB und WTO vor, dass sie zwar ihre Sprache ändern, nicht aber ihre Politik.»So haben alle drei Organisationen hervorragend verstanden, zivilgesellschaftliche Kritik, Protest und Forderungen aufzunehmen, dabei die ursprünglichen Anliegen zu verändern und ihre Politik mit einer extensiven Umwelt-, Entwicklungs- und Armutsrhetorik schönzureden und zu legitimieren ... Deutlich wird die ›Vereinnahmungsstrategie‹ bei der Weltbank, die es gut versteht, progressive Kritik von Umwelt-, Frauen- und Menschenrechtsbewegungen in ihren neoliberalen Ansatz zu integrieren.«[26] Bevor hier konkrete Kritikpunkte näher erläutert werden, werfen wir erst noch einen Blick auf die Entstehungsgeschichte und Wirkungsmethode der dritten Organisation im Bunde, der WTO.

Welthandelsorganisation (WTO)

In der Bretton-Woods-Konferenz hätte die Gründung einer dritte Organisation beschlossen werden sollen: die ITO (*International Trade Organization*), die als eine Dachorganisation von GATT (*General Agreement on Tariffs and Trade*) eine Überwachungsfunktion übernehmen sollte. Sie hätte, der UN unterstellt, mit einer Zweidrittelmehrheit der Stimmen aller Mitgliedsstaaten Entscheidungen treffen und Sanktionen vornehmen können. Theoretisch wäre es damit möglich geworden, auch ohne oder sogar gegen die Stimme der USA Entscheidungen zu fällen. Deshalb verweigerten die Vereinigten Staaten ihre Zustimmung zur Gründung der ITO.

So wurde nach den vier Vorbereitungssitzungen am 30.10.1947 mit 23 Mitgliedsstaaten das Allgemeine Zoll- und Handelsabkommen GATT mit der Welthandelscharta/Havanna Charta) verabschiedet. Das Abkommen trat am 1.1.1948 in Kraft.[27]

GATT ist gegründet worden mit dem Ziel, durch den Abbau von Zöllen und Handelsbarrieren wirtschaftliches Wachstum und Beschäftigung zu fördern, um den Lebensstandard der Bevölkerung in den Mitgliedsstaaten zu erhöhen. Die Regulierungsmaßnahmen von GATT beruhten auf vier Prinzipien:

- Gleicher Zugang zu den Märkten aller Mitgliedsstaaten.
- Keine Diskriminierung – z. B. wenn ein Vertragspartner Zoll auf die Importe eines anderen Partners erheben möchte, müssen der Zollsatz auf Importe aus allen anderen Partnerländern ebenfalls veranschlagt werden (Ausnahmen gibt es nur für die Zollunion).
- Gegenseitigkeit – indem die selben Vergünstigungen auch allen anderen Mitgliedsstaaten zugute kommen sollen, wenn ein Land Tarifkonzessionen über den Export eines anderen Landes macht.
- Transparenz – darunter wurde verstanden, dass nichttarifliche Barrieren wie Importquote (Mengenbeschränkung für bestimmte Produkte) abgebaut werden müssen.[28]

Die Grundidee von GATT war die Beseitigung aller protektionistischen Handelsbarrieren, damit Waren, noch nicht Dienstleistungen, ohne jegliche Diskriminierung zwischen den Ländern fließen könnten.[29]

Bis zum Übergang von GATT zur WTO gab es acht abgeschlossene Zollrunden, die längste war die letzte, genannt *Uruguay-Runde*, sie dauerte fast acht Jahre (1986–1994) und mündete in die Gründung der WTO. Das Abkommen (Marrakesch-Abkommen) trat am 1. 1. 1995 in Kraft.

Mit der WTO änderte sich der Charakter von GATT grundlegend. Die WTO regelt nicht nur den Handel mit Gütern, sondern auch mit Dienstleistungen, geistigem Eigentum und Investitionsmaßnahmen. Die neuen Begriffe dafür sind GATS (The General Agreement on Trade in Services), TRIPS (The Agreement on Trade Related Aspects of Intellectual Property Rights) und TRIMS (The Agreement on Trade Related Aspects of Investment Measures).

Ohne hier detailliert auf Aufbau, Entscheidungsgremien, Struktur und Funktionsweisen einzugehen, sei hier zum allgemeinen Verständnis erwähnt: Das oberste Organ der WTO ist die Ministerkonferenz. Die Wirtschafts- und Handelsminister aller Mitgliedsstaaten treffen sich dabei alle zwei Jahre. Darunter sind die Räte, etwa der allgemeine Rat (General Council), zuständig für Handelspolitik und Streitschlichtung; Räte für den Handel, für die Dienstleistung, für das geistige Eigentum usw. Eine Ebene darunter gibt es die Ausschüsse und Arbeitsgruppen für Umwelt, Entwicklung u. a. Die Ministerkonferenzen finden in wechselnden Orten statt. In guter Erinnerung sind die Protestbewegungen und Unruhen in Seattle 1999 und Cancún 2003. Die Entscheidungen werden in Ausschüssen und Arbeitsgruppen vorbereitet und normalerweise vom allgemeinen Rat bzw. von den zuständigen Räten gefällt. Zu diesen allgemeinen Räten gehören Handelsbotschafter, Leiter einer Delegation oder Vertreter der Mitgliedsstaaten, die mehrmals im Jahr nach Genf kommen.[30] Die Stadt ist bekanntlich ein teures Pflaster. So können es sich viele afrikanische Länder nicht leisten, einen eigenen Vertreter zu unterhalten. Deshalb haben manche afrikanische Länder gemeinsam einen ständigen Vertreter. Die Industriestaaten hingegen entsenden nicht nur jeweils einen eigenen Vertreter dorthin, sondern nach Bedarf auch mehrere Lobbyisten und Spezialisten zu den Ratssitzungen.

In zehn Punkten fasst die WTO die Ansprüche und Vorzüge des Abkommens so zusammen:
 1. Das System trägt zur Friedenssicherung bei.
 2. Das System ermöglicht, Konflikte konstruktiv zu lösen.
 3. Ein System, das auf Grundlage der Gesetze (Artikel) reguliert, ist besser als eines auf Grundlage der Macht.
 4. Der freie Handel hilft Lebenshaltungskosten zu senken.
 5. Das System gibt den Verbrauchern eine größere Auswahl.
 6. Der Handel erhöht das nationale und individuelle Einkommen.
 7. Das System stimuliert das ökonomische Wachstum.
 8. Die Prinzipien des Handels machen das System ökonomisch effizient und helfen, Kosten zu senken.
 9. Das System schützt Regierungen vor eingeengten nationalen Interessen.
10. Das System fördert eine gute Regierungsführung.[31]

Entgegen solcher Willenserklärungen werden Entscheidungen nicht so herbeigeführt, wie sie formal vorgesehen sind und laut eigener Angaben auf der Basis von *wissenschaftlichen Expertisen* getroffen werden.[32]

In einer gemeinsamen Publikation des UNDP, Rockefeller Fonds, Wallace Global Fonds und der Heinrich-Böll-Stiftung werden Nachteile des WTO-Abkommens für die Entwicklungsländer und Vorteile für die Industriestaaten aufgelistet.[33] Hier einige Beispiele:

Die TRIPS: Von ihnen profitieren ausschließlich die OECD-Län-

der, von denen 86 Prozent aller Patentanträge kommen, 97 Prozent der weltweiten Patent- und Lizenzgebühren kassieren die Industriestaaten, nur 0,05 Prozent der Gebühren entfallen auf die LDCs (*least developed countries*). Die Hauptnutznießer sind die TNCs (Multinationalen Konzerne) vor allem im Bereich der Medizin. Die armen Entwicklungsländer zahlen mehr für Medikamente, da das Gesundheitswesen dort nicht subventioniert wird, auch selten Medikamente über Krankenversicherungen bezahlt werden und Generika (wirkstoffgleiche Kopien von Medikamenten) auf Basis von Gesetzen über geistiges Eigentum verboten sind. Beispielsweise kosten HIV/AIDS-Medikamente 10 000 bis 12 000 US-Dollar pro Jahr und Patient, hingegen eine Behandlung mit Generika 200 bis 350 US-Dollar pro Jahr und Patient.[34] Erst im Dezember 2009 gelang es UNITAID gegen den Widerstand der Firmen, die das Patentrecht über HIV/AIDS-Medikamente besaßen, sich durchzusetzen und einen *Patentpool*[35] einzurichten. Erst 2009 erlaubten die Firmen Gilead/USA, Pfizer/USA, GlaxoSmithKline/GB, Bayer/D, Boehringer/D, die Patente für Medikamente gegen HIV/AIDS besitzen, dass die Armen in Entwicklungsländern mit Generikapräparaten behandelt werden. Diese Entscheidung kam durch Vermittlung von Bill Clinton zustande, als die Firmen im Begriff waren, den Prozess vor dem Internationalen Gerichtshof in Südafrika zu verlieren. UNITAID ist eine in der Schweiz ansässige NGO. Die international bekannte Vereinigung kämpft auch für einen Patentpool für andere Volkskrankheiten (Tuberkulose, Malaria u. a.) in der Dritten Welt. Die Kehrseite von TRIPS ist, dass Forschungsgelder im Pharmabereich nur dann investiert werden, wenn sie große Gewinne versprechen, also für Krankheiten, wovon Menschen in den Industriestaaten mehr betroffen sind, aber nicht für Volkskrankheiten in den Entwicklungsländern. Beispielsweise wurden in den letzten 25 Jahren nur zwei Medikamente gegen Tuberkulose entwickelt, obwohl zwei Milliarden Menschen davon gefährdet sind. Für die Malariaforschung wurden 100 Millionen US-Dollar ausgegeben, wobei drei Milliarden Menschen unter dieser Krankheit leiden. Zum Vergleich dazu gaben im Jahr 2001 allein in den USA Pharmakonzerne 30,3 Milliarden US-Dollar für Medikamentenforschung aus, die sich vorwiegend mit Wohlstandskrankheiten wie z. B. Altersdiabetes, Bluthochdruck und Fettleibigkeit befassten.[36]
Die TRIMS: Obgleich der Nutzen ausländischer Direktinvesti-

tionen nicht generell infrage gestellt wird, können manche Investitionen für die Mehrheit der Bevölkerung mehr Schaden als Nutzen bringen. Zu dieser These stellt die Studie fest, dass Technologietransfer für eine nachhaltige Entwicklung eher eine Ausnahme als die Regel ist. Dafür liefert die Studie zahlreiche Beispiele, u. a. das nationale Autoprogramm in Indonesien.[37] Einen neueren Fall stellt Oxfam Deutschland dar: nämlich, wie die Weltbank klimaschädliche Energie-(Kohle-)Projekte mit Zustimmung der Bundesregierung fördert.[38] Die WTO, behauptet Peet, ist eher daran interessiert, Handelsbarrieren abzubauen, als daran, nachhaltige Entwicklung zu fördern.[39]

Die GATS: Auch hier drängt die WTO auf eine rasche Privatisierung und Kommerzialisierung der Gesundheitsdienste sowie der Wasser- und Energieversorgung in den Entwicklungsländern. Obgleich kein Staat in den Industriestaaten all diese Dienste der Privatwirtschaft allein überlassen würde, drängt die WTO die Entwicklungsländer dazu, ausländische Investoren zuzulassen und diese Dienste vollständig zu privatisieren.[40]

Die WTO ist, wie erwähnt, gegen jegliche Form des Protektionismus, weil dies gegen die Prinzipien der Nichtdiskriminierung, Gegenseitigkeit etc. verstoßen würde. Deshalb ist sie auch gegen die Subvention einheimischer Produkte. Dies ist übrigens der Hauptgrund für die noch nicht abgeschlossene Doha-Runde. Wie erwähnt subventionieren die USA, EU, Japan und andere Industriestaaten ihre Landwirtschaft massiv. Da dieser Protektionismus von den Industriestaaten ausgeht, wird darüber schon seit 2001 verhandelt. Die Doha-Runde begann als vierte Ministerkonferenz nach Singapur 1996, Genf 1998 und Seattle 1999 in Doha/Katar 2001. Nach der achten Doha-Runde im Dezember 2011 in Genf meinen nicht nur die NGOs wie Germanwatch, die Welthungerhilfe oder der Evangelische Entwicklungsdienst, dass es keine Aussicht auf eine Einigung gibt bzw. dass die Doha-Runde gescheitert ist. Der Grund dafür ist die Weigerung der Industriestaaten, auf ihre Agrarsubventionen zu verzichten. Nicht nur die sogenannten Schwellenländer wie Argentinien, Brasilien, China, Indien, Indonesien, Mexiko und Südafrika, sondern alle andere Entwicklungsländer drängen darauf, diese Subventionen zu beenden. In der achten Runde wurde noch gefeilscht, ob eine Kürzung von 50 bis 60 Prozent der Subventionen für eine Einigung reichen könnte.[41] Damit wird die Machtlosigkeit der WTO deutlich. Wenn ein Entwicklungsland protektionistische Maßnahmen zum Schutz einheimischer Produkte anordnete, würde die WTO energisch dagegen vorgehen und sogar Strafen verhängen. Mit den Industriestaaten wird verhandelt, ob sie ihre Subventionen vielleicht ein wenig reduzieren könnten. Ohne hier auf Einzelheiten der Doha-Runde oder auf spezielle Regelungsmaßnahmen wie NAMA (*Non Agricultural Market Access*) weiter einzugehen, ist es wichtig festzuhalten, was die Kritiker der WTO im Allgemeinen vorwerfen:

– Die WTO hat die bisher größte Übertragung der Macht von den Nationalstaaten auf eine nicht demokratisch gewählte globale Institution vorgenommen.
– Die WTO hat die Macht, die Verfassungen der Nationalstaaten außer Kraft zu setzen.
– Die Politik der WTO richtet sich systematisch gegen eine nachhaltige Entwicklung und gegen die Interessen der Entwicklungsländer.
– Die WTO ist unfähig anzuerkennen, dass eine Liberalisierung des Handels, mit den Abkommen TRIPS, TRIMS und GATS u. a. nicht automatisch zu einer Verbesserung der Lebenssituation der Armen in den Entwicklungsländern führt.[42]

Grundsätzliche Kritik an den drei Institutionen

Erstens: Alle drei Institutionen sind von der Ideologie des freien Handels überzeugt, von der Überlegenheit der Privatwirtschaft und der Entwicklung durch den Export. Alle drei drängen die Entwicklungsländer, durch Handel ihre Probleme zu lösen. Dazu folgendes Beispiel: Eine Bauernfamilie produziert exportorientierte Agrargüter, die sogenannten »cash crops« wie Kaffee, Kakao, Baumwolle o. Ä. Die Felder der Familie werden künstlich bewässert, die Familie arbeitet mit modernen Geräten, verwendet Düngemittel etc. und wird durch den Export reich und reicher. Im Nachbardorf kämpfen ohne solche Hilfe und ohne Zugang zu Bewässerungsanlagen mehrere Bauernfamilien, um Nahrungsmittel für das Überleben zu produzieren. Wenn die reiche Bauernfamilie durch den Export reicher wird, ist es wahrscheinlich, dass sie nach und nach die Felder des Nachbardorfes aufkauft, diese an Bewässerungsanlagen anschließt und mit modernen Techniken noch mehr Exportgüter produziert. Die Bevölkerung des Nachbardorfes wird ohne Felder noch mehr hungern und versuchen, in die Städte abzuwandern, in der Hoffnung, dort – selbst in Slums – besser überleben zu können.

Obwohl alle empirischen Daten gegen die Hypothese sprechen, dass die Liberalisierung des Marktes allen zugute kommt, halten die drei Institutionen an ihrem Glauben fest. »So wie der IWF den sozialen Belangen der Armen kaum Beachtung schenkt«, schreibt Stiglitz, »stellt die WTO den freien Handel über alles.«[43] Da die WB ihre Hilfe an die Bedingungen des IWFs bindet, agieren alle drei Institutionen auf die gleiche Weise. Wie trickreich sie dabei vorgehen, lässt sich an einem Memo des WTO-Sekretariats verdeutlichen. Darin wird empfohlen, wenn eine Regierung bei der Durchsetzung eines Effizienzkriteriums im eigenen Land wegen der Proteste aus der Bevölkerung Schwierigkeiten hat, soll die Regierung darauf hinweisen, dass die WTO-Regeln es nicht zulassen, auf das Effizienzkriterium zu verzichten, weil sonst die Industrie darunter leiden würde.[44] Den unerschütterlichen Glauben an die Liberalisierung des Marktes bezeichnet Stiglitz als *Marktfundamentalismus*.[45] Er beschuldigt die WB und den IWF der *Unwissenschaftlichkeit*, wenn sie sich verweigert, die neuen empirischen Befunde zur Kenntnis zu nehmen. Sie handeln ideologisch und folgen bedingungslos den wirtschaftspolitischen Leitlinien des *Washington Consensus*. Stiglitz wendet sich gegen die Vorstellung, es gebe nur das eine, allein selig machende Konzept. Dies widerspreche nicht nur der Wirtschaftstheorie, sondern auch dem gesunden Menschenverstand.[46]

Zweitens: Mit dieser Ideologie verbunden und davon abhängig ist das Strukturanpassungsprogramm (SAP), das viel Unheil gestiftet hat. »Die überzogene Austeritätspolitik (strenge Sparpolitik), ob es sich nun um eine konjunkturdämpfende Geld- und Fiskalpolitik in Argentinien handelt, oder um eine Sparpolitik kombiniert mit einer Kürzung der Nahrungsmittelsubventionen für die Armen wie in Indonesien, führt absehbar zu sozialen Unruhen.«[47] Man kann ohne Übertreibung behaupten, dass die Politik über Leichen geht.

Empirisch ist die Unzulänglichkeit dieser Fiskal- und Sparpolitik dadurch bewiesen worden, dass sich Argentinien und Mexiko erst dann vor dem Bankrott retten konnten, als sie die Konditionalität des IWF außer Kraft setzten. Ebenso konnten Länder wie Südkorea, Malaysia, Indonesien u. a sich von der asiatischen Finanzkrise 1997/1998 befreien, weil sie sich ebenfalls den Maßnahmen des IWF widersetzten. Selbst die wirtschaftlichen Erfolge von China und Indien begründet Stiglitz damit, dass sie dem Washington Consensus nicht gefolgt seien.[48]

Richard Peet fasst nach eingehender Behandlung der drei Institutionen seine Schlussfolgerung so zusammen: »Statt für mehr gerechte Globalisierung zu sorgen, arbeiten die Institutionen gefangen in der Ideologie des Neoliberalismus auf der Seite von denen, die viel Geld haben und wissen, was man damit macht.«[49]

Damit ist das dritte Problem angesprochen, eine nicht demokratische Struktur von IWF, WB und WTO. In Deutschland gibt es z.B. 108 Milliardäre (Einzelpersonen oder Familien). Was wäre von der Demokratie in Deutschland zu halten, wenn diese Superreichen drei bis fünf Menschen als Vertreter in eine Einrichtung delegieren und diese Einrichtung dann bestimmt, was im Lande zu geschehen hat? So wenig diese Institution demokratisch wäre, so wenig sind die drei Institutionen demokratisch. Wer mehr Einlagen gezahlt hat, hat in der Weltbank und im IWF das Sagen. »Es sind die Finanzminister und Zentralbankpräsidenten, die die Grundsatzentscheidungen beim IWF treffen und das gleiche gilt für die Wirtschaftsminister bei der WTO.« Das Schlimme daran ist, »dass deren Entscheidungen das Leben und die Existenzgrundlage von Milliarden von Menschen in der Dritten Welt beeinflussen, die jedoch kein Mitspracherecht bei den Entscheidungen haben«.[50]

Merkwürdigerweise sind die vehementesten Kritiker der drei Institutionen jene, die sie von innen heraus sehr gut kennen: Joseph Stiglitz war einst Chefökonom der Weltbank, William Easterly war 16 Jahre lang Seniorökonom bei der Weltbank und John Clark war als führender Ökonom ebenfalls bei der Weltbank tätig. Easterly bezeichnet den IWF als einen Gangster, und John Clark kritisiert die Betriebsblindheit der Weltbank, insbesondere deren Fixiertheit auf Geld bei der Definition von Armut. Nicht das Geld, sondern der Gesundheitszustand, Bildung, Entfernung von Schulen und Krankenhäusern, Zufriedenheit mit öffentlichen Diensten und Zugang zu Nahrungsmitteln sagen mehr über den Zustand der Armut oder über das Wohlbefinden der Bevölkerung eines Landes aus als das Durchschnittseinkommen. Die Armut, meint Clark, ist eine komplexe Angelegenheit. Einkommen spielt zwar eine Rolle, aber genauso wichtig sind Kriterien wie Verwundbarkeit, mangelnde Aufstiegsmöglichkeit, Machtlosigkeit oder die Häufigkeit, Opfer eines Gewaltaktes zu werden. Armutsbekämpfung bedeutet, an allen diesen Fronten gleichzeitig vorzugehen und nicht nur eine Erhöhung des Durchschnittseinkommens anzustreben.[51]

Stiglitz und Easterly bezweifeln sogar, dass die drei Institutionen das überhaupt beabsichtigen. »Und ein Teil des Problems liegt bei den Wirtschaftsinstitutionen, dem IWF, der Weltbank und der WTO, die die ›Spielregeln‹ der Globalisierung festlegen. Sie haben dies in einer Weise getan, die allzu oft mehr den Interessen der Industriestaaten – genauer: bestimmten Partikularinteressen in diesen Ländern – als denen der Dritten Welt dienten.«[52]

An Verbesserungsvorschlägen hat es nicht gefehlt. Tim Lang, Professor für Food Policy in London, und Colin Hines, Ko-Direktor von Finance for the Future, sahen schon 1993 in einer neuen Form des Protektionismus einen Ausweg, Stiglitz plädiert für eine Globalisierung mit menschlichem Antlitz und für eine Demokratisierung der Institutionen. Die Globalisierung bietet dann große Chancen, stellte das UNDP schon 1997 fest, wenn sorgfältig gesteuert und stärker auf globalen Ausgleich geachtet wird.[53]

Dennoch regieren die drei Institutionen in der Dritten Welt mit, im Sinne des Zitats von Woodrow Wilson. Von Ausnahmen abgesehen, betreiben die Industriestaaten ihre Politik der Entwicklungshilfe im Einklang mit der Politik der drei nicht demokratisch gewählten heimlichen Herrscher.

»Mehr als die Hälfte der Weltbevölkerung lebt im Elend.
Sie hat nicht genügend zum Essen. Sie ist Opfer von
Krankheiten. Ihr ökonomisches Leben ist primitiv und stagnierend.
Ihre Armut ist ein Hindernis und eine Bedrohung sowohl für sie als
auch für die, die in wohlhabenden Gegenden leben. Zum ersten Mal
in der Geschichte hat die Menschheit das Wissen und die Technik,
diese Menschen von ihren Leiden zu befreien.«
Harry S. Truman (1884–1972), 33. US-Präsident
in seiner Rede zur Amtseinführung am 20. 1. 1949

»Die größten Triumphe der Propaganda werden nicht durch
Handeln, sondern durch Unterlassung erreicht. Groß ist die Wahrheit,
größer aber, vom praktischen Gesichtspunkt, ist das Verschweigen der
Wahrheit.«
Aldous Huxley (1894–1963), Vorwort zu ›Schöne neue Welt‹, 1932

»Vom prinzipiellen Standpunkt aus ist es ganz falsch, eine
Theorie nur auf beobachtbare Größen gründen zu wollen, denn
es ist ja in Wirklichkeit genau umgekehrt. Erst die Theorie
entscheidet darüber, was man beobachten kann.«
Albert Einstein (1879–1955) in einem Gespräch mit
Werner Heisenberg

Beginn der Entwicklungshilfe

Die Antrittsrede des US-Präsidenten Harry S. Truman im Jahre
1949 war der Auftakt für eine beispiellose Hilfsaktion, die nach dem
Zweiten Weltkrieg begann und die nunmehr über 60 Jahre andauert.
Das Ergebnis ist dennoch sehr bescheiden geblieben, dabei hatte
man mit dem Marshallplan, auch unter Präsident Truman, so gute
Erfahrung gemacht.

Die US-Regierung bewilligte 13,1 Milliarden US-Dollar für den
Wiederaufbau Europas. Bedingt durch den Beginn des Kalten Krieges wurden nur die Länder Westeuropas und nach dem Bruch mit
der Sowjetunion auch Jugoslawien in dem Hilfsprogramm berück-

sichtigt. Dies bedeutete im heutigen Geldwert etwa 70 US-Dollar pro Person für die Empfängerländer in Westeuropa. Das Ergebnis war eindrucksvoll: Schon 1950 lag die industrielle Produktion in Westeuropa um 25 Prozent höher als vor dem Krieg, das Handelsdefizit reduzierte sich von 8,5 Milliarden US-Dollar 1947 auf eine Milliarde US-Dollar 1950. In den folgenden Jahren florierte die Wirtschaft.[1]

Für den Marshallplan galten besondere Konditionen, dennoch bleibt die Frage, warum funktionierte er nach so kurzer Zeit, und warum funktioniert die Entwicklungshilfe nach so langer Zeit nicht? Es gibt eine Vielzahl von Erklärungen. Europa war zwar durch den Krieg teilweise zerstört, hatte aber schon vor dem Krieg eine funktionierende Industrie und eine ausgebaute Infrastruktur, die wiederhergestellt und ausgebaut werden konnten. Der größte Unterschied aber ist, dass der Marshallplan nur von einem Land, den USA, durchgeführt wurde. Im Falle der Entwicklungshilfe gibt es mehr als 30 Geberländer, dazu noch mehr als zehn multilaterale Organisationen. Jedes Geberland, jede Organisation hat eine eigene Struktur, ein eigenes Interesse und mitunter stehen viele in Konkurrenz zueinander. Bevor wir die Grundsatzprobleme der Entwicklungshilfe genauer betrachten, ist es hilfreich, erst die Begriffe »Hilfe« und »Entwicklungszusammenarbeit« zu verstehen und auch den Verlauf ihrer fehlgeschlagenen Geschichte nachzuvollziehen.

Hilfe: Den Begriff definiert das Bedeutungswörterbuch des Duden so: Hilfe ist »Tat o. Ä, die dazu beiträgt, eine Schwierigkeit zu überwinden oder eine Aufgabe zu erfüllen, Unterstützung«.[2]

Demnach ist zwar ein Eigennutz des Helfers nicht ausgeschlossen, maßgebend ist aber, dass der Hilfesuchende bei der Lösung eines Problems eine Unterstützung seitens des Helfers erfährt. Dies setzt voraus, dass der Hilfesuchende selbst das zu lösende Problem definiert.

Der Begriff Entwicklungshilfe ist dann fragwürdig, wenn die Probleme, die es zu lösen gilt, nicht von den Empfängern, sondern von den Helfern, den Geberländern, definiert werden. Zugespitzt formuliert lautet die Frage, ob die Helfer nicht Lösungen für Probleme anbieten, die für den Empfänger nicht dringlich bzw. logisch sind. Ein Beispiel ist das Hungerproblem. Es ist für ein Land, in dem ein Großteil der Bevölkerung hungert, schwer nachzuvollziehen, warum es erst cash crops (Baumwolle, Kaffee, Kakao oder auch Gemüse) produzieren und in die Länder exportieren soll, in denen Menschen mit Übergewicht zu kämpfen haben, wenn es dann dem so verdienten Geld Nahrungsmittel im Ausland kaufen muss. Für den Empfänger ist es schwer einzusehen, wie das Hungerproblem dadurch gelöst werden soll. Im eigenen Land werden dafür Ackerfelder von der Produktion für Nahrungsmittel abgezogen, und selbst wenn die Bauern durch den Export zu Geld kommen, hilft das den Hungernden nicht.

Offizielle Hilfe (ODA = Official Development Assistance) ist ein Begriff, der von der OECD geprägt wurde und bedeutet: Hilfe, die von offiziellen Stellen geleistet wird. Hierzu zählen bi- oder multilaterale Hilfe. Bilaterale Hilfe ist die, die von einem Staat an einen anderen Staat direkt geleistet wird, z. B. von Deutschland nach Tansania, von den USA an die Philippinen, von Frankreich an Algerien, von Belgien an die DR Kongo oder von Spanien an Peru. Die Beispiele sind nicht zufällig, denn die Geberländer leisten Hilfe bevorzugt an die Länder, die früher ihre Kolonien waren.

Multilaterale Hilfe ist die, die Geberländer über eine internationale Organisation wie OECD, EU, Weltbank, FAO oder eine andere UN-Organisation wie UNDP leisten. Das Verhältnis von bi- zu multilateraler Hilfe hat sich in jüngster Zeit zugunsten der multinationalen geändert, z. B. von 1990 bis 2010 für Deutschland von etwa 7:3 auf 6:4.[3]

Private Hilfe: Dazu zählen sowohl Hilfe von privaten Stiftungen wie der »Melinda-und-Bill-Gates-Stiftung«, als auch lang- oder kurzfristige kommerzielle Kredite. Warum diese der Hilfe zugeordnet werden, ist nicht verständlich. Die Stiftungen hingegen leisten wertvolle Dienste, die eher den NGOs zuzuordnen sind

Zu dem Begriff Entwicklungszusammenarbeit[4] schreibt der Politikwissenschaftler Uwe Holtz: »Schon seit Jahren wird der Ausdruck Entwicklungshilfe in der regierungsamtlichen Terminologie oft durch Entwicklungszusammenarbeit ersetzt, weil er alles Paternalistische abstreift und auf Partnerschaft abzielt.«[5] Ob sich durch diese Veränderung auch etwas an der Interessenlage der Geberländer geändert hat, wird etwas besser zu beurteilen sein, wenn man sich mit der Geschichte der Entwicklungshilfe auseinandersetzt.

Geschichtlicher Hintergrund und Phasen der Entwicklungshilfe

Wie erwähnt, war das Augenmerk in der Bretton-Woods-Konferenz auf die Beseitigung der Kriegsschäden gerichtet, der Beginn der Entwicklungshilfe wurde erst durch die Rede des US-Präsidenten Harry S. Truman zu seiner Amtseinführung am 20. 1. 1949 eingeleitet. Sein Vier-Punkte-Programm zur Verbesserung der Lebenslage von Menschen in den Entwicklungsländern begann 1950/51 mit einem Etat von 25 Millionen US-Dollar. Damit sollte finanzielle und technische Hilfe geleistet werden.

Das zweite sehr wichtige Ereignis war in diesem Zusammenhang die UN-Vollversammlung am 19. 12. 1961, in der die erste Entwicklungsdekade (1961–1970) ausgerufen wurde. Gegen Ende dieser Dekade entschied die UN-Vollversammlung auf eine Empfehlung der Pearsonkommission hin, dass die Geberländer bis zum Ende der zweiten Dekade (1971–1980) jeweils 0,7 Prozent des Bruttosozialprodukts als Entwicklungshilfe bereitstellen sollten. Wenn die NGOs in den Industriestaaten alljährlich beklagen, dass die meisten Geberländer dieses Ziel nicht einhalten, beziehen sie sich auf diese Empfehlung. Nur Dänemark, Schweden, Norwegen, die Niederlande und Luxemburg erfüllen diese Maßgabe. Dabei ist bedeutsam, wofür die Hilfe geleistet wird.

Nach der UN-Zeitrechnung befinden wir uns in der sechsten Entwicklungsdekade (2011–2020). Caroline Robb, die als Mitarbeiterin in Projekten vor Ort für eine NGO gearbeitet hat, dann für das UNDP, die Weltbank und jetzt beim IWF beschäftigt ist, teilt die Abschnitte der Entwicklungshilfe etwas anders ein:

1. Phase: 1946 bis zum Ende der 60er Jahre, technische Hilfe, die weniger auf soziale Intervention gerichtet war.
2. Phase: die 70er Jahre, Ölkrise und Beginn der Armutsbekämpfung.
3. Phase: die 80er Jahre, Wende von der Projekt- zur Programmhilfe, zweite Ölkrise, Schuldenkrise, ein verlorenes Jahrzehnt.
4. Phase: die 90er Jahre, Ende des Kalten Krieges, Beginn der Schuldenentlastung.
5. Phase: ab Ende der 90er Jahre, Globalisierung, Wiederfokussierung auf Armutsbekämpfung.[6]

Stephen Browne, der ebenfalls 30 Jahre Erfahrung mit Feldarbeit in verschiedenen Ländern aller drei Kontinente hat und u.a. Direktor des UNDP in New York war, unterteilt die Phasen nur in drei Abschnitte.[7]

Phase 1: Hilfe als Lückenbüßer, in dieser Phase wurde Entwicklung mit dem wirtschaftlichen Wachstum gleichgesetzt. Die Annahme war, dass finanzielles Investment direkt zum Wachstum beiträgt, und wenn die Wirtschaft wächst, kommt das Wachstum auch den Armen des Landes zugute. Hier spielten Theorien von Kuznets, Rostow, Rosenstein-Rodan (entstanden zwischen 1954 und 1961) eine wesentliche Rolle. Nach den Berichten der Weltbank hat es in den 1960er und 1970er Jahren einen Rückfluss von über zehn Prozent bei einem Kapitalinvestment in allen Regionen gegeben. Hilfe wurde nicht dafür gegeben, wofür die Empfängerländer meinten, dass sie sie benötigen, sondern für das, was die Geberländer wichtig erachteten. Hilfe wurde auch geleistet, damit die Empfängerländer Güter aus Industriestaaten importieren konnten, und war ebenso dienlich, um die protektionistischen Maßnahmen der Entwicklungsländer zu beseitigen. In dieser Phase gab es zunächst technische und Nahrungsmittelhilfe. Nach 1973 wuchsen die privaten Kapitalinvestitionen, weil die OPEC-Länder durch die Öl-Krise plötzlich reich wurden und das neu erworbene Geld gewinnbringend unterbringen mussten.

Phase 2: Sie beginnt in Brownes Einteilung in den 1970er Jahren, als die Ökonomen erkennen mussten, dass »mehr« nicht gleich »besser« ist. In dieser Phase wurde der Ansatz über die Befriedigung der Grundbedürfnisse entwickelt, es entstand auch das Bewusstsein für das rapide Wachstum der Weltbevölkerung und für die Gefährdung der Umwelt. 1972 wurde das UNEP (UN Environment Programme) gegründet. Obgleich in derselben Zeit auch das Strukturanpassungsprogramm SAP von IWF und Weltbank entstand, bezeichnet Browne diese Periode als eine Phase des qualitativen Wachstums.

Phase 3: Sie beginnt mit dem Fall der Berliner Mauer. Nach dem Ende des Kalten Krieges sank auch die Entwicklungshilfe zwischen 1992 bis 2000 rapide um zehn Prozent. Die Geberländer waren bemüht, ihre Märkte auf frühere Ostblockländer auszudehnen. 1992 wurde der Begriff »good governance« als ein Kriterium für Entwicklungshilfe eingeführt. Dies, meint Browne, sei nur eine Erweiterung des SAP. Später wurde der Begriff mit folgenden Punkten präzisiert: Rechenschaftspflicht der Regierung, politische Stabilität und Gewaltfreiheit, Wirksamkeit der Regierung, Qualität der Regulierungsmechanismen (gemeint ist, ob die Regierung in der Lage ist, marktunfreundliche Barrieren zu beseitigen), Gesetzlichkeit und Kontrolle über Korruption.[8]

Nach den von Browne beschriebenen drei Phasen gab es drei Versuche, die Effektivität der Hilfe zu verbessern: die Pariser Erklärung (2005), den Accra-Aktionsplan (2008) und die Busan-Konferenz (2011).

In die Pariser Erklärung wurden fünf Punkte aufgenommen, die die Wirksamkeit der Hilfe fördernund zur Eigenständigkeit der Empfängerländer führen sollten. Diese sollen ihre eigene Strategie entwickeln, zielgerichtet arbeiten und die Ergebnisse überwachen und dokumentieren. Geber- und Nehmerländer sollen gemeinsam für das Ergebnis verantwortlich sein.[9] Offenbar funktionierte das Vorhaben nicht wie gewünscht, weshalb ein weiterer Aktionsplan in Accra/Ghana erstellt wurde. Auch dieser scheint nicht wirksam genug gewesen zu sein, deshalb wurde in Busan/Südkorea von einem hochrangigen Forum zuletzt ein 49-Punkte-Plan aufgestellt.[10]

Alle diese Goodwill-Erklärungen lassen vermuten, dass das Grundproblem – die Interessengegensätze zwischen Geber- und Empfängerländern – nicht so leicht zu lösen ist.

Es gibt natürlich auch Erfolge der bisherigen Entwicklungspolitik:

– Der Anteil der hungernden und unterernährten Weltbevölkerung ist von 37 Prozent im Jahre 1960 auf 14,6 im Jahre 2011 gefallen.
– Die Sterblichkeitsrate bei Kleinkindern unter fünf Jahren hat sich in den letzten 40 Jahren halbiert.
– Die Einschulungsrate in den letzten 20 Jahren ist um 80 Prozent gestiegen.
– Die Menschheit hat 10 000 Jahre gebraucht, bis sie im Jahre 1960 in der Lage war eine Milliarde Tonnen Getreide in einem Jahr zu produzieren. Die jährliche Produktion könnte sie innerhalb der nächsten 40 Jahre verdoppeln.

- 1960 hatten nur 35 Prozent der Weltbevölkerung Zugang zum sauberen Wasser, dieser Anteil ist im Jahre 2010 auf 86 Prozent gestiegen.
- In den letzten 60 Jahren ist die Lebenserwartung in den Entwicklungsländern von 44 Jahre auf 65 Jahre (2003) gestiegen, durchschnittlich fünf Monate pro Jahr.[11]

Aber wie im Kapitel ›Vorsicht: Statistiken‹ dargestellt wurde, haben Durchschnittszahlen und prozentuale Angaben ihre Tücken. Gleichwohl sind die Ergebnisse beachtlich. Die Frage ist nur, ob sie wegen oder trotz der Entwicklungshilfepolitik der Geberländer erreicht wurden.

Grundprobleme und Widersprüche in der Entwicklungshilfe

Mit dem Begriff Hilfe ist hier die bi- und multilaterale Hilfe gemeint, ausdrücklich ausgenommen sind Katastrophen- und humanitäre Hilfsprogramme, die z. B. nach dem Tsunami 2004 in Länder wie Thailand, Sri Lanka oder Indonesien geflossen sind, oder nach den Zyklonschäden 2008 nach Myanmar, nach der Flutkatastrophe 2010 nach Pakistan oder nach dem Erdbeben 2010 nach Haiti. Solche Katastrophenhilfe gibt es sowohl von den offiziellen als auch von den nicht staatlichen Stellen. Obwohl es auch in diesem Bereich einige Problembereiche gibt – ob z. B. alle Hilfsgelder für Tsunamiopfer in Asien oder Erdbebenopfer in Haiti verwendet worden sind –, soll uns hier jetzt nicht beschäftigen. Auch Dambisa Moyo, bislang die schärfste Kritikerin der Entwicklungshilfe, hält die Sparte Katastrophenhilfe aus ihrer Kritik heraus.[12] Gleichwohl wird auch Katastrophenhilfe missbraucht.

Hilfe muss nicht uneigennützig sein. Problematisch wird es erst, wenn der Eigennutz überwiegt, dann bekommen Slogans wie »Hilfe zur Selbsthilfe« eine zynische Bedeutung.

Selbst Caroline Robb ist bei der Bewertung des Machtverhältnisses zwischen den Geber- und Empfängerländern vorsichtig. Sie schreibt, dass es auch nach dem Ende des Kalten Krieges keine fundamentale Veränderung in der interessengeleiteten Entwicklungspolitik der Geberländer gegeben habe. Die meiste Hilfe geht von den USA an Ägypten, Israel und Jordanien, französische Hilfe geht meistens an die frankophonen afrikanischen Länder, also an die früheren französischen Kolonien. Die britischen Hilfsgelder gehen an die früheren britischen Kolonien, Hilfe aus reichen Ölländern fließt an die armen islamischen Länder und aus Japan nur an ostasiatische und pazifische Länder.[13] Daraus lässt sich schlussfolgern, dass die Geberländer damit beschäftigt sind, sich ihre eigene Interessensphäre zu sichern.

Auch der Marshallplan war keineswegs uneigennützig. Die 16 europäischen Empfängerländer mussten sich verpflichten, US-amerikanische Ware zu kaufen, US-amerikanisches Getreide zu importieren und für den Transport US-amerikanische Schiffe zu benutzen. Die europäischen Empfängerländer hatten das Glück, dass sie sich nur auf ein Geberland und dessen Interessen konzentrieren mussten. Heute, es wurde schon gesagt, kämpfen 30 Geberländer und weitere zehn große multilaterale Organisationen untereinander um Einfluss. Es ist ein Erfolg eines Geberlandes, wenn es in die Interessensphäre eines anderen Geberlandes eindringen kann. Beispiel Pakistan: Das Land gehört als frühere Kolonie traditionell zum Interessengebiet Großbritanniens sowie der USA, weil diese sich die meiste Hilfe für den vermeintlich gemeinsamen Kampf gegen den Terrorismus versprechen. Wenn ein drittes Geberland wie Frankreich Waffen und U-Boote an Pakistan verkaufen kann, dann liegt die Vermutung nahe, dass bei diesem Handel nicht alles sauber gelaufen ist. Expräsident Sarkozy wird beschuldigt, 1994 als Handelsminister Schmiergelder genehmigt zu haben.[14]

1992 hat die Weltbank »good governance« als eines der wichtigsten Kriterien für die Vergabe von Hilfe definiert. Auch nach der Pariser Erklärung und den Plänen von Accra und Busan bleibt das Kriterium maßgebend. Wann ein Land als gut regiert bezeichnet werden kann, lässt sich bei Stephen Browne nachlesen.

Wenn man den Kriterienkatalog[15] an die Empfängerländer anlegt, wird deutlich, dass er bei der Vergabe von Hilfe keine Rolle spielt. Bei den ersten fünf der Empfängerländer – Afghanistan, Äthiopien, die DR Kongo, Haiti und Pakistan – kann man kaum von Rechtsstaatlichkeit sprechen, auch kann von Stabilität oder Gewaltfreiheit keine Rede sein. Diese Länder sind übrigens nach der Liste der Transparancy International die korruptesten Staaten der Welt.[16]

Im Falle von Irak und Afghanistan könnte man meinen, dass die

Geberländer für die Kriegsschäden, die sie selbst verursacht haben, zahlen:

Die TOP 10 der staatlichen Entwicklungshilfe (in Mrd. US-Dollar)

Geberländer				Empfänger			
1	United States	26 586	20 %	1	Afganistan	6374	5 %
2	EU Institutions	12 428	9 %	2	Ethiopia	3529	3 %
3	Germany	8036	6 %	3	Congo, Dem. Rep	3413	3 %
4	United Kingdom	8017	6 %	4	Haiti	3076	2 %
5	France	7787	6 %	5	Pakistan	3021	2 %
6	IDA	7779	6 %	6	Tanzania	2961	2 %
7	Japan	7331	6 %	7	Vietnam	2945	2 %
8	Netherlands	4644	4 %	8	India	2807	2 %
9	Spain	3999	3 %	9	West Bank & Gaza Strip	2519	2 %
10	Canada	3920	3 %	10	Iraq	2192	2 %
	Other donors	40 561	31 %		Other donors	98 250	75 %
	Total	131 087	100 %		Total	131 087	100 %

(Quelle: OECD, 2010)

Für die Kriege sind die USA und andere NATO-Länder verantwortlich. Doch dies ist nur eine Seite der Geschichte. Zum anderen geht es auch um handfeste Geschäfte. Nach dem Krieg bekam der US-Energiekonzern Halliburton für 1,2 Milliarden US-Dollar den Auftrag, die durch den Krieg beschädigten Ölförderanlagen zu reparieren. Halliburton ist übrigens jener Konzern, der von Dick Cheney 1995 bis 2000 als Präsident geleitet wurde, bevor er unter George W. Bush Vize-Präsident der USA wurde. Cheney wurde beim nächsten Wahlkampf von dem demokratischen Präsidentschaftskandidaten Kerry beschuldigt, für seine Vermittlung 200 Millionen US-Dollar als Schmiergeld kassiert zu haben. Es gab ähnliche Vorwürfe gegen Cheney für Ölgeschäfte mit Nigeria.[17]

Mit welchen kriminellen Methoden Wirtschaftsinteressen durchgesetzt werden, kann man in den Bekenntnissen von John Perkins nachlesen, der sich selbst als »ökonomischen Auftragsmörder« (*economic hitman*) bezeichnet. Er war über drei Jahrzehnte für die NSA (*National Security Agency*) in aller Welt – von den Anden über Nahost bis nach Südasien – tätig. In seinem Buch ›Weltmacht ohne Skrupel‹ beschreibt er, wie er im Dienste der NSA Entscheidungsträger in den Ländern wie Ecuador, Saudi-Arabien, Irak, Iran und Indonesien mit Geld und Prostituierten bestochen, Bilanzen gefälscht und Prognosen manipuliert hat.[18] Etwa um die Jahrtausendwende bekam er Gewissensbisse und veröffentlichte seine Praktiken. In seinem zweiten Buch beschuldigt er die USA, die Weltherrschaft anzustreben, wobei die Politik die Macht längst an die Konzerne abgegeben habe. Die USA, so Perkins, wird schon lange von einer Korporatokratie beherrscht, die Machtbasis der Korporatokratie sind die Konzerne, sie prägen unsere Welt.[19]

Etwa 40 Prozent der Exporte aus den USA und zwischen 25 und 30 Prozent der anderen Geberländer gehen in die Entwicklungsländer. Bilaterale Entwicklungshilfe ist ein Mittel, um sich eigene Einflusssphären zu sichern und Exporte des eigenen Landes zu fördern.

Wenn es um Geschäfte geht, dann nehmen die Geberländer keine Rücksicht auf Entwicklungsprojekte, die sie finanziert haben (s. z. B. das Baumwollförderungsprojekt in Afrika, das durch Exporte aus Deutschland ruiniert wurde). In ihrem Buch ›Das globale Huhn. Hühnerbrust und Chicken Wings – Wer isst den Rest?‹ berichten Francisco Mari und Rudolf Buntzel, die beide für den EED (*Evangelischer Entwicklungsdienst*) arbeiten, über mehrere Hühnerfarmprojekte in Westafrika, die ursprünglich als Frauenförderungsprojekt gedacht waren. Diese wurden durch Billigimporte aus Europa zerstört. Beispiel Kamerun: Bis das Land 1995 WTO-Mitglied wurde, war es, was Hühnerfleisch angeht, fast Selbstversorger. 1994 lagen die Hühnerfleischimporte bei zwölf Tonnen. Nach der Mitgliedschaft in der WTO erhöhten sich die Importe 1996 schon auf 850 t, und 2003 waren es 8500 t, die verzollt wurden. Die Einfuhrmenge erhöhte sich insgesamt auf 22 000 t. Beim Import von nur einer Tonne Hühnerfleisch werden fünf Arbeitsplätze vernichtet, bei 22 000 t sind es also 110 000 Arbeitsplätze, die verloren gehen.[20] Das Hühnerfleisch, das exportiert wird, ist übrigens nicht das Fleisch, das man hier in Europa isst, sondern Fleisch, das hier übrig bleibt, also Abfälle. Diese sind so billig, dass die einheimischen Erzeuger von Hühnerfleisch nicht konkurrieren können. Außer Hühnerfleischabfällen wird auch Gammelfleisch, dessen Haltbarkeitsdatum längst abgelaufen ist, nach Westafrika exportiert.[21]

Wie interessengeleitet die Entwicklungshilfe ist, kann man daran erkennen, dass die Geberländer jahrzehntelang die Diktatoren mit Hilfsgeldern überhäuft haben, dies nicht nur in der Zeit des Kalten Krieges, sondern lange nach dem Berliner Mauerfall. Davon haben u. a. Mubarak in Ägypten oder Ben Ali in Tunesien profitiert. In den TOP 10 der OECD-Liste der Empfängerländer steht die DR Kongo an dritter Stelle. Diese »Demokratische Republik« ist die Welthauptstadt der Vergewaltigungen, schreibt die UN-Sonderbeauftragte für sexuelle Gewalt, Margot Wallström. 70 Prozent aller Vergewaltigungen weltweit finden nach Meinung der Ärzte ohne Grenzen im Ostkongo statt.[22] Dies widerspricht zentral den Anforderungen von *good governance*, die die Geberländer als das maßgebliche Kriterium hervorgehoben haben. Bei Kongo kann man wahrlich nicht von Gewaltfreiheit oder Rechtstaatlichkeit sprechen.

Sowohl Ute Schaeffer als auch Volker Seitz werden nicht müde, etwas generalisierend zu behaupten, ›Afrika wird arm regiert‹ (so der Buchtitel von Seitz) oder ›Afrikas Despoten dämmert nichts‹, ›Diebe an der Macht‹ oder ›Im Fadenkreuz der Terroristen‹ – so wie drei Kapitelüberschriften bei Schaeffer lauten).[23] Die Thesen stimmen in dieser generalisierenden Form sicherlich nicht, denn es gibt auch vorzeigbare demokratische Staaten wie die Republik Südafrika, Ghana oder Botswana. Dennoch bestätigt eine Meldung das Bild der korrupten, selbstbereichernden, despotischen afrikanischen Herrscher: 50 Milliarden US-Dollar an Schwarzgeld werden pro Jahr aus Afrika auf Konten in Europa, den USA und der Karibik geschafft. Nur rund die Hälfte, 25 Milliarden US-Dollar, wird jährlich in umgekehrter Richtung vorwiegend als Entwicklungshilfe überwiesen.[24] So gesehen ist die Entwicklungshilfe eine Geldvermehrungsanlage für die Banken der Geberländer.

Dambisa Moyo, in Harvard und Oxford ausgebildete Ökonomin mit Erfahrung bei Goldman Sachs und der Weltbank, ist eine radikale Kritikerin der Entwicklungshilfe an Afrika in der jetzigen Form. Sie stellt schlicht fest, dass die Hilfe wirkungslos ist. Dabei beruft sie sich zwar auch auf andere Kritiker wie Peter Bauer, William Easterly oder Paul Collier, aber in der Beurteilung ist sie viel radikaler. Hilfe geht an die Länder, die nicht demokratisch sind (die Hälfte aller afrikanischen Länder zählen nach ihrer Meinung dazu), sieben von zehn afrikanischen Staaten zählen zu den gescheiterten Staaten, und die Hilfe fördert die Korruption und bereichert nur eine kleine Schicht der Elite, so ihre Vorwürfe. Moyo illustriert dies am Beispiel eines fiktiven afrikanischen Staates namens Republik Dongo. Ihre Lösungsvorschläge sind eher das Bekenntnis einer freien Marktwirtschaftlerin, sie plädiert für mehr Handel statt Hilfe, mehr ausländische Investitionen, weniger Korruption und weniger Bürokratie.[25]

Unter den Empfängerländern sind nicht nur afrikanische Länder zu finden, die kein *good governance* aufweisen können. Pakistan z. B. wird von den USA mit bilateraler und multilateraler Hilfe überhäuft und stand 2002 mit 2,1 Milliarden US-Dollar Hilfe an erster Stelle unter den US-amerikanischen Empfängerstaaten, schreibt Easterly. Die USA ignorieren taktvoll, dass Pakistan demokratische Bestrebungen unterdrückt, der Geheimdienst mit Terroristen gemeinsame Sache macht und das Land in die Verbreitung von Nuklearwaffen verwickelt ist.[26]

Unredliche, falsche Angaben

Wenn Hilfe insgesamt infrage gestellt wird, ist die Höhe der Hilfsgelder zweitrangig. Da die Geberländer aber angeben, immer noch das Ziel von 0,7 Prozent des Bruttoinlandsprodukts als Hilfe anzustreben, müssen die Zahlen etwas genauer unter die Lupe genommen werden. Der uruguayische Journalist und Schriftsteller Éduardo Galeano[27] hat einmal vorgerechnet, dass nur ein Bruchteil der Auslandsinvestitionen tatsächlich investiert würde (zwölf Prozent der angegebenen Summe). Ähnlich verhält es sich auch bei der Entwicklungshilfe.

Die *Deutsche Welthungerhilfe* (DWHH) und *terre des hommes* (tdh), zwei NGOs, veröffentlichen alljährlich eine Bestandsaufnahme der deutschen Entwicklungshilfe. Zwischen 2003 und 2009, so der Bericht, ist tatsächlich nur etwa die Hälfte der Hilfe in die Entwicklungsländer geflossen.[28] Unter den Geberländern ist Deutschland seit der Zeit des Entwicklungshilfe-Ministers Erhard Eppler (1968–1974) von der SPD eines der wenigen Geberländer, das nicht gebundene Hilfe leistet. Gebundene Hilfe bedeutet, dass die Empfängerländer sich verpflichten, für die Summe der erhaltenen Hilfe Waren aus dem Geberland zu kaufen oder entsprechende Aufträge zu erteilen. Trotz dieser Aufhebung gingen die Aufträge nicht zurück. Ab 1982 hat die liberal-konservative Regierung unter Helmut Kohl zwar diese Kaufverpflichtung nicht formal wieder eingeführt, ging aber verstärkt zur Mischfinanzierung über, d. h. die Geschäfte der Privatfirmen wurden aus dem Budget der Entwicklungshilfe mit staatlichen Geldern finanziert. So wurde z. b. ein Trinkwasserversorgungsprojekt in Indonesien, das unter der sozial-liberalen Regierung geplant war, in ein Telefonversorgungsprojekt unter der Beteiligung von Siemens abgewandelt.[29] Damit begannen auch wieder mehr Aufträge nach Deutschland zu fließen. Dies änderte sich wiederum bei der rot-grünen und auch bei der großen Koalition, als ebenfalls weniger auf den Rückfluss der Gelder geachtet wurde. Dennoch kamen für jeden Euro geleistete Hilfe Aufträge im Wert von 1,35 Euro zurück. Nach der Übernahme des Bundesministeriums für wirtschaftliche Zusammenarbeit und Entwicklung (BMZ) durch Dirk Niebel wird Hilfe noch mehr als bisher für Geschäfte benutzt – und zwar so sehr, dass sich die OECD veranlasst sah, den Minister zu kritisieren, weil die Hilfe hauptsächlich an Länder mit mittleren Einkommen gehe und nicht, wie versprochen, wenigstens die Hälfte an die ärmsten Länder in Afrika südlich der Sahara. Wie unverhohlen Wirtschaftsförderung durch das BMZ vorangetrieben wird, zeigt das Beispiel eines Passagierschiffs, das die Papenburger Meyer-Werft im Auftrag von Indonesien fertigstellt. Das Projekt wird vom Ministerium mit 50 Millionen Euro finanziert.[30] Dies fällt besonders auf, weil mittlerweile andere Geberländer mehr und mehr die Kaufverpflichtung aufheben.[31]

Minister Dirk Niebel rühmt sich, durch Entwicklungshilfe die Exporte der deutschen Wirtschaft gesteigert zu haben. Für jede Euro-Hilfe fließen statt vormals 1,35 Euro nun 1,80 Euro an die deutsche Exportwirtschaft zurück.[32] So gesehen müsste man die Hilfe in Exportförderungsmittel umbenennen. Ein klassisches Beispiel von gebundener Hilfe kann man in dem von Leslie Groves und Rachel Hinton herausgegebenen Band ›Inclusive Aid. Changing Power and Relationships in International Development‹ nachlesen. 2001 gewährte Großbritannien Tansania 65 Millionen Pfund Hilfe für die Armutsbekämpfung, die aber mit einer Kaufverpflichtung von einem für das Land nicht nützlichen, obendrein unangemessen verteuerten militärischen Verteidigungssystem für 28 Millionen Pfund verbunden war.[33]

Die Gründe, warum nur ein Teil der Hilfe tatsächlich in die Entwicklungsländer fließt, sind vielfältig. Beispielsweise werden Katastrophenhilfe, Schuldenerlass, Kosten der Studierenden aus den

Entwicklungsländern, Hilfsmaßnahmen für Flüchtlinge und Asylbewerber zur Hilfe mitgerechnet. Selbst die Kosten für abgelehnte
Asylbewerber, die Kosten für Abschiebehaft und für den Heimflug
werden dazugezählt. Was Studienkosten angeht, werden alle Kosten einer Universität anteilig als Hilfe berechnet. Wenn zehn Prozent der Studierenden einer Universität aus einem Entwicklungsland kommen, werden zehn Prozent aller Kosten dieser Universität
als Hilfe angerechnet.[34] Entwicklungshelfer, Experten und Berater,
ob sie von den Empfängerländern gewollt sind oder nicht, sowie
sonstige Personalkosten gehören zur Hilfe. Selbst die Kosten des
Programms »Weltwärts« des BMZ gehören dazu. Bei »Weltwärts«
leisten junge Menschen im Alter zwischen 18 und 29 Jahren in den
Entwicklungsländern freiwillig Dienst für sechs bis 24 Monate. Für
die jungen Leute selbst ist das Programm sinnvoll, sie erweitern ihren Horizont, indem sie fremde Kulturen und Menschen in anderen
Lebensbedingungen sowie Techniken zur Alltagsbewältigung ken-
nenlernen. Vor Ort aber sind sie häufig mehr Behinderung als Hilfe.
Warum »Weltwärts« nicht vom Ministerium für Familien, Senioren,
Frauen und Jugend, sondern vom Ministerium für wirtschaftliche
Zusammenarbeit und Entwicklung getragen wird, ist nicht verständlich. Gleichwohl gemessen an den Kosten der ausländischen Experten und Berater sind die Kosten von Weltwärts eher Kleingeld. Ein
ausländischer – nordamerikanischer oder europäischer – Experte
kostete schon zu Beginn der 1990er Jahre zwischen 180 000 und
200 000 US-Dollar pro Jahr. Nach der Hungerkatastrophe in Afrika
1984/85 waren 80 000 Experten in Afrika südlich der Sahara tätig.
Mehr als die Hälfte der sieben bis acht Milliarden US-Dollar, die für
den Wiederaufbau aufgewendet wurden, diente dazu, diese Leute zu
finanzieren. Zum Vergleich gingen nur vier Prozent der Hilfsgelder
an die ökologischen Projekte in dieser Region.[35] Als einmal solch
ein Experte für eine Kurzvisite nach Westafrika kam, fragte der einheimische Mitarbeiter des Projekts: »Kommen Sie schon mit der
Lösung, oder sind Sie ein Teil des Problems?«[36] So gesehen, ist auch
Entwicklungshilfe eine Arbeitsbeschaffungsmaßnahme oder Versor-
gungsstelle für Experten aus den Geberländern.

Warum die Entwicklungshilfe nicht funktioniert

Bislang wurden rein rechnerisch über zwei Billionen US-Dollar als Hilfe ausgegeben. Auf die Frage, warum die Hilfe trotz dieser enormen Summe nicht funktioniert hat und auch weiterhin nicht funktioniert, meint Stephen Browne, weil die Empfängerländer keine Kontrolle über den Inhalt und den Zweck der Hilfe haben. Sie können ihren Bedarf nicht definieren und auch nicht langfristig planen. Zu einer produktiven Entwicklung kam es nur in solchen asiatischen Ländern, die selbst in der Lage waren, ein eigenes Entwicklungskonzept umzusetzen. Auf Nachfrage, warum die Geberländer trotz des anhaltenden Misserfolgs an ihrer Politik der Hilfe festhalten, gibt es laut Browne nur eine logische Antwort: Weil die Hilfe ein Instrument der Einflussnahme ist.[37] Er erklärt seine Antwort mit sechs Punkten, wobei die beiden wichtigsten sind:

Erstens das Problem der Bürokratie: Es gibt mehr als 80 öffentliche Hilfsagenturen mit über einer viertel Million Angestellten und einem beachtlichen Kreis von Beratern. Jede Agentur einschließlich der UNO hat ihr eigenes System von Rechenschaftsberichten, die sich zwar an die Geldgeber richten, nicht aber an die Empfänger. Tansania liefert z. B. jährlich 2400 Berichte an die Geberorganisationen, die mit der Entwicklungsarbeit wenig zu tun haben.

Zweitens die Lieferanten von Hilfsgütern: Sie konkurrieren miteinander und behindern sich gegenseitig. Verschiedene Absender für das gleiche Produkt erschweren ein sinnvolles Funktionieren. Kenia hat z. B. für ein einheimisches Wasserversorgungsprojekt 18 Pumpen von 18 verschiedenen Geberländern erhalten, die 18 verschiedene Handhabungen und Ersatzteile brauchen.

Insgesamt, so meint Stephen Browne, ist die Hilfe weitestgehend vom Interesse der Geberländer geleitet, und diese diktieren die Bedingungen. Sie wählen nach wirtschaftlichen, geopolitischen und geschichtlichen Opportunitäten aus, welchem Land geholfen werden soll. Bilaterale Hilfe begünstigt im Allgemeinen schwache Regierungen und fördert Korruption.[38]

Darüber hinaus ist die Vergabepolitik eines Geberlandes von der Zusammensetzung der Regierung und deren Ideologie abhängig, wie wir am Beispiel Deutschlands gesehen haben. Oder: Die US-Regierung hat sich unter Bill Clinton nach der UN-Konferenz über Weltbevölkerung 1994 verpflichtet, Gelder für Familienplanung bereitzustellen. Die Regierung von George W. Bush stellte die Zahlung unter Druck der ultrakonservativen Abtreibungsgegner ein. Folglich verloren Millionen armer Frauen ihre Wahlfreiheit. Die Sterblichkeitsrate der Mütter stieg wieder an. Sie ist in den Entwicklungsländern 200 Mal höher als in den USA, kommentiert Caroline Robb.[39]

Wie selbst mit Katastrophenhilfe Schindluder getrieben wird, macht Wilfried Vyslozil, Vorstandsmitglied der SOS-Kinderdörfer, an einem Beispiel aus Haiti deutlich. Nach der Erdbebenkatastrophe 2010 bekam Haiti eine Zusage von zehn Milliarden US-Dollar für den Wiederaufbau. Der einzige Profiteur des Wiederaufbaus ist die südkoreanische Firma Sea-A. Die Firma baut in der Gemeinde Caracol, die gar nicht vom Erdbeben betroffen war, eine Fabrikhalle auf fruchtbaren Böden. Dort werden in Zukunft 20 000 Männer und Frauen Kleider für einen Lohn von knapp drei Euro am Tag zusammennähen, die in die USA exportiert werden. Die Infrastruktur, die Kraftwerkanlage und die Fabrikhallen werden von den USA und der interamerikanischen Entwicklungsbank finanziert, die Firma Sea-A bekommt zusätzlich günstige Kredite zur Anschaffung von Maschinen und Zollerleichterungen für den Export in die USA. 400 000 Obdachlose, für die Hilfe eigentlich gedacht war, leben dagegen weiterhin in Zeltstädten.[40]

Die Vergabepolitik der Geberländer, insbesondere bei der bilateralen Hilfe, ist willkürlich und nicht verlässlich. Für die Empfängerländer bedeutet dies, dass sie nicht langfristig planen können. Deshalb lautet die Frage nicht, ob die Geberländer genug Hilfe leisten, sondern, wer wem wie viel und mit welchem Interesse gibt.

Nicht staatliche Hilfe

Der Ausdruck »Nichtstaatliche Organisation« – Non Governmental Organization, kurz NGO, ist ein ungenauer und irreführender Sammelbegriff. Es gibt zwar eine Definition von der UNO, diese regelt aber nur das Verhältnis der NGOs zur UNO, wie in Artikel 71 der UN-Charta von 1945 festgelegt ist. Auch eine weitere UN-Resolution von 1996 präzisiert nicht die Definition, sondern stellt die beratende Funktion der NGOs mit dem Wirtschafts- und Sozialrat der Vereinten Nationen (ECOSOC) gleich. Selbst die Kriterien der Union of International Associations (UIA), eine Art Dachorganisation der internationalen NGOs sind eher formal und richten sich »nach Zielsetzung, Mitgliedschaft, Organisationsstrukturen, Repräsentativitätsmechanismen sowie Finanzierung der Organisation«.[41] Irreführend sind die Definitionen durch UNO und UIA deshalb, weil sie eine NGO als solche nur dann anerkennen, wenn sie in mehr als drei Ländern tätig ist (dafür wird auch die Abkürzung INGO gebraucht). Problematisch ist dies für die überwiegende Mehrzahl der NGOs, die in den Entwicklungsländern vor Ort tätig sind, z. B. in Brasilien, Tansania oder in Indien. Da sie selten länderübergreifend arbeiten, sind sie so gut wie nicht im Beratergremium der UNO vertreten und im Verhältnis zu den INGOs unterrepräsentiert.

Der Begriff NGO wird negativ definiert. Eine NGO ist nicht staatlich, nicht gewinnorientiert, nicht klientenfixiert und gilt neben dem »Ersten Sektor«, dem Staat, und dem »Zweiten Sektor«, der profitorientierten Wirtschaft, als »Dritter Sektor«. Zu den NGOs gehören Stiftungen, Vereine, Verbände, soziale Bewegungen, Wohlfahrtsorganisationen etc.[42]

Der Magdeburger Politikwissenschaftler Roland Roth bezeichnet den Ausdruck NGO als einen Mischmasch,[43] und es gab mehrere Versuche, durch Zusätze ein wenig Klarheit zu verschaffen, etwa INGO. Weitere Beispiele sind:
- GONGO: Government organized Non Governmental Organizations
- NNGO: Northern NGO (NGO aus dem Norden, also aus den Industriestaaten)
- SNGO: Southern NGO (NGO aus dem Süden, also aus den Entwicklungsländern).

Daneben gibt es andere Abkürzungen, die gleichbedeutend wie NGO wären, z. B.:
- PVO: Private Voluntary Organization
- VDO: Voluntary Development Organization
- SAG: Social Action Group

Diese Begriffe sind z. T. nur regional besetzt, z. B. PVO in den USA, VDO in Afrika südlich der Sahara oder SAG in Indien. Statt INGO wird auch der Ausdruck Weltzivilgesellschaft und statt NGO nur Zivilgesellschaft verwendet.[44] Das aber löst das Problem der Ungenauigkeit nicht, stiftet teilweise noch mehr Verwirrung und gibt Anlass zur Ironie. So fragen zwei indische Autoren – Aruna Roy und

Nikhil Dey – in einem Aufsatz: Wenn alles außerhalb der Regierung zivil wäre, sind die Regierungen dann nicht zivil? Und gibt es dann plötzlich keine Konflikte mehr, keine Unterschiede in den Absichten innerhalb der Weltzivilgesellschaft?[45]

Die Entwicklung der INGOs

Bevor wir auf die Schwierigkeiten in der Zusammenarbeit zwischen verschiedenen NGO-Typen eingehen, lohnt ein Blick auf die Entwicklung der INGOs: In manchen Studien wird die Entwicklungsgeschichte bis ins Mittelalter zurückgeführt. Aufgrund ihres gesellschaftlichen und politischen Erfolgs sind für die neuere Geschichte der INGOs folgende Einrichtungen maßgebend: die Anti-Sklaverei-gesellschaft, die 1823 in Großbritannien gegründet wurde und die zum Verbot der Sklaverei führte (in GB 1833, später in anderen europäischen Ländern). Danach entstanden im 19. Jahrhundert nach und nach Organisationen wie die *Evangelische Weltgesellschaft* (1846), der YMCA (*Verein christlicher junger Männer*, 1855), das *Internationale Rote Kreuz* (1863) und die *Internationale Arbeiterassoziation* (1873).[46]

Die Arbeit im Bereich der Entwicklungshilfe – oder wie es euphemistisch heißt: im Bereich der Entwicklungszusammenarbeit der INGOs – begann nach dem Zweiten Weltkrieg vorerst nur in Europa. Zwei der weltweit bekanntesten INGOs sind Oxfam (Oxford Committee for Famine Relief) und CARE (*Cooperative for Assistance and Relief Everywhere*). Oxfam wurde noch während des Krieges im Jahre 1942 gegründet. Schon 1945 startete es die Kampagne »Rette Europa jetzt« und eröffnete Essenvergabestellen u. a. in Berlin und Dortmund. CARE wurde 1946 in den USA mit dem gleichen Ziel gegründet. Die berühmten CARE-Pakete wurden schon im selben Jahr nach Europa, u. a. auch nach Deutschland, geschickt. In den 1950er Jahren richteten die beiden Organisationen ihre Arbeit zunehmend auf die Entwicklungsländer aus. Zunächst waren sie mehr mit der Katastrophenhilfe beschäftigt, ab den 1960er Jahren gingen sie mehr und mehr zur konkreten Entwicklungsarbeit über.

John Clark hat eine Liste der zehn größten INGOs veröffentlicht, dazu zählen neben Oxfam und CARE *World Vision*, *Save the Children*, *Plan International*, *Ärzte ohne Grenzen*, *WWF*, das internationale Komitee des Roten Kreuzes sowie zwei kirchliche Organisationen, APRODEV (*Association of Protestant Development Agencies in Europe*) und CIDSE (*International Cooperation for Development and Solidarity*). Auch World Vision wurde in den USA 1971 von kirchlichen Gruppierungen gegründet.[47]

Das Jahresbudget dieser INGOs lag in den Jahren 1999 bis 2001 zwischen knapp einer Milliarde US-Dollar von CIDSE und 304 Millionen US-Dollar (Ärzte ohne Grenzen). Mittlerweile haben sich die jährlichen Einnahmen der Vereine fast verdoppelt, z. b. bei Oxfam und CARE jeweils auf über eine Milliarde US-Dollar, wie man den Jahresberichten im Internet entnehmen kann. Um nochmal auf die irreführende Bezeichnung »nicht staatlich« zurückzukommen, alle diese INGOs erhalten staatliche Zuschüsse, also Gelder von den Regierungen und multilateralen Geldgebern wie UNO oder EU. Da alle diese Vereine in mehreren Ländern Tochterorganisationen unterhalten, bekommen sie Gelder von mehreren Regierungen. Zur Ehre von Oxfam sei noch erwähnt, dass es bis in die 1990er Jahre strikt darauf geachtet hat, die öffentlichen Zuschüsse auf unter zehn Prozent seines Budgets zu beschränken, um den Einfluss von Geldgebern möglichst klein zu halten.[48] Mittlerweile hat Oxfam diese Politik offenbar aufgegeben, nach eigenen Angaben betrug der Anteil der öffentlichen Zuschüsse 2010 fast 40 Prozent. Bei CARE sieht es nicht viel anders aus. 79 Prozent der Einnahmen von CARE stammten schon im Jahre 2000 von der US-Regierung.[49] Die Faustregel ist: Je größer eine INGO, desto höher der Anteil der öffentlichen Zuschüsse. So schreibt die Sozialwissenschaftlerin Janina Curbach in ihrem Buch ›Die Corporate-social-Responsibility-Bewegung‹ zu Recht: »Ein fataler Irrtum im Rahmen der NGO-Definitionen besteht in der Annahme, ›nicht staatlich‹ bedeute vollkommene Unabhängigkeit vom Staat.«[50] Deshalb ist die Kritik Clarks verständlich, dass INGOs mit Ausnahme von Oxfam und von einigen wenigen anderen, kaum Neigung zeigen, staatliche Politik grundsätzlich in Frage zu stellen. Projekte können punktuell zwar helfen, in manchen Gegenden Hungersnöte zu lindern, aber ohne eine grundsätzliche Änderung der staatlichen Politik wird es keinen dauerhaften Erfolg im Kampf gegen Armut geben.[51]

In Deutschland ist die größte INGO die *Deutsche Welthungerhilfe* (DWHH) mit einem Jahresbudget von 216,3 Millionen Euro (2010), wovon etwa zwei Drittel als Zuschuss vom Staat kommen, der Rest als Spenden. Wie sich das Jahresbudget entwickelt hat, kann man dem Vergleich mit dem Jahr 1992 entnehmen. Damals belief sich der Etat auf 150 Millionen DM. Dies hindert aber DWHH nicht, zusammen mit Terre des hommes jährlich die Vergabepolitik der Bundesregierung zu kritisieren. Auch in Deutschland bekommen große INGOs mehr staatliche Zuschüsse als kleine. Dies gilt auch für Spenden: Neben den kirchlichen Organisationen wie *Misereor* und *Brot für die Welt*, erhalten DWHH und *Terre des hommes* mehr Zuwendungen als kleine INGOs wie die *Aktion Solidarische Welt* (ASW). Dies ist nicht nur in Deutschland der Fall, in den USA gingen 81 Prozent der gesamten Spenden an 14 der registrierten 167 INGOs. Nach Schätzungen der OECD erhalten 200 INGOs der Geberländer drei Viertel aller Spenden,[52] dabei haben die Staaten 2011 über 30 Milliarden US-Dollar Entwicklungshilfe über die INGOs geleistet.[53] Die Hilfe durch die Vereine wird zunehmend wichtig, weil sie mittlerweile eine Größe erreicht haben, die ein Viertel der öffentlichen Hilfe ausmacht. In den 1980er Jahren waren es noch etwa zehn Prozent. Es gibt viele Motive für die Zuschüsse: Ein Grund ist die Größe der Projekte, die die INGOs durchführen oder über die örtlichen NGOs durchführen lassen. Häufig sind sie so klein, dass die öffentlichen Stellen diese nicht berücksichtigen können. Die Verwaltungskosten für die Bewilligung eines Projekts sind oft höher als die Kosten des Projekts selbst. Der zweite Grund ist die Einflussnahme auf die Vergabepolitik der INGOs und auch auf das Land, in dem ein Projekt durchgeführt wird. Gleichwohl bleibt es unklar, warum die INGOs sehr unterschiedlich bezuschusst werden. Während die DWHH viele Zuwendungen vom Staat bekommt, erhält terre des hommes, ebenfalls auch eine vergleichbar große INGO, offenbar wenig. Die DWHH und tdh haben beide in drei Kontinenten Projekte laufen, DWHH 366, tdh 328 im Jahr 2010. Auch bei kleineren Organisationen sind die staatlichen Zuschüsse ungleich verteilt. ASW Berlin unterstützt Projekte in drei Kontinenten, allerdings in wenigen Ländern (außer in Indien und Brasilien in vier afrikanischen Ländern). Diese Aktionsgemeinschaft hatte 2010 Jahreseinnahmen von gut einer Million Euro, die sich fast ausschließlich aus Spenden zusammensetzten. *Welthaus Bielefeld* unterstützt ebenfalls Projekte in Mittel- und Südamerika und in zwei afrikanischen Ländern, hatte aber 2010 eine Jahreseinnahme von 2,2 Millionen Euro, wovon fast 60 Prozent aus den öffentlichen Haushalten kamen.

Wie viel INGOs gibt es tatsächlich in den Industriestaaten? Das ist schwer feststellbar, was u.a. auch daran liegt, dass viele INGOs nicht nur im Bereich der Entwicklungshilfe arbeiten. Wenn man die UNO- bzw. UIA-Kriterien zugrunde legt, kommt die Bundeszentrale für politische Bildung (bpb) auf eine Zahl von 7628 INGOs weltweit.[54] Diese Zahl dürfte sich inzwischen auf 10000 bis 15000 erhöht haben. Die Kriterien der UNO bzw. UIA sind bezogen auf die NGOs aus dem Süden fragwürdig, weil sie mindestens in drei Ländern tätig sein und von mindestens drei Ländern finanziert werden sollen. Doch auch, was die Zahl der INGOs im Norden angeht, zeigt das Beispiel Deutschland, wie schwer es ist, eine genaue Zahl herauszufiltern. Die GIZ (*Deutsche Gesellschaft für internationale Zusammenarbeit*), eine Einrichtung des Bundesministeriums für wirtschaftliche Zusammenarbeit und Entwicklung hat 2010 eine Liste der Institute für Entwicklungszusammenarbeit veröffentlicht. Darin sind insgesamt 333 Institute enthalten, wovon 21 die Vertretung von INGOs sind, deren Zentralen außerhalb Deutschlands liegen. Diese Liste ist aber deshalb wenig hilfreich, weil sie sämtliche Namen amtlicher und ministerieller Abteilungen sowie universitärer Institute enthält, die auch nur entfernt mit Hilfsaktivitäten zu tun haben. Wenn man alle diese Einrichtungen abzieht, bleiben vielleicht noch 100 INGOs übrig.[55] Etwas verlässlicher ist die Liste der registrierten NGOs bei VENRO (*Verband Entwicklungspolitik deutscher Nichtregierungsorganisationen*). Nach dem Jahresbericht des Verbands 2011 gibt es 115 NGOs, die bei VENRO Mitglied sind.[56] Es gibt aber auch eine beachtliche Zahl von NGOs aus anderen Bereichen, die mit Entwicklungsprojekten zu tun haben: Das ›Greenpeace Magazin‹ hat z.B. 2007 ein Handbuch über NGOs herausgegeben, darin werden in drei Sparten – Umwelt/Natur/Tiere, Menschenrechte/Demokratie/Soziales/Gesundheit und Frieden/ Abrüstung – insgesamt 421 NGOs aufgeführt.[57] Es ist schwer, NGOs aus verschiedenen Bereichen säuberlich voneinander zu trennen.

An dieser Stelle noch eine Anmerkung zu den Verdiensten der Entwicklungshelfer vor Ort: In den schwer erreichbaren Dörfern im Norden Kenias habe ich in den 1980er Jahren Junglehrer aus den USA getroffen, die dort in den Sekundarschulen unterrichteten. Ausgebildete einheimische Lehrer waren rar, weil sie von dem Gehalt aus dem eigenen Land dort nicht leben konnten. Die US-Lehrer wurden zwar von USAID bezahlt, aber auch sie mussten unter unzumutbaren Unterrichtsbedingungen arbeiten. Es gab kaum Unterrichtsmaterial, keine öffentlichen Verkehrsmittel, um etwa zur nächsten Stadt zu gelangen, und auch das Essen und Wohnen muss für diese Junglehrer sehr gewöhnungsbedürftig gewesen sein. Dennoch hat sich keiner über die Zustände beklagt. In Krisen- und Katastrophengebieten leisten die Helferinnen und Helfer häufig unter Lebensgefahr unglaublich wertvolle Arbeit. Auch eine Helferbiografie wie die des Kanadiers James Orbinski ist bewundernswert und eindrucksvoll.[58]

Deshalb wird in der Kritik oder bei der Erörterung der schwierigen Beziehung zwischen den NGOs aus dem Norden und aus dem Süden solche Krisen- und Katastrophenhilfe ausdrücklich ausgenommen. Trotz solcher unschätzbaren Arbeit in der Krisensituation bleibt das Verhältnis bei der alltäglichen Projektarbeit zwischen den NGOs aus dem Norden und aus dem Süden problematisch. Allein bei der UNO-Vertretung sind die NGOs aus dem Süden beschämend unterrepräsentiert. Laut Bundeszentrale für politische Bildung entfielen zwei Drittel der akkreditierten Vertretungen auf NGOs aus Europa und Nordamerika. Lediglich zwölf bzw. 15 Prozent entfielen auf Afrika bzw. auf Asien. Die restlichen NGOs stammen aus Lateinamerika, der Karibik sowie Ozeanien.[59]

Was die Zahl der NGOs aus dem Süden angeht, stehen sie in keinem Verhältnis zu der Zahl jener aus dem Norden. Selbst wenn man von etwa 15 000 Organisationen aus dem Norden ausgeht, stehen dem allein in Indien 3,3 Millionen solcher Vereine gegenüber. Wenn man die Hälfte davon abzieht, weil sie zu klein sind (mit Jahreseinnahmen von weniger als 2500 Euro) bleibt immer noch eine große Zahl übrig. Die zivilen Organisationen in Indien erwirtschaften 2,5 Prozent des BNPs des Landes,[60] wobei die USA die NGOs in Indien mit 17 Milliarden US-Dollar pro Jahr mitfinanzieren. Unter den ausländischen Spendern und Helfern sind auch viele radikale religiöse Gruppen mit aggressivem Missionierungsdrang, die von der indischen Regierung mit Sorge beobachtet werden.[61] Es gibt aber viele NGOs im Süden, nicht nur in Indien, die völlig ohne ausländische Hilfe arbeiten. Eine vergleichbar große Zahl wie in Indien findet man z. B. auch in Brasilien, Bangladesch, Kenia, Tansania, Uganda oder in Ländern des südlichen Afrikas. Allein deshalb ist das Missverhältnis in der Repräsentation bei der UNO nicht verständlich.

Innovative NGO-Arbeit vor Ort

Wenn es um die Arbeit vor Ort geht, die die Lebenslage der armen Bauern, oder die der untersten Schichten in Entwicklungsländern verbessern soll, kommt die Hilfe meistens aus den regionalen NGOs. In meinem Buch ›Welthandel und Welthunger‹ habe ich von drei solchen erfolgreichen Projekten berichtet.

Das erste Beispiel ist »Villa El Salvador« in Peru, das Alan B. Durning, Mitglied des Worldwatch Institutes, als die wahrscheinlich erfolgreichste Selbsthilfe-Gruppe der Welt bezeichnet hat.[62] Dort haben die Armen aus eigener Kraft eine halbe Million Bäume gepflanzt, 26 Schulen, 150 Tagesstätten und 300 Straßenküchen gebaut und Sozialarbeiter ausgebildet. Trotz extremer Armut liegt hier die Kindersterblichkeitsrate 40 Prozent unter dem Landesdurchschnitt, die Analphabetenrate beträgt nur noch drei Prozent. Grundlage für diesen Erfolg ist das große Netzwerk der Frauengruppen und einer demokratisch strukturierten Verwaltung der Nachbarschaftshilfe.

Das zweite Beispiel war das Projekt »NAAM« in Burkina Faso, entstanden nach der großen Hungersnot 1973/74. Die Initiative ging von dem Lehrer Bernard Lédéa Quedraogo, einem promovierten Soziologen aus. Während der Dürre war neben der Lebensmittelproduktion auch die Ernte von Exportgütern wie Kakao oder Baumwolle ausgeblieben (die cash crops). Deshalb bauten die Bauern, angeleitet von Quedraogo, in mühsamer Handarbeit kleine Dämme und Bewässerungsanlagen und stellten die landwirtschaftliche Produktion von cash crops auf Nahrungsmittel um. Das Motto war: Entwicklung, ohne zu zerstören – auf der Grundlage dessen, was ein Bauer kann, weiß und will. Aus diesem Projekt ist in Westafrika eine Bewegung mit Tausenden Gruppen und Projekten entstanden, NAAM hat die Verwüstung gestoppt und den Mangel an Nahrungsmittel beseitigt. Als das Projekt schon Erfolg hatte, wurden weitere vergleichbare Ansätze vom Norden finanziert, sowohl von NGOs wie der Deutschen Welthungerhilfe als auch von Staaten wie Kanada. In einem Aufsatz fragt der kanadische Wissenschaftler Julian Gregory 2008: Können die ländlichen Bauern ihre Probleme besser, effektiver lösen als die westlichen NGOs?[63]

Das dritte Beispiel war »Grameen Bank« aus Bangladesch. Das Projekt hat gewissermaßen das Bankgeschäft durch die Vergabe von Kleinstkrediten an die Armen revolutioniert. Der Initiator ist ein an der Harvard University ausgebildeter Ökonom namens Muhammad Yunus, der an der Universität Chittagong lehrte. Die Armen waren für die Banken nicht kreditwürdig, weil sie keine Sicherheit vorweisen können. Deshalb waren sie auf Geldverleiher angewiesen, die Wucherzinsen verlangten. Die Hypothese von Yunus war: Wenn die Armen zu vernünftigen Konditionen mit Finanzmitteln versorgt werden, können sie ohne Außenhilfe selbst produktiv werden. Er begann das Projekt mit 30 Takas (damals etwa zwei Euro) aus eigener Tasche. Yunus ersann das Mikrokreditsystem mit einer kollektiven Verantwortung. Bevor jemand einen Kredit aufnehmen konnte, musste er/sie eine Gruppe mit gleichgesinnten fünf Personen bilden. Die Gruppenmitglieder sichern sich gegenseitig ab. Das aufgenommene Geld musste in zwölf Raten zurückgezahlt werden plus einer zusätzlichen Rate, die als Zinsen verbucht wurde. Durch das Kleinstkreditprojekt entstanden quasi als Nebenprodukte Hunderte von Entwicklungsprojekten: von Frauenalphabetisierungsprogrammen über Geschäftsgründungen und Managementkurse bis zu verschiedenen eigenständigen Produktionsstätten. 95 Prozent aller Projekte sind von Frauen geleitet, 98 Prozent der verliehenen Gelder fließen zurück. Zum Vergleich: Die »normalen« Banken haben etwa 60 Prozent Rückflüsse. Das Mikrokreditsystem ist inzwischen in aller Welt verbreitet, Nachahmungen gibt es auch in Industriestaaten, z. B. in Deutschland. Yunus hat 2006 dafür den Friedensnobelpreis erhalten.[64]

Ähnlich erfolgreiche Projekte, die ebenfalls Anerkennung und Nachahmung erfahren haben, gibt es viele – z. B. das »Green Belt Movement«, das die Professorin Wangari Maathai (1940–2011) 1977 in Kenia unter widrigen Umständen begonnen hatte. Die Regierung von Arap Moi hatte sie jahrelang hartnäckig verfolgt. Davor verlor Kenia jedes Jahr 3,6 Millionen Hektar Baumbestand und war von der Verwüstung bedroht, nur 20 Prozent der Fläche des Landes waren landwirtschaftlich gut brauchbar, der Rest lag in den ariden und semiariden Zonen. Als ich 1987 Frau Maathai fragte, wie sie als Professorin für Tieranatomie dazu gekommen sei, Bäume zu pflanzen, sagte sie: »Wenn es kein Gras und keine Bäume mehr in diesem Land gibt, wird es auch keine Tiere mehr geben und mein Beruf würde überflüssig. Also musste ich dafür sorgen, dass das Land wieder grün wird.« Das Projekt war seitdem nicht nur mit der Begrünung der Landschaft beschäftigt, sondern entwickelte sich zu einer Bewegung, die sich von der Alphabetisierung über Beschäftigung bis zu Frauenemanzipationsprogrammen spannte. Die Initiative hat sich auf 13 afrikanische Länder ausgeweitet, Wangari Maathai bekam 1984 den Alternativen Nobelpreis und 2004 den Friedensnobelpreis. Sie sagte mir schon 1987, »Entwicklungsprojekte sind nie eine Frage des Geldes, sondern der inneren Motivation.«[65]

Beispiel SEWA: Dieses Projekt wurde von der promovierten Juristin Ela K. Bhatt 1972 in Ahmedabad gegründet. Das Ziel war, Frauen, die im »informellen Sektor« durch eigene Arbeit oder durch kleine Geschäfte ihren Lebensunterhalt verdienen, vor der Ausbeutung zu schützen. 94 Prozent aller arbeitenden Frauen in Indien sind in diesem Bereich beschäftigt. Besonders Frauen, die durch Heimarbeit ihr Geld verdienen, werden von den Arbeitgebern ausgebeutet, sie stellen Bidis (kleine billige Zigarillos), Zündhölzer, Kerzen, aber auch Kleidungsstücke her. Diese Frauen werden von Vertretern, die die Aufträge bringen und fertige Produkte wieder abholen, dazu gedrängt, immer mehr Arbeit für immer weniger Geld zu leisten. Das Ziel von Bhatts Projekt war, die Arbeiterinnen durch eine Art Gewerkschaft vor Ausbeutung zu schützen und Vollbeschäftigung zu garantieren. So sollen sie Selbstständigkeit und Selbstsicherheit erreichen. SEWA wurde nach dem Vorbild der Textilgewerkschaft und im Sinne der Ideale Gandhis gegründet, diese hatte 1917 nach einem langwierigen Kampf unter Beteiligung von Gandhi mehr Rechte für Arbeiter errungen. SEWA zählt mittlerweile 1,1 Millionen Mitglieder in Indien, davon etwa die Hälfte in Ahmedabad. Es gibt 99 Kooperativen, die in vielen Bereichen wie Alphabetisierung, Gesundheitswesen, Kinderbetreuung, Mikrokrediten und Ökotourismus angesiedelt sind. SEWA hat eine eigene Akademie, eine Publikationsabteilung, eine Bank sowie eine eigene Versicherung, die ihre Mitglieder versorgt. Die Organisation ist mittlerweile kein Projekt mehr, sondern eine Bewegung, die sich in 13 Ländern Süd- und Südostasiens ausgeweitet hat, sie ist heute international angesehen und wird selbst von der Weltbank unterstützt. U. a. ist der Deutsche Gewerkschaftsbund Mitglied von SEWA, und Ela Bhatt ist wie Yunus oder Maathai mit nationalen und internationalen Preisen überhäuft.[66]

Das letzte Beispiel: In Porto Alegre in Brasilien wurde 1989, als die Stadt mit 1,2 Millionen Einwohnern fast pleite war, ein sogenanntes Partizipatives Budget gegründet. In fünf thematischen Foren – Transport, Stadtplanung und Verwaltung, Bildung und Kultur,

Gesundheit und Sozialdienste, Wirtschaftsentwicklung und Strukturreform – diskutierten die Bürger in 16 Stadtteilen intensiv über die von der Stadtverwaltung bereitgestellten Informationen. Nach eingehender Diskussion erstellten die Stadtteilkonferenzen ihre Prioritätenliste und entsandten je zwei Vertreter pro Stadtteil zum Stadtparlament, wo sie über das Budget mitentschieden. Seit 1992 wurde z. B. die Grundsteuer reduziert, dennoch stiegen die Steuereinnahmen. Eine Schlussfolgerung ist: Wenn die Bürger das Gefühl haben, dass sie in die Entscheidungen eingebunden sind, versuchen sie weniger, Steuern zu hinterziehen. Das Modell ist so erfolgreich, dass es in 100 Städten in Brasilien und auch anderswo nachgeahmt wird – z. B. in Stadtteilen von Rom, Berlin und Wien.[67]

All diese Beispiele haben eines gemeinsam: Sie sind von Einzelpersonen oder von den lokalen NGOs entwickelt worden – anfangs ohne finanzielle Unterstützung aus dem Norden. Später, als sie schon erfolgreich waren, kamen die nördlichen NGOs und auch staatliche Geberorganisationen, um sich daran zu beteiligen. Die Geldgeber, besonders die NGOs aus dem Norden, sind schließlich auf der Suche nach erfolgreichen Projekten, denn diese brauchen sie als Legitimation, um mehr Zuschüsse aus den öffentlichen Haushalten zu bekommen oder höhere Spendensummen zu erzielen.

Das bedeutet nun nicht, dass alle NGOs aus dem Süden gut, erfolgreich und selbstlos sind. Bunker Roy, Gründer und Vorsitzender eines erfolgreichen Projekts in Tilonia, Rajasthan, behauptet, dass 50 bis 70 Prozent aller NGOs Fake, also Schein-NGOs sind. Sie existieren nur auf dem Papier und sind dazu da, um Geld auch und vor allem aus dem Ausland zu sammeln. Nicht nur in Indien, sondern in allen Entwicklungsländern sind Fake-NGOs keine Seltenheit, Stefan Loipinger (›Die Spendenmafia‹) und Linda Polman (›Die Mitleidindustrie‹) berichten ausführlich darüber.[68]

Schwierige Beziehung zwischen den INGOs und NGOs aus dem Süden

John Clark stellt die These auf, dass die NGOs aus dem Norden an einer Gabelung von rechts oder links stehen. Der Weg rechts ist breit, bedeutet noch mehr Kooperation mit den Regierungen und öffentlichen Geldgebern. Die Arbeit und Dienstleistungen können sie zunehmend den regionalen NGOs überlassen und sich auf Geld-sammeln und Lobbyarbeit konzentrieren. Dies verspricht mehr Ein-nahmen und Konkurrenz mit privaten Spendern.

Der Weg links ist dornenreich, eng und mühsam. Sie müssen ge-meinsam mit den lokalen NGOs für mehr Gerechtigkeit und gegen den Ausschluss der Armen kämpfen.[69]

2004 begann INTRAC (*The International NGO Training and Research Centre*) eine Untersuchung über die Nord-Süd-Beziehung der NGOs. Die Gruppe nahm sich nur wenige Fallbeispiele vor. Ge-fragt wurde etwa, wie die NGOs aus dem Süden die Beziehung zu ihren Partnern aus dem Norden sehen. Die NGOs aus Brasilien sind der Auffassung, dass sich die Beziehung zunehmend in Richtung ei-ner echten Partnerschaft bewegt, die aus Kambodscha meinen, dass die Kollegen aus dem Norden ihnen gegenüber rationale Monologe halten. Die NGOs aus Tansania sagen dagegen schlicht, dass die NGOs aus dem Norden eine vertikale Beziehung zu ihnen pflegen.[70]

Das Verhältnis Nord-Süd scheint also auch im Bereich der NGOs nicht einheitlich zu sein. Mit denen, die erfolgreich sind, gehen die INGOs freundschaftlich um, zu den anderen ist das Verhältnis am-bivalent und hierarchisch. Dies schildert auf besonders eindringliche Weise Everjoice Win in einem offenen Brief an eine gewisse Chris-tine. Win ist ein aktives einheimisches Mitglied einer NGO in Sim-babwe und hat diesen Brief statt eines Aufsatzes in dem von Groves/Hinton herausgegebenen Buch ›Inclusive Aid‹ geschrieben. Christi-ne, so ist dem Brief zu entnehmen, hat ein Jahr lang als Praktikantin bei dem Projekt in Simbabwe mit Win zusammengearbeitet. Offen-bar war das Praktikum Teil ihres Studiums. Während ihres Aufent-haltes zeigte sich Christine neugierig, lernwillig, war bestrebt, alles so zu machen, wie die Frauen dort, machte Vorschläge, wie man vor Ort die Arbeit rationalisieren könnte (»Warum musst Du sechs ver-schiedene Berichte für sechs verschiedene Geldgeber über dasselbe Projekt schreiben?«, war eine ihrer Fragen an die Projektleiterin vor Ort). Nach einem Jahr ging Christine zurück, schloss ihr Studium ab und wurde Mitarbeiterin einer NGO in England, die auch das Pro-jekt von Win mitfinanziert. Christine kam auf verschlungenen We-gen wieder zurück nach Simbabwe, nun als Expertin für das ganze südliche Afrika, das Gebiet umfasst neben Simbabwe auch Südafri-ka, Lesotho, Mosambik, Malawi, Botswana, Angola und Namibia. Wie konnte Christine, die nur ein Jahr in Simbabwe war, in so kurzer

Zeit Expertin für die ganze Region werden? Nicht nur das, Christines Verhalten hatte sich offenbar grundlegend verändert. Sie war von einer lernwilligen, mitfühlenden, freundschaftlichen Kollegin zu einem Mitglied einer hierarchischen Geldgeberorganisation geworden. »Jetzt verlangst Du von mir«, schreibt Win, »auch einen Bericht wie die anderen Geldgeber, in vorgefertigter Form oder nach Schablone.« Win schließt den Brief mit einem Appell: »Worum ich Dich bitte, ist, dass Ihr lernt, unsere Sprache, unsere Vision zu verstehen, und zu verstehen versucht, dass unsere Art, Probleme zu lösen, auch ein Weg sein kann. Schließlich sind wir, Du und ich, nur ein Teil der Geschichte der Entwicklung«.[71]

Kapitel 11
Nachhaltige Entwicklung – Hindernislauf mit der Zeit

> »Die Natur betrügt uns nie. Wir sind es immer,
> die uns selbst betrügen.«
> *Jean-Jacques Rousseau (1712–1778)*

> «Alles, was gegen die Natur ist, hat auf Dauer
> keinen Bestand.«
> *Charles Darwin (1809–1882)*

> »Wir leben in einem gefährlichen Zeitalter.
> Der Mensch beherrscht die Natur, bevor er gelernt hat,
> sich selbst zu beherrschen.«
> *Albert Schweitzer (1875–1965)*

Das Jahr der Jubiläen: 2012

Das Jahr war voller Jubiläen. 40 Jahre zuvor fand 1972 die erste UN Umwelt-Konferenz UNCED (*UN Conference on Environment and Development*) in Stockholm statt. In demselben Jahr wurde das UNEP (*UN Environment Programme*) gegründet, und es erschien die erste Club-of-Rome-Studie, ›Die Grenzen des Wachstums‹. Diese wies zum ersten Mal auf die Zusammenhänge zwischen Wirtschaftswachstum, Rohstoffvorräten, Weltbevölkerungswachstum, Umweltverschmutzung und den verfügbaren Nahrungsmitteln hin.[1] Es gab zwar einen öffentlichen Aufschrei und allerlei Versuche, die Erkenntnisse der Studie als fehlerhaft darzustellen. Dazu hat die Studie selbst Anlass gegeben, weil die Annahme über Rohstoffvorräte zu niedrig angesetzt und deshalb der Zeitpunkt des Zusammenbruchs zu früh vermutet wurde, aber an der Kernaussage der Studie, dass die genannten Indikatoren zusammenhängen und deshalb das Wachstum Grenzen hat, gibt es nichts zu rütteln. Seither beschäftigen sich Umweltkonferenzen und Wissenschaftler aus allen Erdteilen damit, wie man den Zusammenbruch verhindern und damit das Überleben der Menschheit sichern kann.

Vor 25 Jahren, 1987, erschien der Bericht der Brundtland-Kommission, ›Our Common Future‹, in der die *Nachhaltigkeit* so definiert wurde: eine Entwicklung, die die Bedürfnisse der Gegenwart befriedigt, ohne zu riskieren, dass künftige Generationen ihre Bedürfnisse nicht mehr befriedigen können.[2] Der Begriff Nachhaltigkeit ist nicht neu, er wurde zum ersten Mal 1713 in einer Publikation im Zusammenhang mit Forstwirtschaft von Hans Carl von Carlowitz gebraucht. Gemeint war, dass man aus einem Wald nicht mehr Holz entnehmen darf, als nachwachsen kann. Es gibt seither mehr als 79 Definitionen von Nachhaltigkeit,[3] die Definition der Brundtland-Kommission dient seit 1987 als Grundlage für alle internationalen Diskussionen.

1992, vor 20 Jahren, fand der erste große Erdgipfel (*Earth Summit*) in Rio de Janeiro statt, an dem 172 Staaten mit 108 Staats- und Regierungschefs und 2400 Vertretern der NGOs aus aller Welt teilnahmen. Dort wurde ein 350 Seiten langes Aktionsprogramm mit der »Agenda 21« beschlossen. Diese Agenda enthält 40 Kapitel, die in vier Bereiche unterteilt sind: soziale und wirtschaftliche Dimension, Erhaltung und Bewirtschaftung der Ressourcen für die Entwicklung, Stärkung der Rolle wichtiger Organisationen und die Möglichkeiten der Umsetzung.[4]

Rio+20: Nach zwei offiziellen Vorbereitungskonferenzen Rio+5 1997 in New York und Rio+10 2002 in Johannesburg fand in Rio de Janeiro der zweite große Erdgipfel Rio+20 vom 20. bis 22. Juni 2012 statt. Das Ergebnis schätzte offenbar nur Ban Ki-moon, UN-Generalsekretär, als »sehr ehrgeizig und praktisch für die nachhaltige Entwicklung« ein.

Alle anderen, angefangen von der Bundesregierung, den Repräsentanten der EU bis zu den Vertretern der NGOs aus Industriestaaten und Entwicklungsländern finden das 53-seitige Dokument enttäuschend, wenig aussagekräftig und im Grunde kolossal gescheitert.[5] Es ist freilich grundsätzlich schwierig, ein internationales UN-Abkommen so zu gestalten, dass bei Nichteinhaltung Strafen verhängt werden können, weil es kein Kontrollgremium mit einer Vollmacht für Sanktionen gibt. Dennoch ist mit einem verpflichtenden Abkommen ein moralischer Anspruch verbunden, der bei Nichteinhaltung zumindest Imageschäden bewirken könnte. Genau deshalb wird das Ergebnis des Erdgipfels Rio+20 von allen Seiten kritisiert, weil es wenig Verpflichtendes enthält. In dem Dokument ist von *green economy* die Rede und von der Absicht, die Millenniumsziele 2015 durch SDGs (*Sustainable Development Goals*) zu ersetzen.[6] Eine Umwandlung des Gremiums in eine UN-Organisation mit mehr Macht scheiterte am Widerstand der USA. Zwischen Rio 1992 und Rio 2012 gab es Konferenzen, die bedeutsam sind, z. B. 1997 wurde das Kyoto-Protokoll unterzeichnet, das im Jahre 2005 durch Ratifizierung in Kraft trat. Der Vertrag regelt den Ausstoß von Treibhausgasen. Danach sollen die Treibhausgas-Emissionen um 5,2 Prozent unter das Niveau von 1990 gesenkt werden. Deutschland hat Emissionen sogar stärker gesenkt, aber die Hälfte aller Industriestaaten hat das Ziel verfehlt. Die USA haben das Protokoll zwar unterzeichnet, aber nie ratifiziert. Der Vertrag von Kyoto läuft in diesem Jahr aus, nach langen Verhandlungen wurde Ende 2011 in Durban ein neues Abkommen beschlossen, das aber erst ab 2020 gültig sein wird, damit auch rasch wachsende Länder wie China und Indien eingebunden werden können. Bis dahin gelten die Verpflichtungen des Kyoto-Protokolls für die Industriestaaten. Die Verhandlungen für die Durban-Konferenz gestalteten sich wegen des Widerstands von China und Indien schwierig, und als Ergebnis kam nur ein Kompromiss zustande,[7] ähnlich wurde das Ergebnis der Rio+20-Konferenz wegen des Widerstands der BRICS-Gruppe und einiger Industriestaaten wie den USA abgeschwächt. Alle NGOs in Deutschland, von Greenpeace über Misereor und Brot für die Welt bis hin zu Germanwatch und VENRO, kritisieren die Beschlüsse als mager, als Kapitulation vor wirtschaftlichen Interessen und bezeichnen das Schlagwort *green economy* als Täuschung. Die Mehrheit der Kritiker scheint sich in der Beurteilung des Ergebnisses von Rio+20 einig zu sein: Was 1992 als hoffnungsvoller Prozess begonnen hatte, ist 2012 beim neuen Gipfel als große Enttäuschung zu Ende gegangen, weil der Widerspruch zwischen den Zielen einer nachhaltigen Entwicklung und eines wachstumsorientierten Wirtschaftens, das z. Z. von allen Ländern praktiziert wird, nicht ohne Weiteres lösbar ist. Harald Welzer, Sozialpsychologe und Direktor von FUTUR-ZWEI. Stiftung für Zukunftsfähigkeit, schreibt in einem Kommentar zu Rio+20: »Im 21. Jahrhundert stehen wir vor der Frage, wie man den durch die kapitalistische Wirtschaft erreichten zivilisatorischen Standard in Sachen Freiheit, Demokratie, Rechtsstaatlichkeit, Bildungs- und Gesundheitsversorgung aufrechterhalten und zugleich die Ressourcenübernutzung radikal zurückfahren kann. Wenn man das ernsthaft will, geht das nicht ohne deutliche Wohlstandsverluste. Das gute Leben gibt es nicht umsonst.«[8]

Der Konflikt zwischen Wissen und Handlung

Seit 1972 ist das Wissen, dass Treibhausgase das Klima gefährden, Allgemeingut. Mit der Verabschiedung des Kyoto-Protokolls haben die Unterzeichnerstaaten dies offiziell anerkannt und sind eine Verpflichtung zur Reduktion eingegangen. Selbst wenn die Hälfte der Unterzeichnerstaaten dies nicht eingehalten hat, wissen sie über die möglichen Folgen Bescheid. Und das gilt nicht nur bei den Treibhausgasemissionen, sondern z. B. beim Verlust der biologischen Vielfalt, der Vernichtung des Regenwaldes und bei der Überfischung der Meere. Das UNEP, das Umweltprogramm der UNO, veröffentlicht jedes Jahr einen Bericht, in welchen Bereichen welche Erfolge bzw. Misserfolge zu verzeichnen sind. Daneben veröffentlicht die Organisation in unregelmäßigen Zeitabständen Umweltprognosen: »Global Environment Outlook« (GEO). In diesen Berichten wird über die Bereiche Atmosphäre, Land, Wasser, Biodiversität, Chemikalien und Abfälle berichtet, positive Handlungsmöglichkeiten in einzelnen Regionen werden aufgezeigt und globale Perspektiven detailliert, auch für Laien verständlich, dargestellt.[9] Daneben gibt es eine Flut von Veröffentlichungen, die einerseits versuchen, die Folgen des Nichthandelns aufzuzeigen, andererseits werden Vorschläge gemacht, wie die angestrebten Ziele erreicht werden können. Diese gehen von der Förderung der erneuerbaren Energien über eine Steigerung der Effizienz von Energieeinsatz (»Faktor vier« und »Faktor fünf«) bis zum Wohlstand ohne Wachstum.[10]

Ein einzelnes Beispiel aus dem Bereich Umwelt herauszunehmen ist schwierig, weil gerade hier alles mit allem zusammenhängt. Emissionen von Treibhausgasen sind die Verursacher des Klimawandels. Dieser wiederum ist dafür verantwortlich, dass die Temperatur bis zum Ende des Jahrhunderts je nach Prognose voraussichtlich um zwei bis fünf bzw. dreieinhalb bis sechs Grad ansteigt, was eine Erhöhung des Meeresspiegels zur Folge hat. Diese Erhöhung des Meeresspiegels wird 40 tief liegende Inseln wie die Malediven, die Salomon-Inseln, Tuvalu u. a. von der Erdoberfläche verschwinden lassen, ebenso werden Teile von Ländern wie Mosambik, Vietnam und Bangladesch versinken. Dadurch werden wiederum Millionen von Menschen aus ihrer Heimat vertrieben werden, von denen die meisten Zuflucht in Nachbarländern suchen werden, wo sie die schon jetzt vorhandene Nahrungsmittelknappheit noch verschärfen. Die Erwärmung der Atmosphäre lässt Gletscher und Pole schmelzen, dies führt einerseits dazu, den Meeresspiegel zu erhöhen, andererseits zu Wasserknappheit, Trockenheit, Bodenerosion und Überschwemmungen, etwa durch Schneeschmelzen in der Region des Himalajas. Von diesen katastrophalen Veränderungen werden nach einem Bericht der Weltbank über eine Milliarde Menschen betroffen sein.[11] Diese Kette kann man endlos fortsetzen.

Es ist schon lange nicht mehr die Frage, ob die Temperatur durch den Klimawandel steigt, sondern welche Anstrengungen notwendig sind, um den Temperaturanstieg unterhalb einer bestimmten Grenze zu halten, z. B. bis zum Ende des Jahrhunderts bei maximal zwei Grad Celsius. Dass die Temperatur im 20. Jahrhundert um 0,75° C gestiegen ist, steht fest,[12] selbst die Weltbank geht davon aus, dass ein Wirtschaften wie bisher die Durchschnittstemperatur bis zum Jahr 2100 um fünf Grad steigen lässt. Ein solches business as usual bedeutet wachstumsorientierte Wirtschaft und *braune Ökonomie,* die auf Verbrennung der fossilen, nicht erneuerbaren Energie angewiesen ist. Deshalb muss alles getan werden, um den Temperaturanstieg auf zwei Grad zu begrenzen.[13] Zwischen 1993 und 2003 ist der Meeresspiegel um 2,8 cm gestiegen, deshalb ist die Prognose von einem zwei Meter hohen Anstieg des Meeresspiegels bis Ende des 21. Jahrhunderts eher vorsichtig. In guter Erinnerung ist vielen ein medienwirksames Foto von der UN-Umweltkonferenz in Kopenhagen 2009: Dort hielt der damalige maledivische Präsident Muhamed Nasheed zusammen mit Kollegen von anderen bedrohten Inseln eine Konferenz unter Wasser ab, um auf ihr absehbares Schicksal aufmerksam zu machen. Nasheed hatte während seiner Regierungszeit einen Antrag an Indien und Sri Lanka geschickt mit der Bitte, im Ernstfall die Bevölkerung der Inseln aufzunehmen.

Von den Veränderungen durch Wasserknappheit, Bodenerosion, Verwüstung und dem Rückgang der Agrarproduktion werden wiederum die armen Regionen, besonders die Ärmsten der Armen am meisten betroffen sein.[14] Business as usual wird vermehrt Klimakriege verursachen, schon jetzt haben Konflikte, die als ethnisch interpretiert werden, nach Ansicht des UNDP ökologische Ursachen. Ein Beispiel ist die Auseinandersetzung in Darfur zwischen Afrikanern und Arabern. Auch der Frieden im Sudan wird erst dann zu erreichen sein, wenn die Umweltbedingungen so verbessert werden können, dass alle Bevölkerungsgruppen eine Überlebenschance haben.[15]

Für die politischen Handlungen wird es entscheidend sein, im Auge zu behalten, ob sie von allen Ländern akzeptiert werden und ob Widersprüche zwischen den Zielen und der politischen Realität vorhanden sind.

Akzeptanz der Ergebnisse und Prognosen der Studien

Selbst Staaten wie die USA, die Schwellenländer und manche Entwicklungsstaaten, auf deren Widerstand hin das Abkommen von Rio+20 folgenlos bleibt, stellen den Zusammenhang zwischen der wachstumsorientierten Wirtschaft und dem folgenschweren Klimawandel nicht infrage. Die Weltbank, die von den USA quasi mit Vetorecht beherrscht wird, hat in ihrem Jahrbuch 2010 ausführlich und minutiös den Zusammenhang, die Folgen und den Handlungsbedarf dargestellt. Viele andere renommierte Institute wie Worldwatch, die ebenfalls seit Jahren Forschungsarbeiten zu diesem Themenkomplex veröffentlichen, sind in den USA beheimatet. Länder wie Brasilien, Indien, Malaysia oder die Philippinen verfügen über international anerkannte Forschungsinstitute wie das von José Lutzenberger gegründete »Gaia« in Brasilien, das von Anil Agarwal gegründete »Centre for Science and Environment« (CSE) in Indien. Sunita Narain, Nachfolgerin des verstorbenen Anil Agarwal, Direktorin von CSE und Herausgeberin der Zeitschrift ›Down to Earth‹ hat auch das Abkommen von Rio+20 als ergebnislos bezeichnet. Für die Ablehnung der progressiven Ziele des Erdgipfels von 1992 gibt es unterschiedliche Gründe.

Die USA, wie der Naturwissenschaftler Ernst Ulrich von Weizsäcker anmerkt, lehnen schon seit der Reagan-Administration jegliche internationale Vereinbarung ab, vielleicht deshalb, weil sie sonst Macht abgeben müssten. Aus dem selben Grund sind sie entschieden dagegen, das UNEP in eine UN-Organisation, also UNEO (*United Nations Environment Organization*), umzuwandeln. Die Regierungen der BRICS-Staaten und einige Entwicklungsländer sind dagegen, weil sie fürchten, dass ihnen im Mantel der grünen Ökonomie das Recht auf *nachholende* (auf wachstumsorientierte) Entwicklung verwehrt wird.[16] Entsprechend agieren diese Regierungen gegen konkrete Schritte zur Umsetzung der Ziele von Agenda 21. Dies deckt sich nicht immer mit der Meinung der Bevölkerung einzelner

Länder. So mag in den USA die Meinung der Bevölkerung zwischen den Wählern der Republikaner und Demokraten, zwischen Bundesstaaten an der Ost- und Westküste und im mittleren Westen geteilt sein, aber in vielen Schwellen- und Entwicklungsländern gibt es entschiedenen Widerstand gegen die braune Ökonomie. In Indien z.B. musste die Regierung das 1,7 Milliarden US-Dollar umfassende Projekt eines britisch-indischen Konsortiums für Ausbeutung von Bauxit im Bundesstaat Orissa wegen massiven Protests der Bevölkerung aufgeben.[17] Auch die Forschungsinstitute vertreten ganz entschieden eine andere Meinung als ihre Regierung. Paradoxerweise lassen sich die Regierungen von vielen dieser Institute beraten. Sunita Narain bringt es auf den Punkt: »In den 20 Jahren nach der ersten Rio-Konferenz 1992 sind die Menschen erwachsen geworden, nur die Regierungen sind immer noch im Kindergarten.«[18] Die Ergebnisse bzw. Nichtergebnisse der Rio+20-Konferenz sind deshalb so enttäuschend, weil sie schon lange vor der Konferenz feststanden. Dafür stand das Spektakel mit über 100 Staats- und Regierungschefs, über 2500 Vertretern der NGOs, einigen Millionen Flugstunden, einigen 100 000 Meilen Taxifahrten und 60 Millionen Tonnen Müll, die die Teilnehmer in drei Tagen produzierten, im krassen Widerspruch zu dem Anspruch, den die Veranstalter hatten.[19]

Was die Ergebnisse der bisherigen Studien angeht, gab es zwar immer wieder zu Recht Kritik an Lücken, falschen Annahmen und Fehlern: z.B. die Kritik an der ersten Club-of-Rome-Studie, weil sich die Annahme über die noch vorhandenen und noch zu entdeckenden Ressourcen als fehlerhaft herausstellte. Aber die Entdeckung von neuen Öl- und Gasfeldern änderte nichts an der Kernaussage, dass die nicht erneuerbaren Energiequellen endlich sind. 30 Jahre später haben die Autoren zwar bestimmte Angaben korrigiert und aktualisiert, blieben aber bei der Analyse und riefen erneut zum Kurswechsel von einer wachstumsorientierten Wirtschaft hin zu einer nachhaltigen Entwicklung auf.[20] Ähnlich harte Kritik gab es nach der Veröffentlichung des vierten Berichts des IPCC (*Intergovernmental Panel on Climate Change*) im Jahre 2007, weil dort die Jahreszahl verwechselt wurde, wann die Himalaja-Gletscher auf ein Fünftel abschmelzen würden, von gegenwärtig 500 000 km^2 auf 100 000 km^2. In dem Bericht war das Jahr 2035 genannt worden, obwohl man von den Berechnungen her ausgehen muss, dass dieser Rückgang erst im Jahre 2350 zu erwarten ist. Der Herausgeber des

Berichts gab zwar den Fehler zu und korrigierte die Angabe, aber dies hinderte einen Teil der Medien nicht daran, die Ergebnisse der Klimaforschung insgesamt infrage zu stellen. Stefan Rahmstorf und seine Kollegen von der Zeitschrift ›Spektrum der Wissenschaft‹ stellten fest: »Insgesamt gibt der IPCC-Bericht den gegenwärtigen Stand der Klimawissenschaft sehr gut wieder«,[21] aber für die Kritiker, insbesondere für die Interessenvertreter der braunen Ökonomie, hat das Panel jegliche Glaubwürdigkeit verloren. Doch trotz dieses Fehlers gibt es keinen Grund, an den Ergebnissen der Studie zu zweifeln. Auch die Regierungen von Österreich, der Schweiz und Bayern machen sich ernsthafte Sorgen um den Tourismus im Winter, wenn in nicht allzu ferner Zeit in den Alpen aufgrund des Gletscherschwunds die Touristen fernbleiben.

Nach einer Studie des »Wuppertal-Instituts für Klima, Umwelt und Energie«, die die Landesregierung von Niedersachsen in Auftrag gegeben hatte, steigen die Temperaturen bis 2100 bis zu 3,5 Grad, was zu starken Niederschlägen im Herbst und größerer Trockenheit im Sommer führen wird. Insgesamt wird es extremere Wetterlagen geben.[22]

In Übereinstimmung mit dem IPCC-Bericht geht die Weltbank davon aus, dass die Himalaja-Gletscher massiv schmelzen werden. Sie liefern bis zu 45 Prozent des Wassers von Ganges und Indus, mit dem sowohl die Landwirtschaft als auch die urbane Bevölkerung versorgt wird. Die Weltbank schätzt, durch die Gletscherschmelze werden Überschwemmungen und Trockenheit zunehmen – mit verheerenden Folgen für eine Milliarde Menschen.[23]

Ergänzende, konkurrierende und gegensätzliche Ziele

Mittlerweile gibt es viel Übereinstimmung über die Ergebnisse und Prognosen der Umweltstudien, nur über die Ziele und Handlungsoptionen, wie wir der drohenden Klimaveränderung begegnen können, gehen die Meinungen weit auseinander. Einige Länder wie die USA möchten zwar Korrekturen vornehmen, z. B. den Energieverbrauch erheblich reduzieren, wollen aber auf keinen Fall auf das ständige Wachsen der Wirtschaft verzichten. Regierungen von Entwicklungsländern möchten so lange nicht auf das Wachstum verzichten, bis sie nach ihrer Meinung das Wirtschaftswachstum *nach-*

geholt haben. Sie meinen, eine vorherige Einschränkung käme einer Diskriminierung gleich – der Grund für das Scheitern der Klimakonferenz im Dezember 2011 in Durban.

Diese Staaten sind die Verfechter der *schwachen Nachhaltigkeit*, sie verfolgen das Ziel, durch eine erhebliche Reduktion des Einsatzes von nicht regenerierbaren Ressourcen und durch eine mögliche Substitution, also den Ersatz durch nachwachsende Rohstoffe, den Klimawandel zumindest erheblich zu verzögern. Die Vertreter der Hypothese der *starken Nachhaltigkeit* meinen, dass es für bestimmte grundlegende Naturgüter keine wirklichen Substitute gibt und sich auch keine finden lassen.[24]

Schwache oder starke Nachhaltigkeit und eine energieeffiziente Produktionsweise schützen aber nicht vor mehr Ressourcenverbrauch, solange man sich nicht vom kontinuierlichen Wachstum verabschiedet. Energieeffiziente Produktion kann z.B. einen *Rebound-Effekt* haben. Der Rebound-Effekt bedeutet, dass größere Effizienz zu niedrigeren Preisen führt, dies eine größere Nachfrage erzeugt, die wiederum mehr Ressourcenverbrauch verursacht. Von 1981 bis 2010 hat die weltweite Energieintensität um 0,8 Prozent jährlich abgenommen, der tatsächliche Verbrauch von Primärenergie wuchs in dem selben Zeitraum um 82 Prozent von 6,6 auf zwölf Milliarden Tonnen Rohöläquivalent.[25]

Man kann durch Biotreibstoffe den Primärenergieverbrauch reduzieren. Es wäre aber, wie auch immer man es definiert, keine nachhaltige Entwicklung, wenn man etwa Regenwald rodet, um Plantagen für Palmöl anzulegen.

Green Economy

Die grüne Ökonomie, der Begriff, der im Schlussdokument der Rio+20 eine große Rolle spielt, wird je nach Interessenlage unterschiedlich ausgelegt. Das UNEP beschreibt ihn als eine Wirtschaftsform, die zu verbessertem menschlichen Wohlergehen und sozialer Gerechtigkeit führt, während zugleich Umweltrisiken und ökologische Mängel sinken. Die Gruppe der 77 (der Entwicklungsländer, gegründet 1964, mit z.Z. 134 Mitgliedsländern) möchte auf keinen Fall Bedingungen, Parameter oder Standards akzeptieren, die zu einem nach ihrer Meinung grünen Protektionismus führen.[26] In der Klima-Konferenz in Durban wurde deshalb darauf Rücksicht genommen. Erst nachdem den Entwicklungsländern eine Pufferzeit bis 2020 zugestanden wurde, stiegen sie bei dem Abkommen ein. Aus demselben Grund blieben die Ergebnisse der Rio+20-Konferenz nichtssagend und bedeutungslos. Zu bedenken ist, dass in den Ländern, in denen die CO_2-Emissionen schneller wuchsen, der HDI (Human Development Index) am schnellsten stieg. Die CO_2-Emissionen pro Kopf der Industriestaaten sind zwar bis zu 30 Mal höher als in den Entwicklungsländern, da aber die Wirtschaft in den Schwellenländern rapide wächst und dort die Mehrheit der Weltbevölkerung lebt, ist eine sofortige Einschränkung des Energieverbrauchs auch in diesen Ländern dringend geboten.[27] Abgesehen von Brasilien haben die Entwicklungsländer keine große Anstrengung unternommen, Verteilungsprobleme zu lösen, z. T. hat sich die Kluft zwischen den Armen und Reichen sogar verschärft, weil das schnelle Wachstum immer mehr Ressourcen braucht, von denen die Armen leben. In ganz Indien z. B. gibt es Proteste gegen Infrastrukturprojekte und das, was gängig Entwicklung genannt wird. Die Menschen wissen, dass Bergbau und Waldrodungen dazu führen, dass ihre Wasservorräte austrocknen und sie Weide- und Ackerland verlieren.[28] »Natürliche Ressourcen und Ökodienstleistungen machen in den ärmsten Ländern im Durchschnitt ungefähr ein Viertel des BIP aus.«[29] In Entwicklungsländern sind mindestens sechs von zehn Menschen von einer Form umweltbezogener Deprivation betroffen und vier von zehn leiden unter zwei oder mehr umweltbezogenen Deprivationen, stellt das UNDP fest.[30] Deprivation bedeutet Entbehrung, wie z. B. fehlender Zugang zu modernen Kochbrennstoffen, zu Trinkwasser, oder zu einer grundlegenden Sanitärversorgung. Entwicklung, definiert das UNDP, kann ohne Verteilungsgerechtigkeit nie nachhaltig sein.[31] Die Lage der Armen im Bereich der Energieversorgung lässt sich auch ohne erhebliche Zunahme der CO_2-Emissionen verbessern. Die Organisation rechnet vor, dass die Versorgung aller Menschen mit den modernen Energiedienstleistungen die Emissionen bis 2030 nur um 0,8 Prozent steigern würde.[32] Dies könnte durch erneuerbare Energie oder durch Einsparungen wettgemacht werden.

Bei den Zielen der green economy spielt der Verzicht, die Rücknahme des Wachstums, eine zentrale Rolle. Nachhaltigkeit bedeutet Erhaltung der Lebens- und der Produktionsgrundlagen.

Beim jetzigen wachstumsorientierten Ansatz werden die Kosten der Gemeingüter wie etwa die Umweltkosten externalisiert, also der Gemeinschaft aufgebürdet. Bei einer nachhaltigen Entwicklung wachsen nur nachhaltige Produktionen, die weniger nachhaltigen müssen schrumpfen.[33] Assadourian spricht von einer *Wachstumsrücknahme* und *Verzicht.* »Für Volkswirtschaften, die die Grenzen ihres Ökosystems überschritten haben, gehört dazu eine geplante, kontrollierte Schrumpfung mit dem Ziel, ein Wirtschaftssystem zu errichten, das im Einklang mit den Grenzen der Erde steht.« Und Verzicht ist ein normaler Teil des Alltags. Man verzichtet auf einen Teil des Konsums, um für die Ausbildung des Kindes zu sparen. Menschen sind dann bereit, auf etwas zu verzichten, so Assadourian, wenn der Verzicht mit Hoffnung verbunden ist, in Zukunft Vorteile davon zu haben.[34]

Tim Jackson, der ehemalige Umweltberater der britischen Regierung, stellt die folgende These in seinem Buch ›Wohlstand ohne Wachstum‹ auf: Der Kapitalismus wird auch ohne Wachstum weiter existieren. Die Annahme ist falsch, dass der Kapitalismus und das Wachstum kongruent sind. Es gibt nichtkapitalistische Länder wie Russland, die enorm wachsen.[35]

Es gibt in fast allen Industriestaaten Kommissionen oder Arbeitsgruppen, die den Auftrag haben, neue Indikatoren für die Messung von Wohlstand zu erforschen. So hatte Nicolas Sarkozy eine Kommission mit international renommierten Ökonomen eingesetzt, die die neuen Maßstäbe entwickeln sollte. Die Kommission, besetzt mit Joseph E. Stiglitz, Amartya Sen und Jean-Paul Fitoussi, hat ihr Ergebnis mit dem bezeichnenden Titel ›Mismeasuring our lives. Why GDP doesn't add up‹ vorgelegt. Mit ähnlichen Fragestellungen beschäftigt sich eine Enquete-Kommission des Bundestages.[36] Grundsätzlich geht es darum, wie der Wohlstand nach dem Wandel von einer braunen zur grünen Ökonomie gemessen werden kann.

Mit dem Abschied von der braunen Ökonomie wird zwar die Produktion schrumpfen, aber die grüne Ökonomie wachsen. Auch der Bedarf von Arbeit wird weniger werden, was durch Arbeitszeitverkürzung, Umverteilung oder Lohnerhöhung wettgemacht wird. Michael Renner vom Worldwatch Institute schlägt eine Reihe von neuen Bereichen auf den Gebieten der Rohstoff- und Energieeffizienz, des Recyclings sowie die Bildung eines Netzwerks kooperativer grüner

Innovationszentren vor. Es soll auch im Bereich des grünen Arbeitssektors mehr investiert werden, etwa in die Erforschung von Haltbarkeit, Reparaturfähigkeit und Ausbaufähigkeit der Produkte. Voraussetzung für die Umgestaltung ist eine Wirtschaftsdemokratie, in der die Verbraucher darüber entscheiden können, was produziert wird. Es soll eine partizipatorische Unternehmensführung erprobt werden, die verhindern soll, dass Unternehmen zu groß sind, um pleite zu gehen.[37] Renner und Jackson gehen zwar davon aus, dass durch die grüne Ökonomie neue Arbeitsplätze entstehen werden, diese werden jedoch völlig anderer Art sein. Insgesamt wird die Zahl der Arbeitsplätze abnehmen, deshalb wird es ohne Reduzierung der Arbeitszeit, ohne ein neues Entlohnungssystem, ohne Umverteilung des Vermögens und ohne Verzicht nicht gehen. Der Abschied von der braunen Ökonomie wird überall dort schwerfallen, wo sich nach dem amerikanischen Muster eine Einstellung *mehr ist nicht genug* entwickelt hat, wie Peter C. Whybrow, ein Sozialpsychologe aus den USA, in seinem Buch ›American Mania: When more is not enough‹ beschrieben hat.[38] Sein Kollege George Ritzer, ein Soziologe an der Universität von Maryland, hat mit seinem Buch ›McDonaldisierung der Gesellschaft‹ die These aufgestellt, dass die amerikanische Lebensweise, *the american way of life*, mit Fast Food, Kreditkarten und Drive-in-Kitchens weltweit Einzug gehalten hat.[39] Und damit auch das Streben nach immer mehr.

Andererseits hat die braune Ökonomie, trotz vieler Erfolge, die sie gebracht hat, die Kluft zwischen den Armen und Reichen vergrößert. Renner zitiert aus einer Untersuchung des »UN University World Institute for Development Economic Research« aus dem Jahr 2008. Danach hat sich die ungleiche Verteilung des Reichtums in der Welt extrem entwickelt. Die »untere« Hälfte der Weltbevölkerung verfügt über ein Prozent des weltweiten Vermögens, hingegen besitzen zehn Prozent der Weltbevölkerung 85 Prozent, die oberen fünf Prozent 71 Prozent und das oberste Prozent der Weltbevölkerung 40 Prozent des gesamten Vermögens (Zahlen aus dem Jahr 2000). Zwar weisen einzelne Länder erhebliche Unterschiede bei der Kluft zwischen Arm und Reich auf, aber diese vergrößert sich überall. Beispiel Deutschland: Nach dem vierten Armutsbericht der Bundesregierung verfügt die untere Hälfte der Haushalte 2008 über nur gut ein Prozent, aber die oberen zehn Prozent über mehr als 53 Prozent des gesamten Nettovermögens (1998 lag dieser Anteil noch bei 45 Prozent).[40] Der Anteil des Haushaltseinkommens vom untersten Fünftel in den USA ist von 1970 bis 2011 von 4,1 Prozent auf 3,2 Prozent gesunken, hingegen ist der Anteil des reichsten Fünftels im gleichen Zeitraum von 43,2 Prozent auf 51,1 Prozent gestiegen.[41]

Beispiel Indien im Jahre 2006: Die untere Hälfte hatte einen Anteil von acht Prozent des Vermögens, die oberen zehn Prozent aber 53 Prozent und das oberste Prozent der Bevölkerung immerhin 16 Prozent des Gesamtvermögens.[42]

Deshalb ist die These des UNDP verständlich, dass eine Entwicklung ohne Verteilungsgerechtigkeit nie nachhaltig sein kann, zumal es relativ detailliert aufzeigt, mit welchem geringen Aufwand drei der wichtigsten Deprivationen der Armen – Energie-, Trinkwasser- und sanitäre Versorgung – behoben werden können.[43]

Selbst wenn man die Einsicht in die Notwendigkeit gewinnt, dass eine Umkehr von der braunen zu einer grünen Ökonomie unerlässlich ist und sich zu einer Wachstumsrücknahme entschließt, dauert es eine gewisse Zeit, die Ziele umzusetzen. Jeder Lehrer weiß, dass die Schüler gleich nach Erreichen eines Lernziels noch nicht danach handeln. Das gilt für uns alle. So berichtet die ›Süddeutsche Zeitung‹ von einer Verbraucherumfrage, die die Vertreiber der *Fair-Trade-Waren* in Auftrag gegeben hatten. Danach würden 93,3 Prozent der Befragten die Marke wechseln, wenn der Produzent Kinder beschäftigt, und 88,4 Prozent die Marke wechseln, wenn der Produzent Mitarbeitern Dumpinglöhne bezahlt. Insgesamt lag der Absatz von Waren mit Fair-Trade-Siegel bei rund 400 Millionen Euro. Weltweit wird etwa 0,001 Prozent des Welthandels fair abgewickelt.[44] Selbst wenn man gewillt wäre, dauerte es eine gewisse Zeit, diese Erkenntnis in Handlung umzusetzen. Wenn man z. B. zu der Einsicht gelangt, dass übermäßiger Fleischkonsum der Umwelt schadet, wird man nicht automatisch Vegetarier. Jede Umstellung braucht Zeit. Ein anderes Beispiel: Wenn man zu der Überzeugung gelangt, dass das individuelle Verkehrsmittel, also z. B. das Auto, der Umwelt schadet, geht man nicht sofort zum Carsharing über. Und man benutzt öffentliche Verkehrsmittel nur dann, wenn die nächste Haltestelle nah genug an der Wohnung ist.

Gerade wegen dieser Diskrepanz zwischen Einsicht und Handlung ist es notwendig, jetzt mit der Umstellung von der braunen zur grünen Ökonomie zu beginnen. »Ziel ist ein nachhaltiger Wohlstand für alle«, schreibt Renner, »und zwar als Ergebnis eines Prozesses nachhaltiger Entwicklung, der es allen erlaubt, ihre Grundbedürfnis-se zu befriedigen und in Würde zu leben, ohne dabei anderen heute oder morgen die Chance zu nehmen, dasselbe zu tun.«[45]

Kapitel 12
Was tun?

>»Die unaufhörliche Suche nach dem materiellen Wohlstand
ist ein derartiges Übel, dass die Europäer selbst ihre Einstellung
gründlich revidieren müssen, wenn sie nicht unter der Last des
Wohlstands, dessen Sklaven sie zunehmend werden, gänzlich
verschwinden wollen.«

>»Keine Theorie hat ein Monopol auf Richtigkeit. Wir können
uns alle irren und deshalb, wenn wir uns geirrt haben, unsere
Theorien korrigieren.«

>»Je größer eine gesellschaftliche Institution ist, desto mehr gibt
es Möglichkeiten, diese zu missbrauchen. Die Demokratie ist eine
große Institution, infolgedessen sind die Chancen groß, diese
auszunutzen. Die Lösung ist nicht, Demokratie zu meiden, sondern
die Chancen des Missbrauchs auf ein Minimum zu reduzieren.«
>*Alle Zitate: Mahatma Gandhi, 1924 und 1931*

Nach der Konferenz ist vor der Konferenz

Den Spruch von Sepp Herberger, »nach dem Spiel ist vor dem
Spiel«, kann man auch auf die internationalen Umweltkonferenzen
anwenden. Im Unterschied zum Fußballspiel führen die Umweltkonferenzen aber nicht zu einem verbindlichen, allseits anerkann-
ten Ergebnis. Kaum ist das große Spektakel Rio+20 nahezu ohne ein
verbindliches Abkommen zu Ende gegangen, treffen sich 35 Staaten
beim »Petersberger Dialog« in Deutschland, um sich für den Klima-
gipfel Ende 2012 in Katar vorzubereiten. Das erklärte Ziel der gegenwärtigen Bundesregierung ist, den Temperaturanstieg bis zum Ende
des Jahrhunderts auf zwei Grad zu begrenzen. Ohne Maßnahmen
wie eine Reduzierung der CO_2-Emissionen würde die Temperatur
weltweit bis 2100 um 3,5 bis sechs Grad ansteigen. Die Regierung
schlägt vor, bis 2020 einen Klimafonds einzurichten, der jährlich
mit 100 Milliarden US-Dollar finanziert werden soll. Deutschland
wird sich an der Finanzierung beteiligen und möchte den ständigen
Sitz des Fonds in Deutschland angesiedelt wissen.[1] Wie erwähnt,

ist die Bundesrepublik eines der wenigen Länder, das die Vorgabe des Kyoto-Protokolls mehr als erfüllt hat, und will auch in Zukunft eine Vorreiterrolle übernehmen. Das Vorhaben ist lobenswert, aber ob ohne eine grundsätzliche Abkehr von der wachstumsorientierten Wirtschaft eine nennenswerte Reduzierung der CO_2-Emissionen möglich ist, bleibt fraglich. Das Problem wird nicht dadurch zu lösen sein, dass einzelne Länder in einzelnen Gebieten Erfolge erzielen. Es ist eine Veränderung auf vier Ebenen notwendig: global, institutionell, staatlich und individuell.

Die globale Ebene

Alle internationalen Umweltkonferenzen, ob in Johannesburg, Kopenhagen, Durban oder Rio, sind mehr oder weniger ergebnislos, d. h. nicht verpflichtend zu Ende gegangen, weil Staaten wie die USA, die BRICS-Staaten oder die Gruppe der 77 aus eigenem Interesse an einem weiterhin ungehinderten Wirtschaftswachstum erfolgreich ein verpflichtendes Abkommen verhindert haben. Das Rio+20-Abkommen liest sich wie eine grüne Wunschliste ohne Verbindlichkeit, ohne Terminierung, ohne Sanktionsmaßnahmen bei Nichteinhaltung der Ziele, kommentiert der indische Journalist und Umweltaktivist Darryl D'Monte.[2] Die BRICS-Staaten, andere Schwellen- und viele Entwicklungsländer haben in den letzten zwei Jahrzehnten jährlich eine hohe Wachstumsrate erzielt. Dennoch haben sie mit wenigen Ausnahmen, wozu besonders Brasilien zählt, weder die Kluft zwischen Arm und Reich noch Erfolge im Kampf gegen Hunger und Armut vorweisen können. Es ist also dringend erforderlich, auf globaler Ebene von der wachstumsorientierten Wirtschaft Abschied zu nehmen. Zeitlich begrenzte Ausnahmen kann es allenfalls geben, wenn ein Land entschieden den Kampf gegen Armut aufnimmt und sich erfolgreiche Entwicklungen überprüfen lassen können.

Trotz zahlreicher Kritik von renommierten Wissenschaftlern halten verantwortliche Personen in Politik, Wirtschaft und Gesellschaft an ihrer Orientierung am Wachstum fest. Der oben angesprochene Bericht der Kommission von Stiglitz, Sen und Fitoussi begründet, warum ein hohes Wachstum nicht gleich Entwicklung bedeutet. die Autoren weisen nach, dass

– trotz wachsender Ungleichheit die Wirtschaft ein hohes Wachstum erreichen kann;
– Marktpreise die Kosten für Umweltschäden nicht berücksichtigen;
– die Beseitigung von Umweltschäden das BSP steigert[3] usw.

Offenbar ist es schwierig, sich trotzdem von der Wachstumsorientierung zu lösen. Um die Angst vor radikalen Änderungen zu lösen, versuchen selbst manche Befürworter einer nachhaltigen Entwicklung zu zeigen, dass dies nicht auf einen Verzicht hinauslaufen muss.

Wenn die Mainstream-Ökonomen mit der zerstörerischen Wirkung der auf Gewinnstreben und Konkurrenz basierenden Marktwirtschaft konfrontiert werden, reagieren sie mit vertrauten Argumenten:

– Der Verzicht auf die jetzige Form des Wirtschaftens katapultiert die Gesellschaft in die Armut des 19. Jahrhunderts oder in den Kommunismus mit dem bekannten Ende;
– der Wettbewerb spornt die Menschen zur besseren Leistung an; und er ist in der Natur des Menschen angelegt;
– es gibt keine Alternative zur Marktwirtschaft.

Christian Felber, Autor und unter anderem Gründungsmitglied von Attac Österreich, listet die Folgen von Gewinnstreben und Konkurrenz auf und nennt zentrale Krisen des Kapitalismus: die Konzentration der Unternehmen, den Machtmissbrauch, die Ausschaltung des Wettbewerbs, die soziale Polarisierung, die Angst vor der Arbeitslosigkeit, die Angst vor Armut, die ökologische Zerstörung, bis hin zu Sinnverlust und Aushöhlung der Demokratie.[4]

Das Argument der Alternativlosigkeit ist in der Wissenschaft höchst unüblich, denn diese lebt davon, Theorien zu überprüfen. In der Fachsprache heißt es, Theorien müssen verifiziert oder falsifiziert, bestätigt oder widerlegt werden. Selbst wenn sich eine Theorie oder eine Annahme für eine Zeit lang als richtig oder wahr erwiesen hat, kann sie sich durch neuere Entwicklungen als überholt, falsch oder gar schädlich herausstellen. Es gibt kein Monopol einer Theorie auf ewige Richtigkeit. Beispielsweise ist es durchaus möglich, ja notwendig, dass die Entwicklungsländer für einige Zeit noch Wirtschaftswachstum brauchen, aber dieses muss sich anders definieren: nicht auf Gewinn und Konkurrenz basierend, sondern nachhaltig auf Gemeinwohl und Gleichheit gerichtet.

Es erschien in letzter Zeit eine Flut von Veröffentlichungen, in denen verschiedene Alternativ-Modelle vorgestellt werden.[5] Wie im Kapitel über nachhaltige Entwicklung erwähnt, gibt es inzwischen fast in allen Ländern Forschungsinstitute und Denkfabriken (*think tanks*), die sich häufig im Auftrag der Regierungen mit der Entwicklung solcher Modelle beschäftigen.

Deren Umsetzung oder Erprobung ist davon abhängig. ob sich die politisch handelnden Personen trauen, sich von der Interessenlobby der Wirtschaftsunternehmen, von der Macht der Finanzwelt und von den internationalen Institutionen zu befreien. Ohne hier ausführlich auf die verschiedenen Entwürfe einzugehen seien hier einige Gründe für die Notwendigkeit eines Wechsels vorgestellt:

Das vom IPCC vorgegebene Ziel von 450 ppm von der Intensität der CO_2-Emissionen lässt sich allein durch Energieeffizienz nicht erreichen. Tim Jackson rechnet vor, dass obwohl seit 1970 die Energieintensität, also der Energieverbrauch pro Produktionseinheit, weltweit um 33 Prozent zurückgegangen ist, der CO_2-Ausstoß in derselben Zeit um 80 Prozent, seit dem Kyoto-Grundlagejahr 1990 um 40 Prozent zugenommen hat, und dass er seit 2000 jährlich um drei Prozent wächst.[6]

Bislang haben die Gesellschaften in den reichen Ländern von der Illusion einer Entwicklung durch Konsum gelebt. Je mehr Möglichkeiten des Konsumierens es gibt, desto größer ist der Wohlstand. Dieses Vorbild ahmen Länder anderer Regionen nach, was dazu führt, dass immer mehr auf Kosten und zum Schaden der Natur Güter produziert werden. Notwendig ist eine Strukturveränderung, die es ermöglicht, eine Entwicklung innerhalb einer von der Natur gesetzten Grenze anzustreben. Dies wäre nicht das Ende des Kapitalismus, meint Jackson.[7] Es gibt mittlerweile Unternehmen, die aus unterschiedlichen Motiven versuchen, ökologisch verantwortlich zu handeln, dafür gibt es den Begriff *Corporate Sustainability and Responsibility* – CSR. Es ist der Versuch, schreibt Wayne Visser, unter anderem Gründer und Direktor der think tanks Caleidoscope Future und CSR International, ökonomische Entwicklung, ein gutes Regierungssystem, die Verantwortlichkeit der Unternehmer und Nachhaltigkeit in Einklang zu bringen.[8] Jorgen Randers, der 40 Jahre nach der Veröffentlichung der ersten Club-of-Rome-Studie die Grenzen des Wachstums nochmals überprüft und einen Entwurf der globalen Entwicklung für die nächsten 40 Jahre erstellt, sieht einen Paradigmenwechsel als unausweichlich. Die Auseinandersetzung wird stürmisch und konfliktreich sein zwischen den *alten* Wachstumsgläubigen und denen, die Entwicklung innerhalb der ökologischen Grenzen halten wollen.[9] In der ersten Hälfte des 21. Jahrhunderts werden die Entwicklungsländer versuchen, mit aller Macht den Lebensstandard der Industriestaaten zu erreichen, schreibt der norwegische Parlamentspräsident Dag Andersen. Es wird mehr als 40 Jahre dauern, bis der nächste kulturelle Schritt, ein Paradigmenwechsel, weltweit eingeleitet werden kann.[10]

Einen Ruf nach einem alternativen Gesellschaftsmodell gibt es in den Industriestaaten schon seit den 1970er Jahren, der damals als weltfremd, esoterisch oder schlichtweg irreführend abgetan wurde. Etwa 20 Jahre später löste zumindest in Deutschland die erste Studie des Wuppertal Instituts, ›Zukunftsfähiges Deutschland‹, mit dem Slogan *besser leben, statt mehr haben* eine kreative Diskussion in der Öffentlichkeit aus.[11] Inzwischen ist das Wissen, dass wir nicht wie bisher wirtschaften dürfen, Allgemeingut. Michael Hüther, Direktor des unternehmerfreundlichen Instituts der deutschen Wirtschaft in Köln, schreibt, »Modernen Großgesellschaften gelingt es immer weniger, den öffentlichen Raum durch *einen gemeinsamen Sinn für ein gemeinsames Interesse* zu bewirtschaften«.[12]

Mittlerweile gibt es eine Reihe von Entwürfen, die versuchen, Wirtschaftsmodelle zu entwickeln, die den Menschen mehr Gemeinsinn, mehr Zufriedenheit und mehr *Wohlstand* verschaffen können, ohne die Umwelt zu schädigen. Christian Felber z. B. nennt sein Modell *Gemeinwohlökonomie*, das auf Vertrauensbildung, Wertschätzung, Kooperation, Teilen und Solidarität beruht. Die Wirtschaft wird nach seiner Vorstellung vom Gewinnstreben und von der Konkurrenz auf das Streben nach Gemeinwohl und Kooperation umgepolt. Die Ungleichheit hinsichtlich Eigentum und Vermögen wird in einer demokratischen Diskussion begrenzt. Felber beschreibt in 20 Punkten detailliert, wie das Bankwesen, die Funktion der Zentralbanken, der internationale Kapitalverkehr u. a. in diesem Sinne geregelt werden können. An 15 Beispielen von Unternehmen aus Spanien, Ägypten, Deutschland, Brasilien, Österreich, der Schweiz und den Niederlanden zeigt er, dass das Modell in der Praxis funktioniert.[13]

Alle diese Alternativmodelle, ob sie sich »Gemeinwohlökonomie«, »Postwachstumsgesellschaft«, »Alternativ zum Bruttoinlandsprodukt« oder einfach »Systemwandel« nennen, haben eins gemeinsam: Sie versuchen, die Wirtschaft von der Vernichtung der Natur auf Erhaltung der Natur umzustellen. Dies ist nur möglich, wenn wir unsere Einstellung zum Wohlstand von *mehr haben* zu *besser leben* ändern. Da, wie wir im letzten Kapitel gesehen haben, dies ein langwieriger Prozess ist, muss der Prozess der Einstellungsveränderung jetzt eingeleitet werden. Insofern war es ein Fehler von Rio+20, Entwicklungsländern eine Zeit bis 2020 für eine *nachholende Entwicklung*, also für weiteres Wachstum zu gewähren. So eine Wachstumszeit ist allenfalls dann sinnvoll, wenn ein Land nachweisen kann, dass dies der Beseitigung der Armut, der Verringerung der Ungleichheit dient und der gesamte Prozess innerhalb sinnvoller ökologischer Grenzen abläuft. Um ihn einzuleiten und zu überwachen, sind Institutionen notwendig, die demokratisch sind und von allen Ländern mit gleichem Stimmrecht gewählt und akzeptiert werden. Diese Institutionen müssen transparent, kontrollierbar und rechenschaftspflichtig sein.

Die institutionelle Ebene

Um den weltweiten Hunger zu bekämpfen muss
- die Trennung von Banken in Geschäfts- und Investmentbanken wieder und möglichst sofort eingeführt werden. Das von der Roosevelt-Regierung verabschiedete *Glass-Steagall-Gesetz* sollte erneut und weltweit zur Geltung kommen;
- Spekulationen in Bezug auf Nahrungsmitteln durch hohe Geldstrafen unterbunden werden;
- Währungsspekulation mit einer Transaktionssteuer belegt werden Und das so gewonnene Geld im Kampf gegen Hunger und für eine nachhaltige Entwicklung eingesetzt werden.

All dies wird ohne eine Reform der »heimlichen Herrscher« der IWF, der Weltbank und der WTO nicht machbar sein, zumal diese weder demokratisch noch transparent sind. Es gibt auch andere UN-Organisationen wie den Sicherheitsrat, in denen manche Staaten »gleicher als die anderen« sind. Auch dies ist reformbedürftig. Das UBUNTU-Forum, ein Weltforum des Netzwerks von Zivilgesellschaften, hat Vorschläge gemacht, wie internationale und UN-Organisationen reformiert werden können. Der Begriff UBUNTU stammt aus Afrika und bedeutet:»Der Mensch ist nur ein Mensch durch andere Menschen« und steht für den urafrikanischen Humanismus.[14] Das Forum macht Vorschläge für eine grundlegende Reform der UN-Gremien. Unstrittig ist, dass Institutionen, die grenzüberschreitenden Kapitalverkehr, Vergleichbarkeit der internationalen Währungen und den Handel über Waren und Dienstleistungen regeln, weiterhin erforderlich sind.

Stiglitz, Clark und Easterly machen Vorschläge, wie IWF, WB und WTO umgebaut werden sollen.[15] Die Kernpunkte sind, die Gewichte der Mitgliedstaaten neu zu ordnen und zugunsten der Entwicklungsländer zu verschieben. Stiglitz listet auf, was alles neu geregelt werden muss: Die Handelsordnung muss fairer, die Ordnung für das geistige Eigentum verbessert und die Weltfinanzordnung reformiert werden. Ebenso sollte es mehr Kooperation etwa bei den Umweltschutzmaßnahmen geben u. ä. m.[16] Offenbar haben nicht nur die Mitgliedsstaaten in diesen Institutionen wenig zu sagen, sondern auch die Mitarbeiter. Sonst ist es nicht erklärlich, warum führende Angestellte wie Clark, Stiglitz oder Easterly während ihrer Dienstzeit keine Strukturreform erwirken konnten. Ein jüngeres Beispiel dafür war im Jahre 2012 der britische Ökonom Peter Doyle, der als Divisionschef der Europaabteilung des IWF nach 20 Jahren seinen Rücktritt erklärt hat und der Organisation vorwirft, in der Eurokrise Informationen unterschlagen und versagt zu haben.[17] Die drei Institutionen haben nicht nur Spielregeln der Globalisierung festgelegt, sondern den partikularen Interessen der Industriestaaten auf Kosten der Dritten Welt gedient, wirft ihnen Stiglitz vor. Was noch schlimmer ist: Sie haben keine Diskussion über ihre handlungsleitende Theorie zugelassen.[18]

Das UNDP vertritt eine andere Meinung:»Die Globalisierung bietet große Chancen – aber nur, wenn sie sorgfältig gesteuert und wenn stärker auf globalen Ausgleich geachtet wird.«[19] Eine Möglichkeit ist die Dezentralisierung und eine öffentliche Diskussion über Vorgehensweise und Zielsetzung der Institutionen. Jean Feyder zieht in neun Punkten die Lehre aus der bisher fehlgeleiteten Politik, Hunger zu bekämpfen, und fordert u. a.:
- das Recht der armen Länder, ihre Märkte zu schützen und die Entwicklung nachhaltig zu gestalten (beides gegen die Regelung der WTO),
- bei der Vergabe von Finanzmitteln die Interessen der ärmsten

Länder besonders zu berücksichtigen (gegen die Praxis des IWFs und der Weltbank),
- eine aktive Rolle des Staates bei der Entwicklung zukunftsfähiger Konzepte (gegen den Washington Consensus, gegen die *neoliberale* Theorie der drei Institutionen).[20]

Yash Tandon, der Ex-Direktor und jetzige Berater des Südzentrums, sieht das Ende der Globalisierung, weil diese keine neuen Jobs gebracht, die Verwirklichung der Agenda 21 verhindert hat und es inzwischen zu einer Machtverschiebung gekommen ist. Um ein Alternativmodell voranzubringen, schlägt Tandon drei parallel laufende Strategien vor, die in drei Zeitstufen folgen sollen:

	2007	2010	2015
Strategie 1: Schadensbegrenzung	60 Prozent	40 Prozent	25 Prozent
Strategie 2: Korrektur des Systems	25 Prozent	40 Prozent	25 Prozent
Strategie 3: Paradigmenwechsel	15 Prozent	20 Prozent	50 Prozent

Dafür sei eine weltweite öffentliche Diskussion auf verschiedenen Ebenen und unter Beteiligung aller Betroffenen erforderlich. Tandon fordert partizipatorische Entscheidungsprozesse, Bildung von Pools und eine Task Force, regelmäßige Konferenzen u. a.[21] Dass außerdem eine grundlegende Reform der Entwicklungshilfe notwendig ist, meinen nicht nur die radikalen Kritiker wie Dambisa Moyo oder Stephen Browne, sondern auch moderate Ratgeber wie Stiglitz.[22]

Gelder, Zuschüsse, materielle wie personelle bi- oder multilaterale Unterstützung können nur dann zur Hilfe gerechnet werden, wenn sie zum einen nicht dem Interesse der Geberländer bzw. der Institutionen dienen. Weder dürfen die Geberländer mit Hilfe von Entwicklungshilfe Wirtschaftsförderung im Interesse des eigenen Landes betreiben, noch dürfen sie damit die Zustimmung zu einer Ideologie erkaufen, die den Nehmerländern schadet. Zum anderen sollen nur solche Leistungen als Hilfe gewertet werden, die nachweislich dazu dienen, Armut zu bekämpfen, Ungleichheit zu verringern, Schulden zu tilgen und nachhaltige Entwicklung zu fördern.

Die staatliche Ebene

Es gibt zwar keinen Königsweg für eine an den Menschen orientierte Entwicklung, aber der Staat spielt eine zentrale Rolle, bemerkt das UNDP in seiner Jubiläumsausgabe. Die Zivilgesellschaften sollen Auswüchse des Staates und der Märkte verhindern, wobei die Regierungen den Bürgern gegenüber rechenschaftspflichtig sind.

Die drei Kernpunkte der menschlichen Entwicklung sind: Wohlergehen, Teilhabe am politischen Leben und Gerechtigkeit. Das Wohlergehen definiert der Bericht als die Freiheit des Menschen, sich entfalten zu können.[23] Viele Staaten haben in jüngster Vergangenheit bei der Bekämpfung des Hungers oder bei der Verringerung der Geschlechterungleichheit eindrucksvolle Erfolge erzielt. Auf der anderen Seite gab es jedoch auch negative Entwicklungen bei der Hungerbekämpfung, z. B. hat in der DR Kongo die Zahl der Hungernden von 1990 bis 2011 um 63 Prozent zugenommen. Positive Entwicklungen zeigen dagegen Länder, in denen im gleichen Zeitraum der Anteil der Hungernden zurückgegangen ist: etwa in Fidschi um 57 Prozent, in Ghana, Nicaragua und Peru jeweils um 59 Prozent und in der Türkei um 67 Prozent.[24]

Der Anteil der Armut, gemessen am MPI, dem mehrdimensionalen Armutsindex des UNDP, reicht von drei Prozent in Europa bis zu 65 Prozent in Afrika südlich der Sahara. Auch dort gibt es große Unterschiede – von drei Prozent in Südafrika bis zu 93 Prozent in Niger.[25] Dennoch konnte Südafrika die Kluft zwischen Arm und Reich nicht wesentlich verringern. Was die Reduzierung dieser Diskrepanz oder die öffentliche Versorgung mit Sozialdiensten z. B. im Gesundheits- und Bildungsbereich angeht, zeigt Botswana gute Ergebnisse. Bangladesch hat die Geschlechterunterschiede bei der Einschulungsrate wesentlich verringert. Sowohl bei der Bekämpfung des Hungers als auch in der Entwicklung von Demokratie nimmt Ghana unter den afrikanischen Staaten eine Sonderstellung ein, obgleich dort die Arm-Reich-Kluft immer noch enorm ist.[26]

Die Hälfte der Weltbevölkerung, die von Armut und von umweltbedingten Deprivationen betroffen ist, lebt in den BRICS-Staaten. Darunter hat offenbar Brasilien einige Erfolge bei der Bekämpfung von Armut und der Verringerung von Ungleichheit seit der Regierung von Luiz Inácio Lula da Silva, genannt Lula, erzielt.

Brasilien ist ein Beispiel für Amartya Sens These: Menschen hungern nicht, weil es zu wenig Nahrungsmittel im Land gibt, sondern weil die Hungernden keinen Zugang dazu haben. Brasilien ist ein reiches Land, der Abstand zwischen Arm und Reich ist jedoch seit jeher enorm. Der Staat ist der viertgrößte Nahrungsmittel-Exporteur der Welt. 1993/94 begann die Regierung von Itamar Franco eine Politik der Nahrungsmittelsicherung. 1999 wurde vom Institut für Geographie und Statistik eine landesweite Befragung durchgeführt; danach waren 22 Prozent der Familien oder 28 Prozent der Bevölkerung, das sind 44 Millionen Menschen, arm. Erst die Regierung von Lula startete 2003 ein Programm *Fome Zero (null Hunger)*, das 90 verschiedene Projekte unter Beteiligung von 19 Ministerien umfasste.

Als Ursachen für Armut wurden nach einer Analyse eine enorme Konzentration des Vermögens in wenigen Händen einerseits und andererseits niedrige Löhne, hohe Arbeitslosigkeit, eine niedrige Wachstumsrate, auch in den Sektoren, in denen mehr Menschen eine Beschäftigung hätten finden können, festgestellt. Die Verantwortlichen des Programms unter der Leitung von José Graziano da Silva gingen davon aus, dass das Hunger- und Armutsproblem nicht durch Almosen und Subventionen zu lösen sei, sondern nur durch ein neues Entwicklungsprogramm, das gleichzeitig eine konzertierte Aktion in mehreren Bereichen wie Bildung und Gesundheitsvorsorge umfasst und auf mehr Beschäftigung, mehr Wachstum und eine bessere Einkommensverteilung zielt.[27]

So wurden mehrere Projekte gleichzeitig gestartet – von der Unterstützung der Familien, Alten und Behinderten über Bewässerungsprojekte bis hin zur Hilfe für Kleinunternehmen.[28]

Das erfolgreichste Projekt ist vermutlich *bolsa familia (finanzielle Familienhilfe)*, mit dem 11,1 Millionen Familien, d. h. insgesamt 45 Millionen Menschen unterstützt wurden. Bis zu 60 US-Dollar monatlich bekamen Familien mit Kindern bis zum 14. Lebensjahr, später erhöhte sich diese Summe auf 80 US-Dollar pro Monat, wobei hier auch die Kinder bis zum 18. Lebensjahr berücksichtigt wurden. Die Unterstützung bekamen die Familien unter der Bedingung, dass sie ihre Kinder regelmäßig zur Schule schicken, impfen lassen, Gesundheitsvorsorge treffen und ihre Entwicklung überwachen lassen. 2,5 Millionen ältere und behinderte Menschen, die ein Einkommen von weniger als 47 US-Dollar Monatseinkommen hatten, bekamen bis zu 190 US-Dollar Hilfe. Es gab Projekte für Regionen, die von der Dürre betroffen waren, Projekte gegen Kinderarbeit, für Schulen u. a. Das Ziel war, möglichst alle Bereiche zu beeinflussen, die die Armut verursachen. Ohne hier ausführlich auf das ganze Programm[29] einzugehen, sei nur erwähnt: Das Einkommen der ärmsten 50 Prozent der Bevölkerung erhöhte sich seit 2003 um 68 Prozent, während die reichsten zehn Prozent der Brasilianer nur zehn Prozent mehr verdienten. Gemessen am Einkommen gehört jeder zweite Brasilianer zur Mittelschicht. Seit 2003 haben 48,7 Millionen Brasilianer die Armut überwunden.[30] Es gibt keine verlässliche Zahl über die Kosten des Programms Fome Zero, die Zeitung ›O Estado‹ behauptete, dass das Projekt sechs Prozent des BSP gekostet habe. Der Leiter da Silva widerspricht vehement und nennt niedrigere Zahlen.[31] Doch selbst wenn es sechs Prozent des BSP gekostet hätte, wäre das Ergebnis eine eindrucksvolle Leistung. Das Programm wurde von den Medien weltweit gelobt, und José Graziano da Silva ist inzwischen als Generaldirektor der FAO gewählt und amtiert seit 2012. Ein gutes Omen im Kampf gegen Hunger und Armut in der Welt?

Es gibt jedoch auch Kritik. Lulas Modell sei nur im Ausland ein großer Erfolg, schreibt Christian Russau. Die ausländischen Medien haben sich von Lulas Zauber, ja Charisma täuschen lassen, und obwohl dieser versprochen hatte, ein offenes Ohr für alle Armen zu haben, hat er nichts unternommen, als Menschen des *Guarani-Kaiowá*-Stammes aus *Mato Grosso do sul* das Risiko eingingen, von den *Pistoleiros* im Auftrag der Zucker- und Rinderbarone erschossen zu werden. Zu den Verlierern gehörten auch die Bewohner des Regenwaldes, die zuerst unter der Tropenholz-Mafia, danach unter Rinderbaronen und jetzt unter der Soja-Monokultur zu leiden haben.[32] Britta Rennkamp von der University of Cape Town kritisiert, dass es trotz des Programms Fome Zero immer noch 50 Millionen Arme in Brasilien gibt, darunter 20 Millionen sehr arme Menschen. Die meisten von ihnen leben in ländlichen Regionen. Gleichwohl erkennt auch Rennkamp an, dass durch das Programm mehr als die Hälfte der Bevölkerung in die Mittelschicht aufgestiegen ist und die extreme Ungleichheit in den letzten fünf Jahren allmählich abnimmt.[33]

Das chronische Problem der meisten Entwicklungsländer ist die Korruption. Sie blühte auch in der Regierungszeit von Lula. Dagegen geht seine Nachfolgerin Dilma Rouseff mit harter Hand vor. Wegen Korruptionsverdachts hat sie sechs Minister entlassen, jetzt folgt der Prozess des Jahrhunderts, in dem 38 Angeklagte sich dem obersten Gerichtshof stellen müssen. Unter den Angeklagten sind Politiker, Unternehmer und Banker, ihnen werden Betrug, Geldwäsche, Unterschlagung und Bildung einer kriminellen Vereinigung vorgeworfen. Das Verfahren wird im Fernsehen übertragen, Brasilien versucht mit aller Macht, sich aus dem Sumpf der Korruption zu befreien, schreibt Peter Burkhardt, Journalist und Redakteur der ›Süddeutschen Zeitung‹.[34]

Verglichen mit den übrigen Staaten der BRICS-Gruppe und anderen Schwellenländern ist das Ergebnis im Kampf gegen Armut beachtlich, obwohl dieser Kampf in Brasilien noch nicht gewonnen ist. Dilma Rouseff hat ein neues Programm *Brasil Sem Miséra (Brasilien ohne Elend)* initiiert, die Regierung will das Programm Bolsa Familia erweitern, die öffentlichen Dienstleistungen wie die Versorgung von Strom und Wasser sowie den Zugang zu Bildung und Gesundheitsdiensten ermöglichen und mehr Arbeitsplätze schaffen. Das Ziel ist, das Elend in Brasilien bis 2014 zu beseitigen.[35]

Kann man von Brasilien lernen? Nicht alle Entwicklungsländer sind so ressourcenreich wie Brasilien. Die Rahmenbedingungen der armen Länder sind sehr unterschiedlich. Das Erfolgsmodell eines Landes lässt sich nicht auf ein anderes Land gänzlich übertragen. Doch die Lehre aus Brasilien ist: Um Armut zu bekämpfen, muss man an alle Faktoren, die die Armut verursachen, gleichzeitig herangehen. Die Armen sollen selbst das Heft in die Hand nehmen. Finanziell lohnt es sich für den Staat, solch ein Programm zu starten, selbst wenn es sechs Prozent des BSP kostet: Die künftigen Steuerzahler werden es allemal ausgleichen.

Die individuelle Ebene

Was können wir als Bürger eines wohlhabenden Staates der Europäischen Union tun, um Armut zu bekämpfen und Ungleichheit zu reduzieren?

Immer wenn wir den Eindruck haben, dass politische Entscheidungsprozesse über unsere Köpfe hinweg gefällt werden sollen, können wir versuchen, diese öffentlich und transparent zu machen und Einfluss über Medien und Parlamentsabgeordnete zu nehmen.

Wenn wir den Eindruck haben, dass auch in unserem Land oder in der Europäischen Union die Ungleichheit wächst, und laut OECD wächst sie, können wir auf demselben Weg versuchen, Einfluss zu nehmen. Um glaubhaft zu bleiben, müssen wir den Kampf gegen die Ungleichheit zu Hause beginnen – allein schon, weil die Zufriedenheit der Bürger nach Wilkinson und Pickett zu einem Großteil von der Gleichheit und von der nachhaltigen Entwicklung der Gesellschaft abhängt. Beispiele hierfür liefern sowohl die reichen skandinavischen Länder als auch das arme Land Bhutan.[36] Und Brasilien ist von 2006 bis 2009 auf der Glücksindexskala immerhin von Rang 22 auf Rang 17 aufgestiegen.[37]

Wir können über die Zivilgesellschaft, also über die NGOs, Einfluss nehmen. Man kann als Mitglied aktiv deren Strategie und Vorgehensweise mitgestalten. Es gibt zahlreiche NGOs in Deutschland, die gute Arbeit leisten, es gibt aber auch Fake-NGOs. Im Zweifel kann man beim *Deutschen Zentralinstitut für soziale Fragen* (DZI) in Berlin nachfragen, dort gibt es eine Liste der überprüften NGOs (Spenden-Siegel).

Vermutlich wird das Schwierigste eine Änderung unseres Konsumverhaltens sein. Wir haben im letzten Kapitel schon angesprochen, dass es eine Diskrepanz zwischen Erkenntnis und Handlung gibt. Die Gewohnheits- und Bequemlichkeitsfaktoren spielen dabei eine Rolle, aber auch kleine Veränderungen in unserem Alltag wie die Reduzierung des Fleischkonsums haben eine nicht unbedeutende Wirkung. Zwei Drittel weniger würde nicht nur unserer Gesundheit zugute kommen, sondern gleichzeitig die Futtermittelimporte aus den Entwicklungsländern verringern, so dass dort mehr Nahrungsmittel produziert werden könnten. Weniger Konsum von exotischen Früchten würde helfen, CO_2-Emissionen zu verringern. Christian Berg und Manuel Hartung haben in einem empfehlenswerten Buch ›Welt retten für Einsteiger‹ eine Reihe von konkreten Vorschlägen gemacht, wie man mit wenig Mühe viel bewirken kann. Die Beispiele beziehen sich auf Energiesparen, den richtigen Fisch essen, Kinderarbeit einzudämmen helfen, Abfall vermeiden, tauschen statt kaufen, nachhaltig reisen, sinnvoll investieren usw.[38] Ähnlich praktikable Vorschläge macht auch Germanwatch in dem

Buch ›Die Welt am Scheideweg: Wie retten wir das Klima?‹. Diese Vorschläge erstrecken sich von Bauen und Wohnen, Technik im Haus über grünen Strom, Mobilität, Geldanlage bis zur Ernährung.[39] Jorgen Randers gibt in seinem Buch, der neuesten Club-of-Rome-Studie, 20 in die Praxis umsetzbare Ratschläge. Diese sind in seinem letzten Kapitel mit dem Titel »What should you do? Was sollten Sie tun?« aufgelistet.[40]

Bis zum Jahr 2015 werden wir die meisten Millenniumsziele nach Einschätzung der OECD nicht erreichen, u.a. wegen mangelnder Finanzierung und fehlender Strategie.[41] Bevor wir von diesen zu den nächsten Nachhaltigkeitszielen springen, die wir laut dem Rio+20-Abkommen ab 2020 anstreben sollen, muss geklärt sein, wie die Entwicklung des Programms überwacht wird und notfalls, bei Nichteinhaltung, Staaten sanktioniert werden können. Es geht ja nicht nur darum, die Armut zu bekämpfen oder den Reichen etwas wegzunehmen. Es geht um das Überleben der Menschheit. Darwins Erkenntnis »survival of the fittest« wurde häufig als das Recht der Stärkeren missinterpretiert. Aber Darwin, der große Sammler, der die Veränderungen vieler Arten studierte, stellte fest, nur solche Arten sind überlebensfähig, die fähig sind, sich der Natur anzupassen. Wenn die Menschheit überleben will, dann geht es nicht allein darum, durch Energieeffizienz weiterhin auf Kosten der Natur zu wirtschaften. Wir müssen auch lernen, genügsam zu leben. Die Bewegungen »Decroissance« (Zurücknahme, mit dem Ziel einer Gesellschaft jenseits des Wachstums) oder »Degrowth« (gegen Wachstum) strebten genau dies an.[42] Es gibt, wie erwähnt, einige eindrucksvolle Modelle, wie man ohne Wachstum gut leben kann. Diese stammen nicht aus esoterischen Quellen, sondern von international renommierten Instituten wie dem Worldwatch Institut in Washington oder dem Wuppertal Institut für Klima, Umwelt, Energie oder z.B. von dem ehemaligen britischen Regierungsberater Tim Jackson. Die Mottos lauten: »Besser leben statt viel haben«, »Einfach besser leben«, »Nachhaltig zu einem Wohlstand für alle«. Es geht nicht darum, ob wir Effizienz oder Suffizienz (Genügsamkeit) anstreben sollen, sondern, wie wir genügsam mithilfe der Energieeffizienz leben können, wie auch Gandhis Worte zu Beginn des Kapitels anmahnen.

Es geht darum, für eine andere Welt mit mehr Gleichheit und mehr Demokratie zu arbeiten, um eine möglichst große Zufriedenheit innerhalb der Gesellschaften zu erreichen. Es geht ebenso darum, sich für mehr Nachhaltigkeit einzusetzen, aus der Einsicht heraus, dass wir auf Dauer nicht auf Kosten der Natur überleben können.

Anmerkungen

1. Einleitung

1. Clark 2003: 47; WHI 2011: 11
2. Feyder 2010: 32
3. für ausführliche und genaue Beschreibung: www.unric.org/html/german/mdg/millenniumerklaerung.pdf
4. vgl. z. B. WB, Global Monitoring Report 2010; UN MDG-Report 2012: 4 f., 13
5. Collier 2008: 10
6. ibid.: 22
7. ibid.: 33 f.
8. WHI 2011: 53
9. »Völlig losgelöst/wo es die meisten Millionäre gibt«, in SZ v. 1/2. 6. 2011
10. Stiglitz in: UNDP-Bericht 2003: 96
11. Stiglitz 2006: 343, Stiglitz 2010: 284
12. Stiglitz 2010: 284
13. Feyder 2010: 13 ff.
14. Mari/Buntzel 2007: 198
15. Collier 2008: 44
16. vgl. www.freedomhouse.org
17. Seitz 2009: 38
18. Moyo 2009: 6
19. Drèze/Sen 2011: 56
20. Collier 2008: 17
21. Wilkinson/Pickett 2010

Kapitel 1

1. Hobsbawm, 1979, Bd.1: 55 ff.
2. Rose 1971: 13; Datta 1994: 189
3. Social Watch Report 2012: 28
4. Datta 1994: 166
5. Enquete Kommission 2002: 49
6. Stiglitz:»Das Geheiminis der unsichtbaren Hand«, in SZ v. 1. 1. 2010
7. Hines 2000: 10 ff.
8. Bakan 2004
9. ibid.: 29
10. Bakan 2004: 19, 109–116
11. Bakan 2004: 46, 141 ff., 180
12. Stiglitz 2006: 374; Williamson 2004
13. ibid.: 48 f.
14. ibid.
15. Stiglitz 2010: 216 f.
16. Fischer-Weltalmanach 2012: 633 f.
17. Hacker/Pierson 2010: 23
18. »Misguided Protectors of 1 Percent Club« in: New York Times Supplement (NYT-S) in: SZ v. 19. 12. 2011
19. SZ v. 6. 12. 2011
20. Hacker/Pierson 2010: 39
21. Stiglitz 2010: 284

Kapitel 2

1. »Arm und krank« in: SZ v. 12. 10. 2011; »Ärmer, dicker, kränker« in: SZ v. 26. 4. 2011
2. Hardoy et al 1999
3. »Armutszeugnis« in: SZ v. 16. 12. 2011
4. Butterwegge 2011: 19
5. Hauser 2008: 13
6. Butterwegge 2011: 1
7. ibid.
8. ibid.: 19
9. Hauser 2008: 68
10. Willke 2011: 30
11. http://uk.oneworld.net/guides/poverty 16. 12. 2011
12. Bhalla 2010: 116 ff.

13. Reddy/Pogge 2010: 75 ff.
14. »Less and lesser« in: Outlook v. 3.10.2011: 16
15. Drèze/Sen 2011: 58
16. Datta 1994: 157
17. ibid.
18. WB 2005: 68 ff.
19. Reddy/Pogge, a. a. O.: 78
20. UNDP 2011a: 249
21. Banerjee/Duflo 2011: 183 ff.
22. UNDP 2011b
23. UNDP 2003: 52
24. Hauser, a. a. O.: 68
25. WHI 2011: 9
26. Ahmed et al. 2007: 108
27. WHI 2011: 52
28. Sen 2011: 110 ff.
29. Clark 2003: 46 ff.
30. Haughton/Khandker 2009: 2
31. »Armes, reiches Land« in: SZ v. 18.1.2011
32. Wilkinson/Pickett 2010
33. s. Anm. 29
00. »Bhutan GNH« in: Outlook v. 14.6.2010: 48 ff.; Outlook v. 28.11.2011: 56–58; Jha 2012: 60 f.

Kapitel 3

1. The Telegraph, 19.1.2012: The Britain 74th in the world happiness rankings; Outlook, 14.6.2010: 48 ff.;Outlook, 28.11.2011: 56 ff.
2. Jha 2012: 60 f.
3. Datta 1994: 114, 120
4. Kuhr in: SZ v. 6.12.2011
5. UNDP-Bericht 2003: 49
6. Fischer-Weltalmanach 2012: 218; UNDP-Jahrbuch 2011: 159; WB-Jahrbuch 2012: 392
7. Grefe et al 2002: 73
8. Bosbach/Korff 2011: 78 f.
9. WHI 2011: 53; Blanc 2012; Iyer 2011 in: TOI online

10. in SZ v. 12.5.2011
11. Rickelmann 2012: 30

Kapitel 4

1. Feyder 2010: 33
2. Ahmed et al., a. a. O.: 108
3. Feyder, a. a. O.: 28 f.
4. Südhoff in: SZ v. 28.12.2011
5. Harrison 1982: 211
6. für eine ausführliche Beschreibung:»Die Ware Hunger« in: Der Spiegel 35/2011: 75 ff.
7. ibid.: 77 f., 75
8. Kuhr in: SZ v. 23.1.2012
9. FAO 2009: How to feed the world in 2050
10. Wiggerthale 2011
11. WHI 2011: 13
12. Feyder, a. a. O.: 75 ff.
13. ibid.
14. Wiggerthale 2011: 4
15. Feyder a. a. O.: 83 f.
16. Höhne 2011
17. Collier 2008: 33, 44
18. ibid.: 50
19. Green 2008: 227
20. Sen 2011: 214
21. ibid.: 211 ff.
22. Green:228; Drèze/Sen, a. a. O.
23. Bello 2010: 55 ff.,75 ff.,93 ff.
24. ibid.: 34
25. Landes: 505, 503 ff.
26. Bello 201: 44, 51
27. www.fundforpeace.org
28. UNDP-Bericht: 173, 174
29. WB-Bericht 2012: 392
30. Diamond 2005: 416
31. ibid.: 417
32. Schünemann 2010: 34
33. Feyder 2010: 89
34. ibid.: 95
35. Pohl 2010: 13
36. Diamond a. a. O.: 409

37. ibid.: 410
38. WHI 2011: 11, 17

Kapitel 5

1. Müller 2008 in: SZ v. 1.8.2008
2. Plato: Utopia; Aristoteles: Politik zit. nach Harrison 1992: 10; Panayotou 2000: 4
3. Malthus 1798
4. Harrison 1992: 11
5. Boserup 1965
6. Ehrlich 1968/1973; Spahl 2011
7. Simon 1981
8. in SZ v. 31.8.2011
9. Müller, a.a.O.
10. Sen 1994: 7
11. Manorama Yearbook 2012: 517
12. vgl. Ehrlich, a.a.O. Brown, 2005: 22ff.; Spahl, a.a.O., J.P. Süßmilch in: Bommert 2009: 156, Simon in: Datta 1995: 7
13. Harrison 1982: 200f.
14. UNFPA 2011: 50
15. Lappé/Schurman 1989: 18
16. Manorama Yearbook 2012: 514, 516
17. Der Spiegel 44/2011: 144–149
18. Birg, a.a.O.: 9
19. Pollan 2008: 139ff.
20. O'Neill in: Novo Argumente Okt. 2011
21. UNFPA 2011: 86
22. UN Habitat 2010/2011: 19
23. www.urban-age.net
24. Mauser 2007: 164; UNDP, People's Energy 2010: 36
25. Meadows et al. 2007: 261ff; Brown 2005: 22ff.

Kapitel 6

1. WWF Energy 2011: 13; Practical Action/UNDP (PPEO) 2010: 36
2. Rifkin 2005: 246

3. PPEO, a.a.O.: 7
4. ibid.: 10
5. PPEO 2010: 9
6. Ganteför 2010: 61
7. WWF-Energy 2010: 14
8. Rademacher 2011: 75f., 86
9. Cherufka 2007: 14f.
10. Ganteför 2010: 20, 56, 61; UNDP 2010: 159, UNDP 2011: 220
11. Cherufka, a.a.O.: 14, 16
12. WWF/ECOFYS/OMA 2011: 157ff.
13. PPEO 2010: 14
14. Rifkin, a.a.O.: 247f.
15. ibid.: 247
16. PPEO, a.a.O.: xii
17. SZ v. 28.2.2012
18. PPEO: 36, 75f.
19. Rifkin, a.a.O.: 248
20. WWF/ECOFYS/OMA, a.a.O.: 73
21. Barlow/Clarke 2003: 19
22. UN Water Statistics 2012
23. Barlow/Clarke, a.a.O.: 22
24. Barlow/Clarke, a.a.O.: 57f.
25. Petrella 2001: 27f.
26. Postel 1993: 5f.
27. WHO/UNICEF 2010: 29
27. ibid.: 28
28. Barlow/Clarke, a.a.O.: 18f.
29. ibid.: 87ff.
30. ibid..: 90
31. WHO Malariabericht 2011: 75
32. Elger in Der Spiegel 6/2008: 52f.
33. Condon 2009; SANDRP 2011
34. Petrella, a.a.O.: 41f.; Calder 1999: 86–150
35. WHO/UNICEF 2010: 100
36. Barlow/Clarke, a.a.O.: 82f.
37. Gammelin in: SZ v. 28.2.2012
38. Barlow/Clarke, a.a.O.: 82

Kapitel 7

1. Höft 2012
2. für ausführliche Behandlung des Themas s. Datta 1994

3. Der Geschichtsatlas 2010: 44;
4. King/Schneider 1991: 24
5. vgl. Datta 1982: 18 ff.
6. vgl. z. B. Hahn 2009; Chossudovsky 2002; Datta 1994
7. Ferguson 2009, Jung et al. 2011, »Die Ware Hunger«, in: Der Spiegel 35/2011: Datta 1944: 70 f., 78 f., 188
8. »Märkte außer Kontrolle«, in: Der Spiegel 34/2011; Fischer-Weltalmanach 2012: 634
9. Hobsbawm Bd. 1, 1979: 59 ff.
10. ibid.: 56
11. Landes 1983: 84
12. Sigrist et al. 1976:18
13. Hobsbawm 1979: 57 ff.; Datta 1994; 64 f.
14. Hobsbawm ibid.: 149; Datta 1994: 64
15. Marx 1966: 133, 143
16. Datta 1994: 65
17. ibid.: 48
18. Datta 1994: 106 ff.
19. DWHH/Agenda 21 Grafik 2004/ finanzen.net 2012
20. Sewell in: Digital Journal v. 28. 3. 2012
21. Pai/Suryavanshi in: DNA Mumbai v. 3. 3. 2012
22. Steinberger 2006; Felkl 2011; Hindusthan Times v. 8. 4. 2012;
23. Sewell, a. a. O.
24. Gesamtverband 2011: 4, 19, 21 f., 36
25. ibid.: 4; vgl. auch CIR 2009; CIR 2012; Inkota 2010
26. Chossudovsky, a. a. O.: 101
27. Rivelli 2007: 58 ff.
28. Gesamtverband 2011: 36
29. CIR 2009: 5
30. Sachs 2005: 22 f.
31. Panorama vom 7. April 2010; ARD vom 4. August 2010; Teevs in: SPIEGEL-online 2012

32. Chossudovsky, a. a. O.: 99
33. Rivoli 2006: 211, 178
34. Chossudovsky, a. a. O.: 89, 91
35. ibid.: 98
36. Höft in: ZDF-Sendung v. 28. 3. 201
37. Rivoli, a. a. O.: 258 f.
38. Drucksache 17/8690 v. 16. 02. 2012 des Deutschen Bundestages
39. CCC/CIR 2009: 15 ff.
40. Landesa 2011
41. Kaphengst/Bahn 2012: 12
42. FIAN 2012
43. Bommert 2012: 16
44. Sost 2012
45. Liberti 2012: 114
46. ibid.
47. Kaphengst/Bahn, a. a. O.: 21 f.
48. Immel/Tränkle 2011: 92
49. Globales Lernen 1/2011: 8
50. Liberti, a. a. O.: 62
51. ibid.: 24
52. Zick, »Tod eines starken Mannes«, in: SZ v. 22. 8. 2012
53. ibid.: 27
54. Bommert, a. a. O.: 127
55. ibid.: 127 ff.; Liberti,a.a.O.: 16 ff.
56. Liberti, ibid.: 60
57. Outlook v. 17. 10. 2011
58. Liberti, a. a. O.: 49
59. ibid.: 62, 65
60. Bommert, a. a. O.: 114
61. Reichenberger 2011b
62. Bommert, a. a. O.: 117
63. Kaphengst/Bahn, a. a. O.: 21 ff.
64. Globales Lernen 1/2011: 6
65. Europafrika 2011: 114; Landesa 2011: 1
66. Europafrika ibid.: 116
67. Liberti, a. a. O.: 49
68. ibid.: 75 ff.
69. Lallau 2011: 48
70. FIAN/Terra Nuova 2011: 10

71. Dakar Erklärung gegen Land-
    raub 2011
72. Liberti, a.a.O.: 135 f.

Kapitel 8

1. WB-Bericht 2012: 73 ff.
2. ibid.: 81
3. ibid.: 121 f.; UN-Women 2011:
   111
4. WHI 2011, a.a.O.: 17 ff.
5. UN-Women 2011: 105
6. WB-Bericht 2012: 82
7. ibid.: 162 f.
8. UN-Women 2011: 40
9. VENRO: Standpunkte 1/2012;
   Pelzer 2011
10. ILO 2009: 56 f.
11. Outlook v. 13.04.2012: 22 ff.
12. WB-Bericht 2012: 168, 171
13. UN-Women 2011: 32
14. ibid.: 8 f.
15. WB-Bericht 2012: 107 f.
16. UN-Frauenbericht 2011: 29
17. ibid.: 39
18. ibid.: 53
19. WB-Bericht 2012: 202 ff.
20. BMFSFJ (Hg): Atlas zur Gleich-
    stellung, Berlin 2010³: 58 f.
21. WB-Bericht 2012: 203
22. UN-Frauenbericht 2011: 60
23. Social Watch/Oxfam GEI 2012/
    UNDP-Bericht 2010: 190 ff., 249
24. Sen 2011, a.a.O.: 218
25. ibid.: 263
26. UN-Women 2011: 15

Kapitel 9

1. Barth 2011: 3
2. ibid.: 10
3. ibid.: 1
4. vollständige Liste s. Peet 2010: 54
5. für aktuelle Stimmenanteile s.
   www.imf.org

6. Peet, a.a.O.: 63
7. ibid.: 62, 61
8. Peet, a.a.O.: 67 ff.
9. ibid.: 84 f.
10. ibid.: 99 ff.
11. Easterly 2006: 147 ff.
12. zitiert nach Beder 2006: 192
13. Hütz-Adams 2007: 6
14. www.bpb.de; die aktuelle Stim-
    menanteile unter www.weltbank.
    org
15. Hütz-Adams, a.a.O: 13
16. siehe unter www.weltbank.org
17. Hütz-Adams, a.a.O.: 5
18. ibid.: 9; Oxfam Deutschland
    2011: 1
19. Peet, a.a.O.: 131
20. manager magazin v. 26.9.2000
21. Peet, a.a.O.: 135
22. Stiglitz 2006: 283
23. ibid.
24. Stiglitz 2002: 248 ff.
25. für detaillierte Angaben s. unter
    www.imf.org
26. Setton u.a. 2008: 89
27. Peet, a.a.O.: 178 ff.
28. Lang/Hines 1993: 47
29. Peet, a.a.O.: 182 f.
30. ibid.: 190
31. ibid.: 191 f.
32. ibid.: 211
33. Malhotra u.a. 2003
34. ibid.: 209
35. für mehr Information über
    den Patentpool siehe unter
    www.bukopharma.de/in-
    dex.php?mact=CMS Prin-
    ting,cntnt01,out …
36. Malhotra u.a., a.a.O.: 209 f.
37. ibid.: 235 ff.
38. Oxfam Deutschland 2011
39. Peet, a.a.O.: 201 f.
40. Malhotra et al., a.a.O.: 269
41. für Einschätzung der Industrie-
    staaten, wie der Konflikt aus-

gehen könnte siehe unter
www.bmwi.de
42. Peet, a.a.O.: 236f.; Malhotra et
al., a.a.O.: 1f.
43. Stiglitz 2002:248; siehe auch
Anm. 13 Feststellung von Mead
44. Beder 2006: 200
45. Stiglitz 2002: 251
46. ibid.: 253ff.
47. ibid.. 252
48. Stiglitz 2010: 284
49. Peet, a.a.O.: 260
50. Stiglitz 2002: 259
51. Clark 2003: 48f.
52. Stiglitz 2002: 246
53. Lang/Hines, a.a.O.: 149ff.:
Stiglitz ibid.: 283; Stiglitz 2006:
335; UNDP 1997: 9

Kapitel 10

1. Browne 2006: 16
2. Duden Bd.10, 1970: 833
3. BMZ 2011: Entwicklung der Anteile bi- und multilateraler ODA
1990–2010
4. Holtz 2011; Holtz 2012
5. Holtz 2011: 50
6. Robb 2004: 22ff.
7. Browne 2006: 24ff.
8. ibid.: 36f.
9. OECD 2009: 151ff.
10. alle Dokument unter www.oecd.
org zu finden
11. Clark 3002: 47: WHI 2011: 11;
Immel/Tränkle 2001: 106f.
12. Moyo 2009: 7f.
13. Robb, a.a.O.: 36
14. FR v. 5.6.2012
15. OECD 2012: Development at a
glance: 2, 6f.
16. TI 2012:CPI-Liste
17. Handelsblatt v. 17.1.2004;
Spiegel online v. 3.12.2010
18. Perkins 2005, Perkins 2007

19. ibid. 2007: 20f.
20. Mari/Buntzel 2007: 21, 30
21. ibid.: 85,148ff., 163
22. Schaeffer 2012: 95
23. Seitz 2009; Schaeffer, ibid.: 15ff.,
30ff., 106ff.
24. Der Spiegel 10/2012: 79
25. Moyo 2009: 48f., 71ff.
26. Easterly, a.a.O.: 301
27. Galeano 1981: XIV
28. DWHH/tdh 2011: 20
29. Datta 1994: 213f.
30. Spiegel online v. 23.10.2010
31. Robb, a.a.O.: 33
32. Niebel v. 26.7.2010: Immel/
Tränkle, a.a.O.: 52
33. Groves 2004: 83
34. Immel/Tränkle, a.a.O.: 51
35. Timberlake 1986: 48, 80
36. ibid.
37. Browne, a.a.O.: 40
38. ibid.: 136ff.
39. Robb, a.a.O.: 36
40. Vyslozil:»Wenn Hilfe nicht
hilft«, in: SZ v. 22.8.2012
41. Frantz/Mertens 2006: 22, 33, 39
42. ibid.: 18f.
43. Rotte 2001: 44
44. Datta 1996: 105
45. Roy/Dey in: Outlook v.
20.6.2011: 35
46. Frantz/Mertens, a.a.O.: 53
47. Clark, a.a.O.: 133ff.
48. Datta in: ZEP 2/1993: 28f.
49. Clark, a.a.O.: 133f.
50. Curbach 2003: 31
51. Clark, a.a.O.: 143
52. OECD 1988: 15
53. OECD 2012: development aid:
Grants by private voluntary
agencies
54. bpb 2009, 2010 unter www.bpb.de
55. GIZ 2010: Institutionen der Entwicklungszusammenarbeit, eine
Auswahl unter www.giz.de

56. VENRO 2012: Jahresbericht 2011: 32
57. greenpeace magazin, 2007
58. Orbinski 2010
59. bpb 2010: 31
60. »Navigation of Change« in: Outlook v. 7.2.2011: 44 ff.
61. »The Buck stops here« in: Outlook v. 14.2.2011
62. Durning, 1989: 267
63. Gregory 2008
64. für die ersten drei Beispiele Datta 1994: 221 ff.; Yunus 1998; Yunus 2007
65. Maathai 2003; Maathai 2009; Datta 1989: 7
66. Chen et al. 2005, Chen et al. 2006; Schuster 2005
67. Leubolt 2006
68. Loipinger 2011; Polman 2010
69. Clark 2003: 136 f.
70. Brehm/INTRAC 2004
71. Win in: Groves/Hinton 2003, a.a.O.: 123 ff.

Kapitel 11

1. Meadows et al. 1972
2. Brundtland et al. 1987: 43
3. Datta 1992: 62 f.
4. tdh/GPF 2012: 10 ff.
5. DW v. 25.6.2012; Spiegel-online v. 22.6.2012
6. UNEP 2012: The Future We Want
7. Spiegel online v. 11.12.2011
8. Der Spiegel 26/2012: 63
9. UNEP-Bericht 2012; GEO5 2012
10. UNDP-Bericht 2011; v. Weizsäcker et al. 1997; Goodall 2010; Jackson 2011
11. WB-Report 2010: 5, 38 f., 194 f.
12. UNDP-Bericht 2001: 40
13. WB-Report 2010: 37
14. ibid.: 4 f., 38, 137
15. Welzer 2010: 99

16. v. Weizsäcker, Rio+20=0, in: SZ v. 10.7.2012
17. govt.rejected Vedanta v. 24.8.2010
18. Narain, Editorial in: Down to Earth 4.7.2012
19. »Gipfel der Verschmutzung« in: Der Spiegel 28/2012:79
20. Meadows et al. 2007: 245 ff.
21. Rahmstorf et al. 2010
22. »Für die Fichte wird es schwer«, in: HAZ vom 5.7.2010
23. WB-Bericht 2010: 38
24. UNDP-Bericht 2011: 20 f.
25. Renner 2012: 39
26. ibid.: 40
27. UNDP-Bericht 2011: 33, 31
28. Narain in: Globales Lernen 1/2012: 9
29. Renner, a.a.O.: 41
30. UNDP-Bericht 2011: 7
31. ibid.: 31
32. ibid.: 87
33. Scherhorn 2011: 76 f.
34. Assadourian 2012: 56, 60 f.
35. Jackson 2011: 198
36. Stiglitz et al. 2010; Paque/ Joachimsen et al. in: APuZ 27–28/2012: 15 ff.
37. Renner, a.a.O.: 49 ff.
38. Whybrow 2005
39. Ritzer 1993
40. Öchsner in: SZ v. 18.9.2012
41. Stiglitz-Interview in: Der Spiegel 40/2012: 84
42. Renner, a.a.O.: 36 f.
43. UNDP 2011: 30 ff., 87 ff.
44. »Schön reden und anders handeln« in: SZ v. 25.6.2012
45. Renner, a.a.O.: 40

Kapitel 12

1. Fried, Nico in: SZ v. 17.7.2012
2. D'Monte in: Outlook v. 9.7.2012: 14
3. Stiglitz/Sen/Fitoussi 201: 3 ff.
4. Felber 2012: 27, 30 ff.
5. siehe z. B. ibid., Jackson 2011; Paech 2012; Seidl/Zahrnt 2011; Diefenbacher/Zieschank 2011; Bender et al. 2012
6. Jackson 2011: 79, 71
7. Jackson, a. a. O.: 197 ff.
8. Randers 2012: 214
9. ibid.: 254
10. Andersen, in: ibid.: 314 ff.
11. BUND/Misereor 1996
12. Hüther, in: SZ v. 20.7.2012
13. Felber 2012: 45, 141 ff., 190 ff.
14. UBUNTU 2009: 5
15. Stiglitz 2002: 271 ff.; Stiglitz 2006: 348 ff.; Stiglitz 2010: 346 ff.; Clark 2003:207 ff.; Easterly 2006: 269 ff.
16. Stiglitz 2006: 353 ff.
17. Piper, in: SZ v. 23.7.2012
18. Stiglitz 2002: 246
19. UNDP 1997: 9
20. Feyder, a. a. O.: 103 ff.
21. Tandon, in: UBUNTU, a. a. O.: 270 ff.
22. Stiglitz 2002: 276 ff.

23. UNDP 2010: 28, 125 ff.
24. GHI 2011: 13
25. UNDP 2010: 121
26. Zick in: SZ v. 26.7.2012
27. da Silva et al. 2011: 17 ff., 41 ff.
28. The nutrition puzzle in: The Economist v. 18.2.2012
29. siehe hierzu da Silva et al. 2011
30. »Brasilien: Glückliches Schwellenland ...« in: NZZ v. 11.7.2011
31. da Silva et al 2011: 49 ff.
32. Russau 2012: 142
33. Rennkamp 2012: 167.
34. Burkhardt, Peter, »Ein Lehrstück namens Mensalão«, in: SZ v. 22.8.2012; Ders.: »Wende am Ende des Booms«, in: SZ v. 22.8.2012
35. Kauffmann 2012
36. Wilkinson/Pickett 2010:217 ff.; Ura, in: Development Dialogue June A 2012:59 ff.
37. »Brasilien: Glückliches Schwellenland ...«, a. a. O.
38. Berg/Hartung 2007
39. Germanwatch 2008: 251 ff.
40. Randers 2012: 323 ff.
41. OECD/DEV 2012: 33 ff., 59 ff.
42. Andrews/Urbanska in: Lage der Welt 2010: 248 ff.; Assadourian in Lage der Welt 2012: 56

Literaturverzeichnis

Ahmed, Akhter K./Hill, Ruth Vargas/Smith, Lisa C./Frankenberger, Tim: The Poorest and Hungry: Characteristics and Causes, in: Braun, Joachim/Hill, Ruth Vargas/Pandya-Lorch, Rajne (Hg): The Poorest and Hungry. Assessments, Analysis and Actions, Washington D.C. 2009

Anand, Sudhir/Segal, Paul/ Stiglitz, Joseph (Hg): Debates on the Measurement of Global Poverty, Oxford 2010

Andrews, Cecile/Urbanska, Wanda: Warum weniger einfach mehr ist, in: Zur Lage der Welt 2010, München 2010: 248–257

ARD: Die KIK-Story – die miesen Methode Methoden des Textildiscounters v. 4.8.2010 21.45–22.15 Uhr

Assadourian, Erik: Aufstieg und Fall unserer Konsumkultur, in: Zur Lage der Welt 2010: 33–57

Assadourian, Erik: Wachstum im Überfluss, in: Zur Lage der Welt 2012, a.a.O.: 55–74

Balkan, Joel: Das Ende der Konzerne. Die selbstzerstörerische Kraft der Konzerne, Hamburg 2005

Banerjee, Abhijit, V./Duflo, Esther: Poor Economics. A radical rethinking of the way to fight global poverty, New York 2011

Barth, Boris: Die United Nations Monetary and Financial Conference 1944 unter www. adventinus-online.de/no_cache/persistent/artikale/8502/11.5.2012

Baxter, Joan: Wie Gold, nur besser, in: Edition le monde diplomatique (Elmd-Hg.): Cola, Reis & Heuschrecken, a.a.O: 43 ff., 49

Beder, Sharon: Suiting Themselves. How Corporations Drive the Global Agenda, London 2006

Bello, Walden: Politik des Hungers, Hamburg 2011

Bender, Harald/Bernholt, Norbert/Winkelmann, Bernd/Akademie Solidarischer Ökonomie (Hg): Kapitalismus und dann? Systemwandel und Perspektiven gesellschaftlicher Transformation, München 2012

Berg, Christian/Hartung, Manuel J.: Welt retten für Einsteiger. 30 Gründe für ein gutes Gewissen, München 2007

Berger, Michael B.: Für die Fichte wird es schwer, in: Hannoversche Allgemeine Zeitung v. 5.7.2012

Berger, Thomas: »Wir haben was erreicht«. Indische Frauenorganisation SEWA kann nach Jahrzehnten Kampf etliche Erfolge vorweisen, in: AG Friedensforschung v. 17.4.2010

Bertram, Hans (Hg): Mittelmaß der Kinder. Der UNICEF-Bericht zur Lage der Kinder in Deutschland, München 2008

Bhalla, Surjit S.: Raising the Standard. The War on Global Poverty, in: Anand et al, a.a.O.: 115–142

Bhutan: Gross National Happiness, in: Outlook v. 14. 06. 2010: 48 ff.

Birg, Heinz: Entwicklung der Weltbevölkerung, in: IzpB 282, a. a. o.: 4–11

BMFSFJ (Hg): Atlas zur Gleichstellung, Berlin 2010³

BMWi (Hg): Textil und Bekleidung unter www. bmwi.de/DE/Themen/Wirtschaft/branchenfokus.did=196534.html

BMZ (Hg): Entwicklung der Anteile bi- und multilateraler ODA 1990–2010 unter www.bmz.de/ministerium/zahlen_fakten/Entwicklung_der_Anteile_bi-undmultilatraler ODA _1990–2010

Bommert, Wilfried: Bodenrausch: Die globale Jagd nach den Äckern der Welt, Köln 2012

Bommert, Wilfried: Kein Brot für die Welt. Die Zukunft der Welternährung, München 2009²

Bosbach, Gerd/Korff, Jens Jürgen: Lügen mit Zahlen. Wie wir mit Statistiken manipuliert werden, München 2011²

Boserup, Ester: The Conditions of Agricultural Growth (1966), London 1993

Brasilien: Glückliches Schwellenland – Bei Armutsbekämpfung vorn, in: NZZ v. 11. 7. 2012

Brehm, Vicky Manusco/INTRA: Autonomy or Dependence? North-South NGO Partnerships unter www.intrac.org/data/files/resources/42/Briefing-Paper-6-Autonomy-or-dependence-North-South-Partnerships

Brock, Karen/McGee, Rosemary (Hg): Knowing Poverty. Critical Reflections on Participatory Research and Policy, London 2002

Brot für die Welt/ eed/BUND (Hg): Zukunftsfähiges Deutschland in einer globalisierten Welt. Eine Studie des Wuppertal Instituts für Klima, Umwelt, Energie, Frankfurt/M 2008

Brown, Lester R.: Outgrowing the earth, London 2005

Browne, Stephen: Aid & Influence. Do Donors help or hinder? London 2006

Brundtland, Gro Harlem (Hg): Our Common Future, Oxford 1987

BUND/Misereor (Hg): Zukunftsfähiges Deutschland. Ein Beitrag zu einer globalen nachhaltigen Entwicklung, Basel et al 1996

Burkhardt, Peter: Ein Lehrstück namens Mensalão, in: SZ v. 22. 8. 2012

Burkhardt, Peter: Wende am Ende des Booms, in: SZ v. 22. 8. 2012

Buse, Uwe/Fichtner, Ulrich/Goos, Hauke/Hoppe, Ralf/Pauly, Christoph/ Schnibben, Cordt/Schulz, Thomas/Seith Anne/ Smoltczyk, Alexander: Schlussverkauf, in: Der Spiegel 50/2011: 40–70

Butterwegge, Christoph/Lösch, Bettina/Ptak, Ralf: Kritik des Neoliberalismus, Wiesbaden 2008²

Butterwegge, Christoph: Armut in einem reichen Land, Frankfurt/M. 2011²

Calder, Ian R.: The blue revolution, London 1999

Chen, Martha-Alter/Khurana, Ruchi/Mirani, Nidhi: Towards Economic Freedom. The Impact of SEWA, Ahmedabad 2005

Chen, Martha-Alter/Mirani, Nidhi/Parikh, Mita: Self-Employed Women. A Profile of SEWA's Membership, Ahmedabad 2006

Cherufka, Paul: World Energy and Population: Trends by 2100 unter www.paulcherufka.ca/WEAP/WEAP.html

Chossudovsky, Michel: Global Brutal. Der entfesselte Welthandel, die Armut, der Krieg, Frankfurt/M. 2002³

CIR (Hg): Im Visier: Discounter, Münster 2012

CIR (Hg): Würdige Löhne über Grenzen hinweg, Münster 2009

Clark, John: World Apart. Civil Society and the Battle for Ethical Globalization, London 2003

Cohen, Jessica/Easterly, William (Hg): What Works in Development? Thinking Big and Thinking Small, Washington D. C. 2009

Collier, Paul: Die unterste Milliarde, Warum die ärmsten Länder scheitern und was man dagegen tun kann, München 2008

Collier, Paul: Gefährliche Wahl. Wie Demokratisierung in den ärmsten Ländern der Erde gelingen kann, Bonn 2010² (2010a)

Collier, Paul: The Plundered Planet. Why We Must – And How We Can – Manage Nature for Global Prosperity, Oxford 2010 (2010b)

Collins, Daryl/Morduch, Jonathan/Rutherford, Stuart/Ruthven, Orlanda: Portfolios of the Poor. How the World's Poor live on $ 2 a Day, Princeton New Jersey 2009

CONCORD/Aid Watch (Hg): Challenging Self-Interest. Getting EU aid fit for th fight against poverty, Ambiorix/B 2011

Condon, Emma et al: Resource Disputes in South Asia: Water Scarcity and the Potential for Interstate Conflict., Wisconsin-Madison 2009 unter www.lafollette.wisc.edu/publications/workshops/2009/southasia.pdf

Dakar-Erklärung gegen Landraub unter www.fian.de/onlie/index.php?option-com_remsitory&itemid<160&fune=startdown&id=480

D'Almeida, Kanya: Frauen: Profit statt Entwicklung an der Basis – Aktivisten kritisieren Weltbankprojekte, Schattenblick Dez. 2011 unter www. schattenblick.de/infopool/politik/soziales/psfra353.html

Dasgupta, Debarshi: Inside the Slave City, in: Outlook v. 23.4.2012: 22–28

Dasgupta, Debarshi: Smoke in Paradise, in: Outlook v. 2.7.2012: 14 ff.

Dasgupta, Debarshi: The New East India Cos, in: Outlook v. 17.10.2011 unter www.outlookindia.com/article-aspx?278540

Datta, Asit (Hg): Zukunft nur gemeinsam, Bremen 1989

Datta, Asit: Chipko-Andolan oder Umarme-den-Baum-Bewegung in Indien, in: Siebert, Horst: Die vergeudetet Umwelt, Frankfurt/M. 1990: 141–152

Datta, Asit: Einige Anmerkungen zu den Theorien über Bevölkerungswachstum, in: Datta, Asit (Hg): wie viel Bevölkerungswachstum vertragen die Medien? Hannover 1995

Datta, Asit: Oxfam. Portrait, in: Zeitschrift für Internationale Bildungsforschung und Entwicklungspädagogik (ZEP) 2/1993: 29 f.

Datta, Asit: Umwelt, Entwicklung und Nahrung, in: Ökozid3 1/1992: 62 f.

Datta, Asit: Ursachen der Unterentwicklung. Erklärungsmodelle und Entwicklungspläne, München 1982

Datta, Asit: Was wollen die NGOs, in: AASF (Hg): Ökonomische Ethik, in: AASF-Jahrbuch, Frankfurt/M 1996: 101–115

Datta, Asit: Welthandel und Welthunger, München 19946

Der neue Fischer Weltalmanach 2012, Frankfurt/M. 2011

Deutsche Welle: Unzufrieden mit Rio+20 unter www. dw.de/article/0,,16 049 437,00.html

Development Dialogue no. 59, Uppsala June 2012: No Future without Justice

Diamond, Jared: Kollaps. Warum Gesellschaften überleben oder untergehen, Frankfurt/M 2005[4]

Diefenbacher, Hans/Zieschank, Roland: Woran sich Wohlstand wirklich messen lässt. Alternativen zum Bruttoinlandsprodukt, München 2011

D'Monte, Darryl: A Wet behind the ears feeling, in: Outlook v. 9. 7. 2012: 14 f.

DNA Investigations: Bt Cotton behind Marathwada's bitter harvest, unter www.dnaindia.com/print710.php?cid=1 658 158

Drèze, Jean/Sen, Amartya: Putting growth in its place, in: Outlook v. 14. 11. 2011: 50–59

Durning, Alan B.: Die Graswurzelbewegung. Basis kommt in Bewegung. In: Worldwatch Institute (Hg): Zur Lage der Welt 89/90, Frankfurt 1989, 255-289

DWHH/IFPRI/Concern (Hg): Welthungerindex, Bonn/Washington D. C./ Dublin 2011

DWHH: Baumwolle: Preisverfall durch Subventionen unter www. agenda21. Treffpunkt.de/archiv/03/09/baumwollchart.pdf

Easterly, William: The White Man's Burden, New York 2006

Ehrlich, Paul R.: Das führt zum Untergang der Menschheit, in: SZ v. 31. 10. 2011

Ehrlich, Paul R.: Die Bevölkerungsbombe (1968), Frankfurt/M. 1973

Ein Drittel der Nahrung im Müll, in: SZ v. 12. 5. 2011

Elgar, Katrin: Die Macht des Wassers, in: Spiegel – Special 6/2008 unter www.spiegel.de/spiegel/spiegelspecial/d-60 746 644.html

Erste, Zweite, Dritte Welt, in: Elmd (Hg): Atlas der Globalisierung. Das 20. Jahrhundert, Berlin 2010: 44 f.

Europäisches Parlament: Entwurf eines Berichts über die EU-Entwicklungszusammenarbeit zur Verwirklichung eines Ziels universellen Zugangs zur Energie bis 2030 unter www.europarl.europa.eu/meetdocs/2009_2014/documnets/deve/pr/871/871 943/871 943.de.pdf

FAO (Hg): How ti feed the World 2050, Rome 2009

Felber, Christian: Gemeinwohl Ökonomie, Wien 2012[2]

Felkl, Gisela: Ein Gewinn, doch nur für manche, in welt-sichten 8/2011 unter www.weltsichten.org/artikel/art-08–2011/ein-gewinn-doch-nur-für-manche

Ferguson, Neill: Der Aufstieg des Geldes. Die Währung der Geschichte, Berlin 2009

Feyder, Jean: Mordshunger. Wer profitiert vom Elend der armen Länder? München 2010

FIAN (Hg): Landraub für unseren Tank-Beimischung fördert Menschenrechtsverletzung in Afrika, 1. 3. 2012 unter www. oneworld.at/start. asp?ID=248 219

Fiszbein, Ariel/Schady, Norbert et al.: Conditional Cash Transfers. Reducing Present and Future Poverty, Washington D.C.: 2009

Follath, Erich/Glüsing, Jens: Die Samba-Preußen, in: Der Spiegel 26/2012: 110–115

Frank, Robert H.: The Darwin Economy. Liberty, Competition and the Common Good, Princeton/New Jersey 2011

Frantz, Christiane/Martens, Kerstin: Nicht Regierungsorganisationen (NGOs). Lehrbuch, Wiesbaden 2006

Fried, Nico: Teure Vorreiterrolle, in: SZ v. 17.7.2012

Friedman, Thomas L.: The World is Flat. The Globalized World in the Twenty-First Century, London 2006[2]

Friedman, Thomas L:: Hot, Flat and Crowded. Why the World Needs a Green Revolution – And We Can Renew Our Global Future, London 2008

Fund for peace unter fundforpeace.org/global/... 11–11-frri-public-spreadsheet-2011–1107b-xls

Galeano, Eduardo: Die offenen Adern Lateinamerikas. Die Geschichte eines Kontinents von der Entdeckung bis zur Gegenwart, Wuppertal 1981[9]

Gammelin, Cerstin: Wir wollen keine Zombie-Banken mehr, in: SZ v. 28.2.2012

Gandhi, Mohandas Karamchand: India of My Dreams, Ahmedabad 1947

Ganteför, Gerd: Klima. Der Weltuntergang findet nicht statt, Weinheim 2010

Germanwatch (Hg): Die Welt am Scheideweg: Wie retten wir das Klima? von Bals, Christoph/Hamm, Horst/Jerger, Ilona/Milke, Klaus, Reinbek 2008

Germanwatch/eed (Hg): Aktuell 19: Vor dem Ende vom Ende einer langen Geschichte. Am Vorabend der 8. WTO-Ministerkonferenz in Genf 15.–17.12.2011 Bonn/Berlin 2011

Gesamtverband Textil und Mode: Zahlen zur Textil- und Bekleidungsindustrie 2011 unter www.textil-bekleidung.de/uploads/media/zahlen_zur_TuBL_Statistik_2011.pdf

Glüsing, Jens/Knaup, Horand/Thielke, Thilo/Traufetter, Gerald/Windmann Antje: Das große Schrumpfen, in: Der Spiegel 44/2011: 144–149

Glüsing, Jens: Herrschaft der Amazonen, in: Der Spiegel: 3/2012: 92f.

Goodall, Chris: How to live low carbon life, London 2010[2]

Gough, Ian/McGregor, J. Allister (Hg): Wellbeing in Developing Countries, Cambridge 2008[2]

Graziano da Silva, Jose/ Del Grossi, Mauro E./de França, Ciao G.: The Fome Zero (Zero Hunger) Programme – The Brazilian Experience, Brasilia 2011

Green Peace (Hg): Fakten und Zahlen zur Baumwollproduktion unter www.marktcheck.greenpeace.at/baumwolle.98.html

Green, Duncan: From Poverty to Power, Oxford 2008

Greenpeace Magazin (Hg): Das NGO Handbuch, Hamburg 2007

Grefe, Christiane/Greffrath, Mathias/Schumann, Harald attac. Was wollen die Globalisierungskritiker? Berlin 2002:

Gregory, Julian: The »NAAM« Movement in Burkina Faso: Rural Peasants suc-

cessfully Manage Their Own Challenges, 2008 unter www. juliangregory.
weebly.com/the-naam-movement-in-burkina-faso-rural-peasants-success-
fully ...

Groves, Leslie/Hinton, Rachel (Hg): Inclusive Aid. Changing power and
relationships in international development, London 2004

Groves, Leslie: Questioning, Learning, and ›Cutting Edge‹ Agendas: Some
Thoughts from Tanzania, in: Groves/Hinton, a. a. O.: 76–86

Hacker, Jacob S./Pierson, Paul: Winner-Take-All Politics. How Washington
made the Rich Richer – And turned its Back on the Middle Class, New
York 2010

Hahlbrock, Klaus: Kann unsere Erde die Menschen noch ernähren? Bevölke-
rungsexplosion-Umwelt-Gentechnik, Frankfurt/M. 2007

Hahn, Barbara: Welthandel. Geschichte, Konzepte, Perspektiven, Heidelberg
2009

Hardoy, Jorge C./Satterthwaite, David/Cairncross, Sandy (Hg): The Poor Die
Young, London 1990

Harrison, Paul: Hunger und Armut, Reinbek 1982

Harrison, Paul: The Third Revolution. Environment and a Sustainable World,
London/New York 1992

Haughton, Jonathan/Khandker Shahidur R.: Handbook on Poverty + Inequality, Washington D. C. 2009

Hauser, Richard: Das Maß der Armut: Armutsgrenze in sozialstaatlichen
Konzept, in Huster et al., a. a. O.: 94–117

Hawranek, Dietmar/Mahler, Armin/Pauly, Christoph/Schliessl, Michaela/
Schulz,Thomas: Märkte außer Kontrolle, in: Der Spiegel 34/2011: 60–68

Heinrich-Böll-Foundation – HBF – (Hg): Inside a Champion. An Analysis of
the Brazilian Development Model, Rio De Janeiro 2012 (HBF 2012)

Hines, Colin: Localization. A Global Manifesto, London 2000

Hirn, Wolfgang: Der Kampf ums Brot. Warum Lebensmittel immer knapper
und teurer werden, Frankfurt/M. 2009

Hobsbawm, Eric: Industrie und Empire. Britische Wirtschaftsgeschichte seit
1750. Band I + II, Frankfurt/M. 1979³, 1979⁶

Höft, Michael: Billig Mode aus Indien, in: ZDF-Zoom v. 28.3.2012 22.45–
23.15 Uhr und in: Zeit Online unter www.zeit.de/2012/13/Indien-Textil-
fabrik-Arbeitsbedingungen

Höhne, Markus Virgil: Somalia, in: bpb v. 4.10.2011 unter www.bpb.de/
themen/SMLQ7.html

Holtz, Uwe: 66 wichtige Begriffe zur Entwicklungspolitik (Stand 26.5.2012)
unter www. uni-bonn.de/~uholtz/lehrmaterial/ep_begriffe.de

Holtz, Uwe: Entwicklungspolitisches Glossar (Stand 4.1.2011) unter
www.uni-bonn.de/uholtz/virt_apparat/EP_Glossar.pdf

Huster, Ernst-Ulrich/Boeckh, Jürgen/Mogge-Grotjahn, Hildegard (Hg): Handbuch Armut und Soziale Ausgrenzung, Wiesbaden 2008

Hüther, Michael: Mitverantwortung, eine vergessene Kategorie, in: SZ v.
20.7.2012

Hütz-Adams, Friedel: 60 Jahre nach Bretton Woods – Konferenz: Gründung, Ziele, Macht und Reformbedarf bei IWF und Weltbank, Siegburg 2007

IEA/UNIDO/UNDP (Hg): Energy Poverty 2010. How to make modern energy access universal, New York 2010 unter content.undp.org/go/cms-service/stream/asset/?asset_id=2 822 269

ILO (Hg): Menschenwürdige Arbeit für Hausangestellte, Genf 2009

ILO/IAA (Hg): Menschenwürdige Arbeit für Hausangestellte, Genf 2009

Immel, Karl-Albrecht/Tränkle, Klaus: Aktenzeichen Armut. Globalisierung in Texten und Grafiken, Wuppertal 2011

Information zur politischen Bildung (IzpB) Heft 282: Bevölkerungsentwicklung, bpb, Bonn 20112

Inkota (Hg): Discounter Fairness. Aktiv für Menschenrechte, Berlin 2010

Jackson, Tim: Prosperity without Growth, London 2011[2]

Jäger, Jill: Was verträgt unsere Erde noch? Wege in die Nachhaltigkeit, Frankfurt/M. 2007

Jha, Dasho Karma: The Gross National Happiness Index, in: Development Dialogue, June 2012: 59 f.

Jung, Alexander/Piper, Dietmar/Traub, Rainer (Hg): Geld macht Geschichte, München 2011

Kaphengst, Timo/ Bahn, Evelyn: Land Grabbing, Hamburg 2012

Kauffmann, Gesine: Brasilien: 2014 Ohne Elend, in: Welt-Sichten 2/2012

Keve, Joseph: Die kühnen Ideen von Gandhis vielen Töchtern, in: Die Wochenzeitung 36/2009 v. 3. 9. 2009

King, Alexander/Schneider, Bertrand: Die globale Revolution, Hamburg 1991

Klingholz, Reiner/Töpfer, Klaus: Das Trilemma des Wachstums. Bevölkerungswachstum, Energieverbrauch und Klimawandel – drei Probleme, keine Lösung? Berlin 2012

Knaup, Horand/Schiessel, Michaela/Seith, Anne: Die Ware Hunger, in: Der Spiegel 35/2011: 74–80

Kreuzberger, Stefan/Thun, Valentin: Die Essensvernichter. Warum die Hälfte aller Lebensmittel im Müll landet und wer dafür verantwortlich ist, Köln 2011

Kritik und Modifizierung der Strukturanpassungsprogramme unter www.lnux-als-server.de/diplom/diplom-15.htm

Kruchem, Thomas: Der große Landraub. Bauern des Südens wehren sich gegen Agrarinvestoren, Frankfurt/M. 2012

Kuhr, Daniela: 64 Agrarminister geloben Besserung, in: SZ v. 23. 1. 2012

Kuhr, Daniela: Die Kluft zwischen Arm und Reich wächst schneller, in: SZ v. 6. 11. 2011

Lallau, Benoit: Schöne neue Worte, in ElMd (Hg): Cola, Reis & Heuschrecken. Welternährung im 21. Jahrhundert, Berlin 2011: 47 ff.

Landes, David S.: Der entfesselte Prometheus. Technologischer Wandel und industrielle Entwicklung in Westeuropa von 1750 bis Gegenwart, München 1983

Landes, David: Wohlstand und Armut der Nationen. Warum die einen reich und die anderen arm sind, Bonn 2010

Landesa: The Land Rush unter www.landesa.org/wr-content/uploads/2011/03/Land-Rush-Issue-Brief.pdf

Lang, Tim/Hines, Colin: The new protectionism, London 1993

Lang-Wojtasik, Gregor/Klemm, Ulrich (Hg): Handlexikon Globales Lernen, Münster/Neu Ulm 2012

Lappé, Frances Moore/Schurman, Rachel: Taking Population Seriously, London 1989

Leitlinien gegen Landraub unter www. domradio.de/website/elementPrint.asp?id=80623

Leubolt, Bernhard: Staat als Gemeinwesen. Das Partizipative Budget in Rio Grande do Sul und Porto Alegre, Berlin/Münster/Wien/Zürich/London 2006

Liberti, Stefano: Landraub. Reisen ins Reich des Kolonialismus, Berlin 2012

Loipfinger, Stefan: Die Spenden Mafia. Schmutzige Geschäfte mit unserem Mitleid, München 2011

Maathai, Wangari: Replenishing the Earth. Spiritual Values for Healing Ourselves, New York 2010

Maathai, Wangari: The Challenge for Africa, New York 2009

Maathai, Wangari: The Green Belt Movement. Sharing the Approach and the Experience, New York 2003

Malhotra, Kamal et al.: Making Global Trade Work for People, hg. von UNDP/Rockefeller Brothers Fund/Wallace Global Fund/HBS, New York 2003

Malthus, Thomas Robert: An Essay on the Principle of Population, … as it affects the future. Improvement of the Society, with Remarks on the Speculations of Mr. Godwin, M. Condorcet and other Writers, London 1798

Mari, Francisco/Buntzel, Rudolf: Das globale Huhn. Hühnerbrust und Chicken Wings – wer isst den Rest?, Frankfurt/M 2007

Marx, Karl: Die britische Herrschaft in Indien, in: MEW IV, a.a.O.

Marx, Karl: Die Ostindische Kompanie, ihre Geschichte und Resultate ihres Wirkens, in Marx-Engels-Werke IV (MEW IV), Frankfurt/M. 1966

Mauser, Wolfram: Wie lange reicht die Ressource Wasser? Vom Umgang mit dem blauen Gold, Frankfurt/M. 2007

McGillivray, Mark/ Clarke, Matthew (Hg): Understanding Human Well-being, Tokyo/New York/Paris 2006

Meadows, Dennis/Meadows, Donella/Zahn, Erich/Milling, Peter: Die Grenzen des Wachstums. Bericht des Club-of-Rome. Zur Lage der Menschheit 1972, Reinbek 1973

Meadows, Donella/Randers, Jorgen/Meadows, Dennis: Grenzen des Wachstums. Das 30-Jahre Update, Stuttgart 2007[2]

Meyns, Peter (Hg): Handbuch Eine Welt. Entwicklung im globalen Wandel, Wuppertal 2010[2]

Ministry blames Bt Cotton for farmer suicide in: Hindusthan Times, New Delhi v. 8.4.2012

Moyo, Dambisa: Dead Aid. Why aid is not working and how there is another way for Africa, London 2009

Müller, Burkhard: Sein Schrei verhallte in der Masse des Weltgeräuschs, in: SZ v. 1. 8. 2008

Münz, Rainer/Reiterer, Albert F.: Wie schnell wächst die Zahl der Menschen? Weltbevölkerung und weltweite Migration, Frankfurt/M. 2007

Nakari, Raj/ Griffith, Breda: Understanding Growth and Poverty, Washington D. C. 2011

Nayar, Lola: Navigators of Change, in: Outlook v. 7. 2. 2011: 44–48

Nayar, Lola: Nobody's Property, in: Outlook v. 28. 11. 2011:56 ff.

Niebel, Dirk: Entwicklungszusammenarbeit darf auch interessengeleitet sein, unter www. bundesregierung.de am 26. 7. 2010

Noleppa, Steffen/Witzke, Harald von: Tonnen für die Tonne, WWF, Berlin 2012

OECD (Hg): 4th Level Forum on Aid Effectiveness unter www.aideffective-ness.org/busanhlf4/en/component/content/article/478.html

OECD (Hg): Better Aid: Aid Effectiveness, Paris 2009

OECD (Hg): Development Aid at a Glance. Statistics by Region, Paris 2012 unter www. oecd.org/dataoecd/59/5/42 139 479.pdf

OECD (Hg): Development Aid: Grants by Private Voluntary Agencies 2012 unter www.oecd.library.org/development-aid-grants-by-private-voluntary-agencies_20 743 866-table

OECD (Hg): Managing Aid. Practices of DAC-Member Countries, Paris 2009

OECD (Hg): Voluntary Aid for Development. The Role of Non-Governmental Organizations, Paris 1988

OECD/Development Centre Studies (Hg): Can we still achieve Millennium Development Goals?, Paris 2012

O'Neill, Brendan: Bevölkerungswachstum: Malthus ist tot, es lebe der Malthusianismus, in:. Novo Argumente Oktober 2010 unter www. novo-argumente.com

Orbinski, James: Ein unvollendetes Angebot. Humanitäre Hilfe im 21.Jahrhundert, Frankfurt/M. 2010

Oxfam (Hg):: Fighting Hunger in Brazil. Much achieved, more to do, Oxford 2010

Oxfam Deutschland (Hg): Infoblatt: Die Weltbank finanziert klimaschädliche Energiepolitik mit Zustimmung der Bundesregierung, Berlin Februar 2012

Paech, Niko: Befreiung vom Überfluss. Auf dem Weg in die Postwachstums-ökonomie, München 2012

Panayotou, Theodore: Population and Environment, CID Working Paper no. 54, Harvard, July 2000 unter www.hus.harvard.edu/Var/ezp_site/storage/ fekeditor/file/pdfs/ centers-programs/centers/cid/publications/fa

Paqué, K.-H./Joachimsen, B./Bettzüge, M. O./Schneidewind, U.: Wachstum, Wohlstand, Lebensqualität: Aktuelle Debatten, in: IPuZ 27 f.; 2012: 15–27

Parkin, Sara: The Positive Deviant: Sustainability Leadership in a perverse World, London 2010

Peet, Richard: Unholy Trinity. The IMF, World Bank and WTO, London 2010[2]

Pelzer, Kathrin: Hausarbeit ist Arbeit, in: Frauensolidarität 3/2011 unter www.schattenblick.de/infopool/soziales/psarb471.html

Perkins, John: Confessions of an Economic Hitman. The Shocking Story of How America Really Took Over the World, London 2006

Perkins, John: Weltmacht ohne Skrupel. Die dunkle Seite der Globalisierung – Wie die USA systematisch Entwicklungsländer ausbeuten, Heidelberg 2007

Petrella, Riccardo: The Water Manifest. Arguments for a World Water Contract, London 2001

Piper, Nikolaus: Starke Worte nach 20 Jahren, in: SZ v. 23. 7. 2012

Pohl, Jürgen: Wiederaufbau nach dem Erdbeben – Perspektiven für Haiti, in: APuZ 28 f.; 2010, a. a. O.: 10–17

Pollan, Michael: In Defense of Food, An Eater's Manifesto, New York 2008

Polman, Linda: Die Mitleidindustrie. Hinter den Kulissen der Hilfsorganisationen, Frankfurt/M. 2010

Postel, Sandra: Die letzte Oase. Der Kampf um das Wasser, Frankfurt/M. 1993

Poverty and Food: The nutrition puzzle, in: The Economist v. 2. 2. 2012 unter www.economist.cpm/node/21 547 771/print

Practical Action/UNDP (Hg): Poor People's Energy Outlook (PPEO), Rugby/UK 2010

Prahalad, C. K.: The Fortune at the Bottom of the Pyramid. Eradicating Poverty through Profits, University of Pennsylvania Wharton 2006[2]

Rademacher, Franz Josef/Beyers, Bert: Welt mit Zukunft. Die ökosoziale Perspektive, Hamburg 2011[2]

Rahmstorf, Stephan/Mann, Michael et al.: Fehler im IPCC-Bericht?, in: Spektrum der Wissenschaft vom 20. 02. 2010 unter www.schilogs.de/wblogs/blog/klimalounge/medien-check/2010–02–20/fehler-im-ipcc-bericht

Rainert, Erik S.: How Rich Countries Got Rich … and Why Poor Countries Stay poor, London 2008[2]

Raman, Anuradha: Counting Poorly, in: Outlook v. 30. 5. 2011: 14 ff.

Randers, Jorgen: 2052. A Global Forecast for the Next Forty Years, Vermont 2012

Reddy, Sanjay G./Pogge, Thomas: How to Count the Poor, in: Anand et al., a. a. O.: 42–85

Renner, Michael: Green Economy – eine Antwort auf die Krise, in: Zur Lage der Welt 2012, a. a. O.: 32–54

Rennkamp, Britta: »Development First« in the G-20 and the BRICS? Reflections on Brazil's Foreign Politics and Civil Society, in: HBF 2012, a. a. O.: 156–170

Rickelmann, Richard: Tödliche Ernte. Wie uns das Agrar- und Lebensmittelkartell vergiftet, Berlin 2012

Riesenberger, Brigitte: Kambodscha: Der große Landraub, FIAN, Wien 2011b

Riesenberger, Brigitte: Landnahme in Äthiopien. Auf dem Prüfstein des Rechts auf Nahrung, FIAN, Wien 2011

Riesenberger, Brigitte: Landnahme in Kenia, FIAN, Wien 2011a

Rifkin, Jeremy: Die H_2–Revolution. Mit neuer Energie für eine gerechte Weltwirtschaft, Frankfurt/M. 2005

Rio+20: Umweltschützer beklagen mangelhaftes Gipfelergebnis, in: Spiegel online v. 22. 6. 2012

Ritzer, George: Die McDonaldisierung der Gesellschaft, Frankfurt/M. 1995

Rivelli, Philippe: Der Widerstand der Kleidermacher, in: Edition le Monde diplomatique – ElMd-(Hg): Die Globalisierungsmacher, Berlin 2007: 58–60

Rivoli, Pietra: Reiseberichts eines T-Shirts. Ein Alltagsprodukt erklärt die Weltwirtschaft, Berlin 2006

Robb, Caroline: Changing Power Relations in the History of Aid, in: Groves/ Hinton, a. a. O.: 21–41

Rocha, Geisa Maria: Null Hunger in le Monde diplomatique v. 12. 9. 2010: 7

Rodrik, Dani: The Globalization Paradox. Why Global Markets, States and Democracy can't Coexist, Oxford 2011

Romero, Simon: Brazil Spends Big to Ward off Crisis, in: The New York Times Supplement in SZ v. 2. 7. 2012

Rose, Klaus: Theorie der internationalen Wirtschaftsbeziehungen, Köln/ Berlin 1971

Rösler, Peter: Brasilien wird Deutschland überholen, in: SZ v. 13. 2. 2012

Roth, Roland: NGO und transnationale soziale Bewegung: Akteure einer »Weltzivilgesellschaft«?, in: Brand, Ulrich/Demirovich, Alex/Görg, Christoph/Hirsch, Joachim (Hg): Nichtregierungsorganisationen in der Transformation des Staates, Münster 2001: 43–63

Roy, Aruna/ Dey, Nikhil: Neti, Neti. Just what a civil society? A hazy level that lives us none the wiser, in: Outlook v. 20. 06. 2011: 35

Russau, Christian: Lula»Superstar«: Why the Brazilian Development is a huge success Abroad, in HBF 2012, a. a. O.: 130–144

Sachs, Jeffrey D.: Das Ende der Armut. Ein ökonomisches Programm für eine gerechte Welt, München 2005

Schaeffer, Ute: Afrikas Macher – Afrikas Entwickler. Reportagen zur Afrikanischen Gegenwart, Frankfurt/M. 2012

Scherhorn, Gerhard: Die Politik entkam der Wachstumsfalle. Ein Bericht aus dem Jahr 2050, in: Welzer/Wiegand (Hg) 2011, a. a. O.: 64–102

Schünemann, Julia: Die Zerbrechlichkeit des haitianischen Staates, in: Aus Politik und Zeitgeschichte (APuZ) 28–29/2010 v. 22. 7. 2010: 30–35

Schuster, Nadja: Soziale Sicherung im unorganisierten Arbeitssektor in Indien, ÖFSE Forum, Wien 2005

Secretariat, UBUNTU Forum (Hg): Reforming International Institutions. Another World is Possible, London/Sterling VA 2009

Seidl, Irmi/Zahrnt, Angelika (Hg): Postwachstumsgesellschaft: Neue Konzepte für die Zukunft, Weimar bei Marburg 2010

Seitz, Volker: Afrika wird arm regiert oder wie man Afrika wirklich helfen kann, München 2009

Sen, Amartya: Die Menschenbombe: Ein globales Problem – Verblendung und Wirklichkeit, in: Lettre International IV/1994: 6–13

Sen, Amartya: Ökonomie für den Menschen. Wege zu Gerechtigkeit und Solidarität in der Marktwirtschaft, München 2011[5]

Senti, Richard: WTO, System und Funktionsweise, TU Dresden unter tudresden.de/die_tu_dresden/Zentrale_einrichtungen/studierende/lehre/folder_mat_ws_10_11/senti.WTO

Setton, Daniela/Knirsch, Jürgen/Mittler, Daniel/Passadakis, Alexis: WTO-IWF-Weltbank. Die »Unheilige Dreifaltigkeit« in der Krise, Hamburg 2008

Sewell, Anne: Bt-Cotton – less miracles, more failures for Indian Farmers, in: Digital Journal unter www. digitaljournal.com/article/321 958

Sigrist, Christian/Guha, A./Hauck, G./Sarma Merle V.: Indien. Bauernkämpfe. Die Geschichte einer verhinderten Entwicklung von 1757 bis heute, Berlin 1976

Singh, Pragya: Too much Goodwill, in: Outlook vom 7.2.2011: 50f.

Smith, Michael H./Hargroves, Karlson, C./Desha, Cheryl: Cents and Sustainability, London 2010

Social Watch (Hg): Comparing GEI and other Gender Measures/html/14 370 unter www.socialwatch.org/book/export/

Social Watch/Oxfam (Hg): Gender Equity Index 2011 unter www. GenderEquityIndex_sw_oxfam_2011.pdf

Social Watch: Education, Empowerment and Economic Activity by Region unter www.socailwatch.org/book/export/html/14 369

Sost, Ann Kathrin: Leitlinien gegen Landraub 19.3.2012 unter www. domradio.de/aktuell/80 623/weternaehrungsorganisation-einige-sich-auf-freiwillige-voelkerrechtliche-regeln.html

South Asia Network on Dams, Rivers and People (SANDAP) (Hg): Water Sharing in South Asia. Cooperation and Conflicts, Dec. 2010 unter www. cseindia.org/challenge-balance/lectures/Water_sharing_south_asiaHT.pdf

Spahl, Thilo: Bevölkerungsdiskussion: Wie viele Menschen kann die Erde ernähren? in: Novo Argumente April 2010 unter www. novo-argumente.com

Spiegel, Peter: Muhammed Yunus. Banker der Armen. Gestalter der Zukunft, Freiburg 2012

Statistical Commission der UN (Hg): Report on the Global Assessment of Water Statistics and Water Accounts 2009, unter unstats.un.org/unsd/statcom/doc09/BG-WaterAccounts.pdf

Steinberger, Karin: Bauern-Selbstmorde in Indien, in: SZ v. 4./5.11.2006

Stiglitz, Joseph E./Sen, Amartya/Fitoussi, Jean Paul: Mismeasuring our lives. Why GDP doesn't add up, New York/London 2010

Stiglitz, Joseph: Die Chancen der Globalisierung, München 2006

Stiglitz, Joseph: Die Schatten der Globalisierung, München 2002

Stiglitz, Joseph: Im freien Fall. Vom Versagen der Märkte zur Neuorientierung der Weltwirtschaft, München 2010

Stoddart, Hannah/Cruickshank, Emlyn W. (Hg): A Pocket Guide to Sustainable Development Governance, Commonwealth Secretariat, London 2012[2]

Südhoff, Ralf: Kichererbsen-Paste und Dattelriegel, in: SZ v. 28.12.2011

Sundaram, Jomo Kwame/ Chowdhury, Anis (Hg): Poor Poverty. The Impoverishment of Analysis, Measurement and Policies, London/New York 2011

tdh/Global Policy Forum (Hg): Rio+ 20: Die UN Konferenz für nachhaltige Entwicklung 2012, Bonn/Osnabrück 2012

Teevs, Christian: Das Sündenregister der Discounter ist skandalös, in: Spiegelonline v. 11.1.2012

The remarkable experience of direct democracy in a Brazilian town unter www.chs.ubc.ca/participatoory7dres/op.pdf

Tilonia (Hg): Barfuß in die Zukunft, München 2000

Transparency International (Hg): Länderranking, Korruptionswahrnehmungsindex (CPI) 2012, unter www.transparency.de/Tabellarisches-Ranking.2021.0 html

UNDP (Hg): Bericht über menschliche Entwicklung 2011: Nachhaltigkeit und Gerechtigkeit, Berlin 2011; auch andere UNDP-Jahresberichte, zitiert als UNDP-Jahrbuch 1997 und ff.

UNDP (Hg): Bericht über menschliche Entwicklung. (UNDP-Bericht) New York/Berlin Jahrgänge 1997–2011

UNDP/HBS/Rockefeller Brothers Fund/ Wallace Global Fund (Hg): Making Global Trade Work for People, New York/London 2003

UNEP (Hg): GEO$_5$: Global Environment« Outlook. Environment for the future we want, Valetta 2012

UNEP (Hg): Rio+20: The Future We Want unter www. uncsd2012.org/rio20/content/do cuments/370theFuturewewant clean.pdf

UNEP (Hg): Year Book 2012: Emerging issues in our global environment, Nairobi 2012

UNO (Hg): The Millennium Development Goals report 2012, New York 2012

UN-Water Statistics (Hg): Water Resources unter www.unwater.org/statistics_res.html

UN-Women (Hg): Progress on the World's Women 2011–2012: In Pursuit of Justice, New York 2011

VENRO (Hg): Standpunkt 1/2012

VENRO (Hg): Welche Konditionalitäten braucht die Entwicklungszusammenarbeit? Heft 10, Bonn 2006

Vij-Aurora, Bhavana: The Buck stops here, in: India Today v. 14.2.2011: 50 ff.

Vyasulu, Vinod: Brazil's »Fome Zero« Strategy: Are there any lessons for India?, Bangalore 2010 unter www.indiagovernance.gov.in/files/FoemZero_India-pdf.pdf

Vyslozil, Wilfried: Wenn die Hilfe nicht hilft, in: SZ v. 22.8.2012

WB (Hg): The World Bank Report 2012. Gender Equality and Development, Washington D.C. 2011

WB (Hg): World Bank Development Report 2010: Development and Climate Change und WB Development Report 2012: Gender Equality and Development, Washington D. C. 2009 und 2011; andere WB-Jahresberichte als WB-Jahrbuch zitiert

Weizsäcker, Ernst Ulrich von/Hargroves, Karlson/Smith, Michael: Faktor fünf. Die Formel für nachhaltiges Wachstum, München 2010

Weizsäcker, Ernst Ulrich von/Lovins, Amory B./Lovins, Hunter L.: Faktor vier. Doppelter Wohlstand – halbierter Naturverbrauch, München 1997

Weizsäcker, Ernst Ulrich von: Rio+20 = 0 in: SZ v. 20. 7. 2012

Welt bank (Hg): Global Monitoring Report 2010, Washington D. C. 2010

Welzer, Harald/Wiegand, Klaus (Hg): Perspektiven einer nachhaltigen Entwicklung, Frankfurt/M. 2011

Welzer, Harald: Klima Kriege. Wofür im 21. Jahrhundert getötet wird. Frankfurt/M. 20112

WHO (Hg): World Malaria Report 2011, Geneva 2011

WHO/UNICEF (Hg): Progress on Sanitation and Drinking Water update, Geneva/New York 2010

WHO/UNICEF (Hg): Water and Sanitation. The urban and rural Challenge of the decade, Geneva/New York 2006

Whybrow, Peter C.: American Mania: When more is not enough, New York/London 2005

Wiggerthale, Marita: Die EU exportiert – die Welt hungert, Oxfam Deutschland, Berlin 2011

Wiggerthale, Marita: Hunger und Armut verringern durch mehr Gerechtigkeit im internationalen Handel, Oxfam Deutschland, Berlin 2011

Willke, Gerhard: Armut: Was ist das? Hamburg 2011

Win, Everjoice: If It Does Not Fit on the Blue Square It's Out. An Open Letter To My Donor Friend, in: Groves/Hinton, a. a. O.: 123–127

Wohlstand ohne Wachstum, in: IPuZ 27–28/2012 v. 2. 7. 2012

Worldwatch Institute/HBS/Germanwatch (Hg): Zur Lage der Welt 2012. Nachhaltig zu einem Wohlstand für alle, München 2012; auch andere Jahrgänge

WTO/ UNEP (Hg): Trade and Climate Change, Geneva/Nairobi 2011

WWF/ECOFYS/OMA (Hg): The Energy Report 2011. 100% renewable Energy by 2050, Gland/CH 2011

Yunus, Muhammed: Creating a World without Poverty, New York 2007

Yunus, Muhammed: Grameen. Eine Bank für die Armen, Köln 1998

Zand, Bernhard: Das Handwerk des Herrschens, in: Der Spiegel 26/2012: 108 f.

Zick, Tobias: Entwicklungsdiktator, in: SZ v. 22. 8. 2012

Zick, Tobias: Tod eines starken Mannes, in: SZ v. 22. 8. 2012

Zick, Tobias: Trauer in Ghana, in: SZ v. 26. 7. 2012

»Arm und krank«, in: SZ v. 12. 10. 2011

»Ärmer und dicker«, in: SZ v. 26. 6. 2011

»Die Krise erreicht IWF und Weltbank«, in: Edition le Monde diplomatique – Elmd – (Hg): Atlas der Globalisierung, 2009, a. a. O.: 62f.

»Gipfel der Verschmutzung«, in: Der Spiegel 28/2012: 79

»Schon reden und anders handeln«, in: SZ v. 25.6.2012

»Sonnenkrieg mit China. Die USA führen Strafzölle auf Solarimporte und schüren so neue Handelskonflikte«, in: SZ v. 19./20.5.2012

»Weltbank-Projekte zwangen 2,6 Millionen Menschen zur Umsiedlung«, in: Manager Magazin vom 26.09.2000 unter www.manager-magazin.de/finanzen/arti kel/0,2828,95329,00html

»Why Government rejected clearance to Vedanta« unter www.business.rediff. com7slide-show/2010/ang/24/slide-show-1-why-govt-rejected-clearnace-to-vedanta-bauxite.pdf

Liste der Abkürzungen

APRODE – Association of Protestant Development Agencies in Europe – Vereinigung der Protestantischen Hilfsagenturen in Europa

ASW – Aktionsgemeinschaft Solidarische Welt

BIC – Basic Capability Index – Grundfähigkeitsindex

BIP – Bruttoinlandsprodukt

BMFSFJ – Bundesministerium für Familie, Senioren Frauen und Jugend

BMZ – Bundesministerium für wirtschaftliche Zusammenarbeit und Entwicklung

BNE – Bruttonationaleinkommen

BRICS – Staatengruppe, zu der Brasilien, Russland, Indien und (Republik) Südafrika

BSP – Bruttosozialprodukt

CARE – Cooperative for Assistance and Relief Everywhere – Kooperative für Hilfe und Unterstützung Überall

CCC – Clean Clothes Campaign – Kampagne für saubere Kleidung

CEDAW – The Convention on the Elimination of All Forms of Discriminations against Women – Übereinkommen zur Beseitigung jeder Form von Diskriminierung der Frau

CIDSE – International Cooperation for Development and Solidarity Internationale Kooperation für Entwicklung und Solidarität

CIR – Christliche Initiative Romero

COPD – Chronic Obstructive Pulmonary Disease – chronisch obstruktive Lungenerkrankung

CSE – Centre for Science and Environment Zentrum für Wissenschaft und Umwelt

CSR – Corporate Sustainability and Responsibility – Vereinigung für Nachhaltigkeit und Verantwortung

DAC – Development Assistance Committee – Organisation für Wirtschaftliche Zusammenarbeit der OECD

DNA Mumbai – Daily News and Analysis Mumbai, eine Tageszeitung

DPV – Deutscher Presse Verband

DR – Demokratische Republik

DSW – Deutsche Stiftung für Weltbevölkerung

DWHH – Deutsche Welthungerhilfe

DZI – Deutsches Zentralinstitut für soziale Fragen

ECOFYS – Name einer Beratungsfirma für Ökostrom, setzt sich aus Ecology and Physics zusammen, aus dem Niederländischen

ECOSOC – Economic and Social Council – Ökonomische und soziale Beratungskommission der Vereinten Nationen

Elmd – Edition le monde diplomatique

EPRDP – Ethiopian People's Revolutionary Democratic Party – Revolutionäre demokratische Partei des äthiopischen Volkes

ERPI – Electric Power Research Institute – Stromforschungsinstitut

EU – Europäische Union

EZ – Entwicklungszusammenarbeit

FAO – Food and Agriculture Organization – Ernährungs- und Landwirtschaftsorganisation

FAZ – Frankfurter Allgemeine Zeitung

FIAN – FoodFirst Informations- und Actions-Network – Netzwerk für Nahrung zuerst Informationen und Aktionen

FR – Frankfurter Rundschau

G 77 – Gruppe der Entwicklungsländer mit z. Z. 135 Mitgliedsstaaten

G-20 – Gruppe der Schwellenländer und der Industriestaaten

G-8 – Gruppe der acht führenden Industriestaaten

GAP – Güneydogu Anadolu Projesi (türkisch) – größtes regionales Entwicklungsprojekt in Anatolien

GATS – The General Agreement on Trade in Services

GATT – General Agreement on Tariffs and Trade – Allgemeines Zoll- und Handelsabkommen

GB – Großbritannien

GEI – Gender Equity Index – Geschlechtergleichheitsindex

GEO – Global Environment Outlook – Globale Umweltaussichten

GII – Gender Inequality Index – Geschlechterungleichheitsindex

GIZ – Deutsche Gesellschaft für internationale Zusammenarbeit

GNHI – Gross National Happiness Index – Brutto-Glück-Index

GONGO – Government organized NGO – von der Regierung organisierte NGO

GRAIN – Genetic Resources Action International – Internationale Genforschungsaktion, eine NGO mit Sitz in Barcelona

HAZ – Hannoversche Allgemeine Zeitung

HBS – Heinrich-Böll-Stiftung

HDI – Human Development Index – Menschlicher Entwicklungsindex

IBRD – International Bank for Reconstruction and Development – Internationale Bank für Entwicklung und Wiederaufbau

ICSID – International Centre for Settlement of Investment Disputes – Internationales Zentrum zur Beilegung von Investitionsstreitigkeiten

IDA – International Development Association – Internationale Entwicklungsorganisation

IEA – International Energy Agency – Internationale Energieagentur

IFAD – International Fund for Agricultural Development – Internationaler Fonds für Landwirtschaftsentwicklung

IFC – International Finance Corporation – Internationale Finanzkorporation

IFPRI – International Food Policy Research Institute – internationales Institut für Nahrungsmittelforschung und -politik

ILO – International Labour Organization – Internationale Arbeitsorganisation

IMF – International Monetary Fund

INGO – Internationale NGO
INTRAC – The International NGO Training and Research Centre – Internationales NGO-Zentrum für Bildung und Forschung
IPCC – Intergovernmental Panel on Climate Change – Zwischenstaatlicher Ausschuss für Klimaänderungen
ITO – International Trade Organization – Internationales Handelsabkommen
IWF – Internationaler Währungsfonds
MDGs – Millennium Development Goals – Millenniumsentwicklungsziele
MIGA – Multilateral Investment Guarantee Agency – Multilaterale Investitionsgarantie Agentur
MIT – Massachusetts Institute of Technology
MPI – Multidimensional Poverty Index – Mehrdimensionaler Armutsindex
MPS – Mont-Pelerin-Gesellschaft
NAMA – Non Agricultural Market Access – Marktzugang für Nicht-Agrargüter
NGO – Non Governmental Organization – Nicht Regierungsorganisation
NNGO – Northern NGO – NGO aus dem Norden
NSA – National Security Agency – Nationale Sicherheitsagentur
NZZ - Neue Zürcher Zeitung
ODA – Official Development Assistance – Staatliche Entwicklungshilfe
OECD – Organization for Economic Development and Cooperation – Organisation für wirtschaftliche Entwicklung und Zusammenarbeit
OMA – Office of Metropolitan Architecture – Büro für urbane Architektur
OPEC – Organization of Petroleum Exporting Countries – Organisation der Erdöl exportierenden Länder
OXFAM – Oxford Committee for Famine Relief – Oxford Kommission für Nothilfe
ppm – parts per million – Teile pro Million
PPP/KKP – Purchasing Power Parity – Kaufkraftparität
PRSP – Poverty Reduction Strategy Paper – Strategiepapier für Armutsbekämpfung
PVO – Private Voluntary Organization – private freiwillige Organisation
SAG – Social Action Group – Soziale Aktionsgruppe
SAP – Strukturanpassungsprogramm
SDGs – Sustainable Development Goals – Nachhaltige Entwicklungsziele
SEWA – Self-Employed Women's Association – Bund der selbstständig arbeitenden Frauen
SNGO – Southern NGO – NGO aus dem Süden
SU – Sowjetunion
SZ – Süddeutsche Zeitung
tdh – terre des hommes
TNCs – Transnational Corporations – Multinationale Konzerne
TOI – The Times of India
TRIMS – The Agreement on Trade Related Aspects of Investment Measures – Abkommen über handelsbezogene Aspekte der Investitionsmaßnahmen
TRIPS – The Agreement on Trade Related Aspects of Intellectual Property

Rights – Übereinkommen über handelsbezogene Aspekte der Rechte des geistigen Eigentums

UIA – Union of International Association – Vereinigung der internationalen Agenturen

UNCED – United Nations Conference – Umwelt und Entwicklungskonferenz der Vereinten Nationen

UNCTAD – United Nations Conference on Trade and Development – Handels- und Entwicklungskonferenz der Vereinten Nationen

UNDP – United Nations Development Programme – Entwicklungsprogramm der Vereinten Nationen

UNEO – United Nations Environment Organization – Umweltorganisation der Vereinten Nationen

UNEP – United Nations Environment Programme – Umweltprogramm der Vereinten Nationen

UNESCO – United Nations Educational, Scientific and Cultural Organization, Organisation der Vereinten Nationen für Bildung, Wissenschaft und Kultur

UNICEF – United Nations Children Fund – Kinderfonds der Vereinten Nationen

UNITAID: Zusammensetzung der Wörter United und Aid (vereinte Hilfe), eine NGO mit Sitz in Genf

UNO – United Nations Organization – Vereinte Nationen

VDO – Voluntary Development Organization – Freiwillige Entwicklungsorganisation

VENRO – Verband Entwicklungspolitik der Nichtregierungsorganisationen

WB – Weltbank

WFP – World Food Programme – Welternährungsprogramm

WHI – Welthungerindex

WHO – World Health Organization – Weltgesundheitsorganisation

WTO – World Trade Organization – Welthandelsorganisation

WWF – World Wide Fund for Nature – Weltweite Naturschutzorganisation

Personenregister